KB205286

내가 누구인지
이제 알았습니다

(주)죠이북스는 그리스도를 대신한 사신으로
문서를 통한 지상 명령 성취와 하나님 나라 확장을 위해 노력합니다.

Victory Over the Darkness

내가
누구인지
이제
알았습니다

닐 앤더슨 지음

유화자 옮김

죠이북스

한국어판 저자 서문

한국어로 번역, 출간된 이 책에 서문을 쓰게 되어 진심으로 기쁘다. 지금까지 수많은 사람이 부정적인 생각과 충동적인 감정, 습관적인 죄에서 자유케 된 것처럼, 한국의 형제자매들도 그리스도 안에서 참 자유를 누릴 수 있기를 기도한다.

나는 사람들을 가르치고 상담하는 사역을 좋아한다. 항공 우주 엔지니어, 목사, 그리고 학위가 다섯 개인 신학교 교수로 지내오는 동안 나는 결코 직위 자체를 중시하지 않았다. 내 관심은 늘 사역이었다. 내가 마음 깊이 바라는 것은 사람들을 하나님에게 인도하는 것이다. 나는 세상 끝까지 그리스도를 전하고 싶을 뿐이다.

나는 늘 내가 원해서가 아니라 하나님의 간섭하심으로 책을 쓰게 된다. 아내와 나는 35년 동안 사역을 해왔다. 우리 인생과 사역을 바꾸어 놓은 하나의 큰 사건에서 시작된 "그리스도 안의 자유"

(Freedom In Christ) 사역이 지금은 전 세계에 이르고 있다. 10권이 넘는 책이 18개국어로 번역되었으며, 지금 준비 중인 책도 있다.

우리는 우리 삶을 향한 하나님의 은혜와 긍휼에서 이끌어 낸 많은 성경적 원리를 개발하여 사람들을 돕고 있다. 모든 원리는 하나님의 말씀을 토대로 하기 때문에 상당히 효과적이다. 하나님의 말씀은 진리다! 진리가 우리를 자유롭게 할 것이다(요 8:32).

한국 교회는 급속하게 성장했다. 따라서 사탄은 두려움, 걱정, 좌절, 속임, 문화적 차이, 반항, 자만, 용서하지 못함, 부도덕, 조상의 굴레, 그리고 여러 가지 죄의 문제로 한국 그리스도인을 노릴 것이다. 이 책이 영적 성숙과 자유에 거침돌이 되는 개인적이고 영적인 요새를 파괴하도록 한국 그리스도인과 지도자들을 도우리라 믿는다.

이 책이 한국어로 출판되도록 수고한 번역자 유화자 교수와 죠이북스에 감사드린다.

닐 앤더슨

옮긴이 서문

이 책의 저자 닐 앤더슨 박사가 탈봇 신학교에서 실천 신학 교수로 재직하던 1989년, 나는 그의 유명한 "영적 싸움과 성경적인 상담" (Spiritual Conflicts and Biblical Counseling)이라는 과목을 수강할 기회가 있었다. "유명한"이라는 수식어를 붙인 특별한 이유가 있다. 당시 탈봇 신학교에서 그리스도인과 마귀의 영적 싸움을 주제로 하는 과목이 처음으로 개설되어 학교 내에서 폭발적인 인기를 얻었을 뿐 아니라, 미국 전역에서 여러 신학교 학생과 목회자, 관심 있는 평신도가 한꺼번에 수강을 신청하였기 때문이다. 끝내는 그들을 정규 학기에 다 수용할 수 없어서 방학 기간에 대강당에서 단기 특강을 해야 했다.

이 과목을 수강하는 동안 나는 무엇보다도 학생 한 사람 한 사람을 뜨거운 사랑과 열정으로 대하는 앤더슨 박사의 인격과 신앙에 깊은 감화를 받았다. 또한 사탄이 간교하고 무서운 기세로 오늘날 그리스도인들을 공격하는 것을 실례를 들어가며 예리하게 파헤치는 성경적인 강의 내용을 시간 가는 줄 모르고 경청했다. 이 과목을 공부하면서 이런 책이 번역되어 한국 성도에게도 도움이 되면 좋겠다는 간절한 바람이 있었는데, 죠이북스를 통하여 한국 교계에 소개되어 하나님에게 감사드린다.

이 책에서 저자는 "그리스도 안에서" 우리가 누구인지 우리 신분을 성경적으로 철저히 제시한다. 마귀와의 영적 싸움에서는 그리스도 안에 있는 우리 신분에 대한 철저한 인식이 승리를 결정하기 때문이다. 이 책이 평신도는 물론 신학생과 목회자를 포함한 영적 지도자들에게 필독서라는 저자의 강조에 나도 전적으로 동의한다. 아무쪼록 끊임없이 사탄의 도전과 공격을 받고 있는 그리스도인의 영적 생활에 이 책이 승리의 무기가 될 수 있기를 바란다.

미국 전역은 물론 전 세계적으로 "영적 싸움과 성경적인 상담"을 강의해 달라는 요청이 많아지면서 탈봇 신학교를 사임한 앤더슨 박사는 현재 자신의 사역과 집필 활동에 전념하고 있다.

이 책이 번역되도록 격려해 주신 합동신학교 박형용 박사님과 죠이북스에 뜨거운 감사를 드린다.

유화자

서문

당신의 희망을 내게 주소서

몇 년 전 목회를 시작했을 때, 우리 교회 청년인 러스와 함께 제자 훈련을 한 적이 있다. 공적으로는 처음으로 한 일대일 제자 훈련이었다. 우리는 화요일마다 아침 일찍 만나서 "사랑"이라는 주제를 가지고 귀납적 성경 공부를 하기로 결정했다. 우리 두 사람 모두 큰 기대를 품고 시작했다. 러스는 영적으로 성장하기를 기대했고, 나 또한 그가 성숙해지도록 돕는 일에 열정적이었다.

6개월 뒤, 우리는 큰 진전 없이 여전히 사랑이라는 주제를 공부하고 있었다. 다른 주제로 넘어가지 못한 것이다. 어떤 이유에서인지, 바울과 디모데 관계 같은 우리의 일대일 제자 훈련은 별로 진전되지 못하고 있었다. 러스는 그리스도인으로 자라고 있는 것 같지 않았다. 그는 점점 좌절감을 느끼는 것 같았고, 나는 그에 대한 책임감을 느꼈다. 그러나 나는 무엇을 어떻게 해야 할지 몰랐다. 처음 시작할 당시 러스가 영적으로 쑥쑥 자라리라는 우리 두 사람의 기대는 서서히 바람 빠지는 고무풍선처럼 점점 줄어들고 말았다. 마침내 우리는 제자 훈련을 중단하였다.

2년 뒤 내가 다른 곳에서 목회하고 있을 때, 러스가 나를 찾아왔다. 그는 우리가 일대일로 만난 그 짧은 기간에 자기 생애에 어떤 일이 일어났는지를 털어놓았다. 그 이야기는 내가 전혀 알지 못한 비밀이었다. 그때 그는 깊은 죄의 문제를 가지고 있었는데 그것을 내게 말하고 싶지 않았던 것이다. 그 당시 나는 그가 그리스도 안에서 자유를 누리지 못하고 있다는 것을 알았으나, 왜 그런지는 전혀 알 수 없었다.

그때 나는 죄의 문제로 괴로워하는 사람을 많이 만나 보지 못했지만, 계속 제자 훈련을 잘해 보려고 노력하였다. 그제야 나는 러스를 제자로 잘 길러 보려던 노력이 왜 실패했는지 깨달았다. 나는 러스가 어디서부터 시작해야 하는지 분별하지 못한 채 그를 어딘가로 데려가려고만 한 것이다. 자신이 누구인지 이해하지 못하고 자신을 받아들이지도 못한 그를 훈련하고 도와주려고 애쓴 것이다. 사람들이 그리스도 안에서 자유로워지고 그리스도인으로 성장하도록 훈련하는 것은 10주 동안의 단계별 성경 공부를 통해 되는 것만이 아니라는 사실을 깨닫기 시작한 것이 바로 그때였다.

그 후로 나는 목회자와 신학교 교수로서 제자 훈련과 기독교 상담을 연결하는 것에 사역의 초점을 맞추었다. 나는 수많은 사람을 훈련하고 상담했다. 또한 전국을 다니며 신학교와 교회, 지도자 수양회에서 제자 훈련과 목회 상담을 가르쳤다. 그리고 사람들과 만날 때는 그리스도인의 마음을 속이는 사탄의 잔인한 공격과 그의 교활한 실체를 폭로하는 것에 초점을 두었다. 사탄은 우리가 그리스도 안에서의 신분을 알지 못하면 영적으로 계속 성장하지 못하고 자유를 누리지 못한다는 것을 잘 알고 있다.

제자 훈련과 상담의 상관관계는 매우 흥미롭다. 제자 훈련은 미래를 내다보아 영적 성숙을 도모한다. 기독교 상담은 과거를 살펴보아 문제를 해결하고 약한 부분을 강하게 한다. 그러나 이 두 사역은 "당신은 누구인가?", "지금 어떤 상태인가?", "자신을 어떻게 생각하는가?"라는 극히 개인적인 질문을 던지며 현재에서 시작해야 한다. 당신의 과거가 현재의 신념을 형성했으며, 그 신념이 달라지지 않는 한 당신의 미래를 결정할 것이다.

더 나아가 제자 훈련과 상담은 모두 성경이 시작하는 곳, 곧 하나님과 그리스도 안에서 자신의 신분을 아는 것에서 시작해야 한다. 우리가 참으로 하나님을 안다면, 우리 행위는 그 즉시 근본적으로 달라질 것이다. 성경에서도 그런 일들을 볼 수 있다. 하늘이 열리고 하나님의 영광이 선포될 때마다 사람들은 그 자리에서 증언하고 근본적으로 변화되었다. 하나님을 바로 이해하고 하나님과 올바른 관계를 맺을 때 정신적, 영적으로 건강하고 자유로울 수 있다. 올바른 신학은 올바른 심리학에 없어서는 안 될 중요한 요소다.

내가 인도한 세미나가 끝난 지 몇 주 뒤에, 한 친구가 그 세미나에 참석한 어느 신실한 여인의 이야기를 들려주었다. 그 여인은 몇 년 동안 깊은 우울증에 빠져 있었다. 그는 친구들의 관심과 일주일에 세 번 받는 상담, 여러 약물을 복용하는 것으로 간신히 버텨 왔다.

그런데 내 강의를 들으면서 그는 자신이 하나님을 의지하지 않고 다른 것을 의지했다는 사실을 깨달았다. 또한 자신의 염려를 예수께 맡기지 않았다는 것을 알게 되었다. 그래서 그는 세미나 강의 노트를 집으로 가져가서 그리스도 안에서 자신의 신분이 무엇인지 생각하고 매일의 필요를 채워 주실 하나님을 신뢰하며 기도했다. 그리고 급기야는 (내가 추천한 방법은 아니지만) 그때까지 의지해 온 것들을 과감히 떨쳐 버리고 그리스도만을 신뢰하기로 결심했다. 이 여인은 믿음으로 살면서 세미나 강의 내용대로 마음을 새롭게 하기 시작했다. 불과 한 달 만에 이 여인은 완전히 다른 사람이 되었다. 하나님을 아는 것은 영적으로 성숙하고 자유로워지는 데 반드시 필요하다.

제자 훈련과 상담은 개인의 책임이라는 영역에서도 일치한다. 성숙한 그리스도인이 되고 싶어 하는 사람들은 제자 훈련을 통해 도움받을 수 있다. 그리고 과거에서 자유로워지길 원하는 사람들은 상담을 통해 도움받을 수 있다. 그러나 궁극적으로 모든 그리스도인은 자신의 영적 성숙과 그리스도 안에서 누리는 자유에 대한 책임이 있다. 아무도 당신을 성숙시킬 수 없다. 영적 성숙은 당신이 결정하는 것이며 날마다 그것에 책임져야 한다. 아무도 당신의 문제를 해결해 줄 수 없다. 그것은 당신이 시작하고 이어 나가야 할 과정이다. 그러나 다행히 어느 누구도 개인적인 성숙과 자유를 위한 훈련을 혼자 하지 않는다. 우리 안에 계시는 그리스도께서 모든 과정마다 우리와 함께하신다.

이 책은 제자 훈련과 상담에 대해 내가 가르치고 경험한 것을 토대로 쓴 두 권의 책 가운데 첫 번째 책이다. 두 가지 사역 모두 당신의 영적 행복에 중요하지만, 그리스도 안에서 제자로 자라 가는 적극적인 사역이 더 중요하다. 과거에서 자유로워지려면 그리스도 안에서 당신이 누구인지를 알아야 한다. 그것이 성숙한 그리스도인으로 자라 가기 위한 첫걸음이다.

이 책은 그리스도 안에서 성숙하는 것에 대한 기본적인 문제를 다루고 있다. 당신은 그리스도 안에서 자신이 누구이며, 어떻게 믿음으로 살 것인가를 발견할 것이다. 그리고 어떻게 성령과 동행하고 그의 인도를 따라야 하는지를 깨닫게 될 것이다. 성령 충만한 삶을 살려면 러스처럼 마음을 속이지 않는 것이 가장 중요하다.

이 책을 통해 당신은 마음에서 일어나고 있는 싸움의 본질을 알게 될 것이며, 영적으로 성장하기 위해 마음이 변화되어야 하는 이유도 배우게 될 것이다. 그리고 자신의 감정을 어떻게 관리할 것인지에 대한 통찰을 얻게 될 것이며, 믿음과 용서를 통해 과거의 감정적인 상처에서 자유로워질 것이다.

또 다른 책 「이제 자유입니다」(죠이북스 역간)는 그리스도 안에서 누리는 자유와, 오늘날 그리스도인에게 영향을 끼치고 있는 영적 싸움에 초점을 맞추었다. 우리는 그리스도인의 삶에서 누리는 자유와 성숙이 어떻게 다른지 잘 모르고 있다. 성숙은 즉각적으로 이루어지는 일이 아니다. 성숙은 과정이다. 그러나 자유롭게 되는 것은 즉각적으로 이루어질 수 있다. 사실 당신이 세상이나 육신, 마귀의 올무에서 자유로워지지 못한다면 온전히 성숙할 수 없다.

먼저 이 책에 나오는 영적 성장에 대한 주제들을 완전히 이해한 다음, 두 번째 책인 「이제 자유입니다」를 통해 영적 싸움과 자유에 대한 주제들을 익히기 바란다.

이 책은 신약 성경의 서신서처럼 구성되었다. 전반부에서는 교리적인 기초를 제시하고, 후반부에서 다룰 더 실제적인 내용을 보충하고 이해하는 데 필요한 용어를 정의한다. 이 책을 읽으며 전반부를 그냥 지나가고 싶은 마음이 들지도 모른다. 전반부는 일상생활과 별로 상관없는 것처럼 보이기 때문이다. 그러나 그리스도 안에서 성장하기 위하여 그리스도 안에서의 당신의 신분과 승리를 깨닫는 것은 매우 중요하다. 당신은 자신이 무엇을 해야 할지 이해하기 전에 자신이 무엇을 믿고 있는지 알아야 한다.

나는 내 첫 제자인 러스와 같은 사람을 많이 만나 대화를 나누었다. 그들은 모두 그리스도인이지만 정처 없이 헤매고 있었다. 그리스도를 섬기기 위해 헌신한 사람들이지만 성숙하지 못하고 사탄의 공격을 받으며 속고 있었다. 삶의 열매도 없으며, 스스로 절망하고 있었다. 이런 사람들을 보면 다음의 시가 떠오른다.

당신의 희망을 잠시 내게 주소서.
나는 희망을 잃어버린 것 같습니다.
날마다 상실감과 절망감이 나를 따르며
고통과 혼란이 내 친구가 되었습니다.
어느 방향으로 가야 할지 알지 못하고
미래를 보아도 새로운 희망은 보이지 않습니다.
문제와 고통의 나날과 더 많은 비극을 볼 뿐입니다.
당신의 희망을 잠시 내게 주소서.

나는 희망을 잃어버린 것 같습니다.

내 손을 잡아 주고 나를 안아 주소서.

내 모든 말에 귀 기울이소서.

회복될 것 같지 않습니다.

치유의 길은 멀고 외롭게 보입니다.

당신의 희망을 잠시 내게 주소서.

나는 희망을 잃어버린 것 같습니다.

내 곁에 서서 당신의 임재, 당신의 마음,

당신의 사랑을 알게 해주소서.

내 고통을 알아 주소서.

내 고통은 너무 크고 끝이 없습니다.

나는 슬픔과 갈등에 휩싸여 있습니다.

당신의 희망을 잠시 내게 주소서.

내가 치유될 때가 올 것입니다.

그러면 나의 새로움, 나의 희망, 나의 사랑을

다른 이들과 나누겠습니다.[1]

당신도 이런 경험을 하며, 이런 간구를 하고 있지 않은가? 때때로 세상과 육신, 마귀에 둘러싸여서는 기독교가 무슨 소용이 있나 의심하지 않는가? 하나님의 부르심을 당신이 성취하지 못할 것이라는 두려움에 휩싸이지 않는가? 당신은 성숙한 그리스도인이 되어 하나님이 말씀 가운데 약속하신 자유를 경험하기를 간절히 바라지 않는가?

　이 책을 읽어 가면서 내 희망을 당신과 나누고 싶다. 영적 성숙은 시간, 고통, 시련, 환난, 하나님의 말씀에 관한 지식, 그리스도 안에서의 신분에 대한 이해, 성령이 임재한 삶이 낳은 결과다. 대부분의 그리스도인처럼, 처음 네 가지 사항은 당신도 많이 경험했을 것이다. 나는 마지막 세 가지 사항을 자세하게 설명하려고 한다. 이 모든 사항을 잘 소화하여 자신이 어떻게 성숙해 가는지 잘 관찰하라.

1장

당신은 누구인가?

나는 사람들에게 "당신은 누구입니까?"라고 묻는 걸 좋아한다. 이 질문은 아주 간단한 대답을 요구하는 것처럼 들린다. 그러나 실제로는 그리 간단하지 않다. 예를 들어 만약 누군가가 내게 "당신은 누구입니까?"라고 묻는다면, 나는 "닐 앤더슨입니다"라고 대답할 수 있다.

"아니오, 그것은 당신 이름입니다. 당신은 누구입니까?"

"아, 나는 신학교 교수입니다."

"아니오, 그것은 당신 직업입니다."

"나는 미국 사람입니다."

"그것은 당신의 국적입니다."

"나는 침례교인입니다."

"그것은 당신의 교파입니다."

나는 키가 173센티미터이고, 몸무게는 약 68킬로그램이라고 대답할 수도 있다. 그러나 내 신체 조건이나 외모 역시 나 자신은 아니다. 내 팔이나 다리가 절단되어도 '나'일 수 있을까? 만일 내가 당신에게 심장이나 신장, 간을 이식받는다면, 그래도 '나'일 수 있을까? 물론이다! 내가 누구인가는 겉으로 보이는 것보다 훨씬 많은 의미가 있다.

우리는 바울처럼 "그러므로 우리가 이제부터는 어떤 사람도 육신을 따라 알지 아니하노라"(고후 5:16)라고 말한다. 그러나 우리는 자기 자신이나 다른 사람을 겉모습(키가 작다, 크다, 뚱뚱하다, 날씬하다 등)에 따라 판단하거나 직업(배관공, 목수, 간호사, 엔지니어, 비서 등)에 따라 평가하는 경향이 있다. 더 나아가 그리스도인으로서 신분에 대하여 질문받을 때, 우리는 대부분 교리적인 입장(개신교, 복음주의, 칼뱅주의, 카리스마틱)이나 자기 교파(침례교, 장로교, 감리교, 독립 교회), 교회에서 맡은 직분(교회 학교 교사, 성가대원, 집사, 안내 위원 등)으로 대답한다.

그러나 정말 당신이 누구인지가 당신이 하는 일을 결정하며, 당신의 직업이 당신이 누구인지를 결정하는가? 당신이 누구인지는 특별히 그것이 그리스도인의 성숙과 관계될 때에 더욱 중요한 질문이 된다. 당신이 그리스도인으로서 성장하며, 의미를 찾고, 성취감을 누리며 살기 위해서는 기본적으로 당신이 누구인지를 이해해야 한다. 구체적으로 그리스도 안에서 하나님의 자녀라는 정체성을 확인해야 하는 것이다. 자기 신분을 확인하는 것은 당신의 믿음과 그리스도인으로서 취하는 행위에 절대적인 기준이 된다.

신분을 확인할 때 범하는 오류

몇 년 전 메리라는 여학생이 나를 만나기 위해 차를 운전해서 먼 길을 온 적이 있다. 그렇게 멀리서 나를 만나러 온 사람은 그 학생이 처음이었다. 메리는 잡지 표지 모델을 해도 될 정도로 대단한 미인이었다. 그는 12년이 걸리는 공부를 거의 만점을 받고 11년 만에 마쳤다. 또한 음악에 뛰어난 재능을 보여서 한 기독교 대학에 장학생으로 입학했다. 그리고 부모에게서 졸업 선물로 받은 새 차를 갖고 있었다. 나는 한 사람이 이렇게 많은 것을 누릴 수 있다는 것이 놀라웠다.

30분 정도 대화를 나누면서 나는 메리의 마음속이 겉으로 보이는 모습과는 많이 다르다는 것을 깨달았다. 마침내 나는 메리에게 이렇게 물어보았다. "자기 자신이 싫고 때로 다른 사람이 되고 싶은 마음에 밤에 자지 못하고 울어 본 적이 있나요?"

"어떻게 아셨어요?" 이렇게 되물으며 메리는 울기 시작했다.

"많은 것을 소유한 것처럼 보이는 사람도 종종 마음속은 그리 만족스럽지 못하다는 걸 알고 있거든요"라고 나는 대답했다.

때때로 우리가 겉으로 드러내 보이는 모습은 참 모습을 가리기 위한 가면이며, 자기 안에 있는 상처를 감싸기 위한 껍질일 때가 있다. 우리는 자기 모습을 매력적으로 잘 꾸미거나 어느 정도 만족할 만한 신분을 얻으면, 내면적으로도 모든 것이 잘되리라고 믿는다. 그러나 결코 그렇지 않다. 외모나 업적, 다른 사람에게 인정받는 것이 내적인 평화와 성숙을 가져다주거나 반영하는 것은 아니다.

모리스 와그너(Maurice Wagner)는 「훌륭한 사람이 되어 보려는 열망」(*The Sensation of Being Somebody*)이라는 책에서 우리가 쉽게 받아들이려고 하는 다음의 간단한 등식이 잘못되었다고 설명한다. 그에 따르면 우리는 훌륭한 외모와, 그 외모에 대한 칭찬을 더한 것이 바로 온전한 내 모습이라고 잘못 생각한다. 또는 눈에 띄는 행위에 특정한 업적을 더한 것이 온전한 나라고 믿는다. 우리의 특정한 신분과 그동안 쌓아 올린 인지도가 온전한 나라고 믿는다. 그러나 그렇지 않다. 이 등식은 2 더하기 2는 6이라고 하는 것처럼 틀린 것이다. 와 그녀는 다음과 같이 말한다.

> 외모나 업적, 사회적 신분에 비추어서 자신이 위대한 사람이라고 느낄 만한 증거를 스스로 대 보라. 우리는 만족할 만한 증거를 댈 수 없을 것이다. 우리가 세워 놓은 신분의 탑이 무엇이든 간에 그것은 적대적인 거부나 비판, 자기 성찰이나 죄책감, 두려움이나 염려의 중압감 아래서 곧 무너지고 말 것이다. 사람들이 우리를 조건 없이 자발적으로 사랑하는 것은 우리가 어떠한 자격이 있기 때문이 아니다.[2]

이런 등식에 들어맞는 사람을 들자면, 솔로몬 왕이 대표적 인물일 것이다. 솔로몬은 이스라엘 역사상 최전성기에 백성을 다스린 왕이다. 그는 권세, 지위, 부귀, 여자 이 모든 것을 소유했다. 만일 사람들의 존경이나 인정, 외모, 업적, 신분에 따라 의미 있는 삶이 결정된다면, 솔로몬은 세상에서 가장 의미 있는 삶을 산 사람일 것이다.

그러나 하나님은 솔로몬에게 사람이 스스로 이룬 성취를 올바로 해석할 수 있는 지혜를 주셨다. 솔로몬은 그가 가진 모든 것을 어떻게 해석했는가? "헛되고 헛되며 헛되고 헛되니 모든 것이 헛되도다"(전 1:2). 그리고 전도서는 계속해서 외적인 것을 추구하는 삶이 얼마나 무의미한지를 설명한다. 이 지혜로운 왕의 권고를 받아들이라. 당신이 얻을 수 있는 재물이나 신분은 당신 인격에 아무것도 더해주지 못한다. 수많은 사람이 성공의 사다리를 계속 기어오르고 있지만, 그들은 자기가 잘못된 벽에 기대고 있다는 것을 정상에 오른 후에야 깨닫는다. 또한 성공이 곧 행복이라는 공식을 지닌 우리는 아무것도 가진 것 없는 사람은 불행하다고 생각하는 경향이 있다. 몇 년 전에 한 고등학생에게 그 공식에 맞춰 물어본 적이 있다. "학교에 뚱뚱하고, 돼지털처럼 꼬부랑 머리에, 뒤뚱거리며 걷고, 말을 더듬는 여학생이 있다고 하자. 그 여학생은 혈색도 안 좋고, 아무리 열심히 공부해도 성적이 중간도 안 된다. 이 여학생의 삶이 행복해질 수 있으리라고 생각하니?"

그 남학생은 잠시 생각하더니, "아마 그러지 못할 겁니다"라고 대답하였다.

외적인 면을 중시하는 세상에서는 그 남학생 말이 옳다. 세상에서 말하는 행복은 잘생긴 외모, 중요한 사람들과 맺은 좋은 인간관계, 훌륭한 직업이나 부와 동일시된다. 그리고 이런 '혜택' 없는 삶은 절망과 동일시된다.

그러나 하늘나라에서 누리는 삶은 어떠한가? 성공은 곧 행복이고 실패는 곧 절망이라는 등식은 존재하지 않는다. 모든 사람이 의미 있는 삶을 살 수 있는 기회를 똑같이 가지고 있다. 인생의 온전함과 의미는 당신이 소유했거나 소유하지 못한 어떤 물질이나, 당신이 성취했거나 성취하지 못한 어떤 결과에 있지 않기 때문이다. 당신은 하나님의 자녀이기 때문에 이미 온전하며 무한한 의미와 목적을 갖고 있다. 하나님 나라에서의 신분이란 "나+그리스도=내 모든 것이자 존재 의미"이다.

"만일 그리스도 안에서 주어진 우리 신분이 인간을 진정으로 평가하는 열쇠라면, 어째서 그토록 많은 성도가 자기 가치를 깨닫고 영적으로 성숙하는 데 어려워하고 있는가?"라고 질문할 수 있을 것이다. 그 이유는 우리가 마귀에게 속고 있기 때문이다. 거짓의 괴수인 마귀가 그리스도 안에서 얻은 우리의 참된 신분을 왜곡하고 있기 때문이다.

몇 년 전, 나는 사탄의 압제에 희생된 어느 그리스도인 소녀를 상담하면서 이러한 속임수를 절실히 깨달았다. 나는 그 소녀에게 "너는 누구니?"라고 물었다.

그러자 소녀는 "나는 악한 사람이에요"라고 대답하였다.

"너는 악한 사람이 아니란다. 어떻게 하나님의 딸이 악한 사람이 될 수 있겠니? 너는 네가 악한 사람이라고 생각하니?" 소녀는 고개를 끄덕였다.

물론 이 소녀가 어떤 악한 일을 했을지도 모른다. 그러나 그 자신이 악한 사람은 아니다. 소녀는 자기 신분을 잘못 알고 있었다. 소녀의 악한 행위를 정죄하는 사탄의 비난 때문에, 하나님의 자녀로서 주어진 신분을 깨닫지 못하고 사탄에게 자신을 비난할 여지를 제공하고 있었던 것이다.

불행하게도 많은 그리스도인이 이와 같은 올무에 빠져 있다. 우리는 삶에서 많은 실패를 경험한다. 그래서 우리는 자신을 실패자로 보며, 그 결과 더욱 실패하게 된다. 우리는 범죄한다. 그래서 자신을 죄인으로 보며, 그 결과 더 많은 죄를 짓게 된다. 우리는 마귀의 교활한 전략에 말려들고 있다. 우리는 우리 행위가 신분을 결정한다고 믿게 하는 마귀의 속임수에 빠져들고 있다. 그리고 그 잘못된 신념 때문에 절망과 패배의 수렁으로 빠지고 있다.

창조 때부터 물려받은 우리의 긍정적인 기업

당신이 참으로 누구인지를 바로 알기 위해서는 먼저 하나님이 아담을 창조하셨을 때부터 상속받은 당신의 신분을 이해해야 한다. 이해를 돕기 위해 당신이 상속받은 신분의 원(原) 상태를 그림으로 그려 보았다(그림 1-1을 보라).

창세기 2장 7절은 이렇게 말한다. "여호와 하나님이 땅의 흙으로 사람을 지으시고 생기를 그 코에 불어넣으시니 사람이 생령이 되니라." 이것이 바로 우리 신분을 이해하는 출발점이다. 하나님이 최초의 인간이자 최초의 조상인 아담을 창조하셨으며, 우리는 모두 그를 닮도록 창조되었다.

오랫동안 신학자들은 아담의 후손인 인간이 두 부분으로 이루어졌는지, 세 부분으로 이루어졌는지를 논의해 왔다. 삼분설(三分說)을 주장하는 사람들은 인간이 육체와 혼(마음, 감정, 의지)과 영으로 구성되었다고 말한다. 이분설(二分說)을 주장하는 사람들은 인간이

| 그림 1-1 | 최초의 창조(창세기 1, 2장)

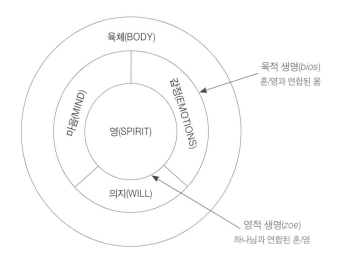

1. 중대한 의미(창 1:28)_ 인간은 하나님의 목적을 부여받았다.
2. 안전과 보장(창 1:29 이하)_ 인간의 모든 필요가 공급되었다.
3. 소속감(창 2:18 이하)_ 인간은 소속감을 가졌다.

물질적인 요소와 비물질적인 요소, 곧 육체와 영혼으로 이루어졌다
고 믿는다.

　당신이 이분설을 믿든 삼분설을 믿든, 그것은 중요하지 않다. 우
리는 외적 요소, 곧 오감(五感)을 통하여 이 세상과 관계하는 육체를
가졌고, 하나님의 형상으로 창조된(창 1:26, 27) 내적 자아를 가졌다
는 정도로만 이해하도록 하자. 내적 자아 속 어딘가에서 우리는 생
각하게 하는 마음을, 느끼게 하는 감정(感情)을, 선택하게 하는 의지
를 발견한다. 어떤 사람은 이 세 가지 요소가 혼에 속한다고 생각한

　　　　　　　　　　　　　　　　　　　　　　1장. 당신은 누구인가?

다. 혼을 내적 자아에 포함시키든지(이분론자가 주장하는 것처럼), 아니면 분리하든지(삼분론자가 주장하는 것처럼) 간에 그것은 영(spirit)이다.

하나님은 세상을 창조하시면서 아담의 코에 생기(生氣)를 불어넣어 그에게 생명을 주셨다. 그때 아담은 두 부분이냐 세 부분이냐에 상관없이 모든 부분에서 생기를 받았다. 아담은 육적인 면과 영적인 면 모두에서 완전한 생명체가 된 것이다.

육적 생명

우리가 아담에게 받은 육적 생명을 가장 잘 표현한 단어로, 신약 성경에 나오는 "비오스"(*bios*)라는 말이 있다. 비오스는 신체적인 몸과 비신체적인 부분, 즉 마음, 감정, 의지의 연합을 나타낸다. 육적으로 살았다는 것은 당신의 몸이 연합되어 있다는 것이다. 육적으로 죽었다는 것은 당신이 일시적인 몸에서 분리되었으며 비오스가 끝났다는 것이다. 사도 바울은 몸을 떠나 주와 함께 거한다고 말하였다(고후 5:8). 이 성경 구절을 살펴보면, 그리스도인의 신분은 신체적 속성이나 재능을 넘어선다는 것을 알 수 있다. 육신이 죽은 뒤에 우리의 참 자아가 주님과 함께 거하게 되기 때문이다.

당신의 신분이 육체 이상의 것일지라도, 이 땅에서 당신은 육체 없이 살아갈 수 없다. 당신의 비물질적인 자아는 육체적인 자아가 필요하며, 또 육체적인 자아는 비물질적인 부분이 함께해야 한다. 비오스가 가능하려면 두 부분 모두 필요하기 때문이다.

예를 들면, 신체적인 뇌는 컴퓨터와 같으며, 비신체적인 마음은 컴퓨터 프로그램 작성자와 같다. 프로그램 작성자가 없다면 컴퓨터는 작동할 수 없고, 아무리 유능한 프로그램 작성자도 컴퓨터가 없다면 프로그램을 짤 수 없다. 당신은 당신의 행동을 제어하고 반응할 신체적인 뇌가 필요하며, 이성적으로 생각하고 가치 기준을 세울 비신체적인 마음도 필요하다. 이 세상을 살아가면서 둘 중 하나가 없다면 다른 하나도 그 기능을 제대로 발휘할 수 없다. 아무리 고도의 지능을 가진 두뇌라 할지라도 마음이 없는 송장 안에서는 아무 기능도 발휘할 수 없다. 아무리 사리 분별을 잘하는 이성을 소유했을지라도 뇌에 이상이 있다면 정상인으로 활동할 수 없을 것이다.

이 땅에 사는 동안에는 육체 속에 거하는 자답게 살아야 한다. 그래서 나는 규칙적으로 운동하고 식사하는 등 할 수 있는 한 최선을 다해 내 몸을 보살피려고 한다. 그러나 결국 내 육체는 부패하며 소멸될 것이다. 지금의 나는 이십 대의 나와 같지 않으며, 앞으로 20년 뒤의 나는 지금의 나와 같지 않을 것이다. 고린도후서 5장 1-4절에서 사도 바울은 영혼이 일시적으로 거하는 장막으로 성도의 육체에 대하여 언급한다. 그 말씀을 인용하면서, 나는 내 장막 말뚝이 빠져 나오고 기둥이 휘청거리며 장막 솔기가 떨어져서 나풀거린다고 고백하지 않을 수 없다! 그러나 나는 이 땅 위에서 한 번 쓰고 버리는 것 이상의 그 어떤 것이 나에게 있다는 것에 기쁨을 느낀다.

영적 생명

우리는 아담에게 영적 생명에 대한 능력을 물려받았다. 사도 바울은 "그러므로 우리가 낙심하지 아니하노니 우리의 겉사람은 낡아지나 우리의 속사람은 날로 새로워지도다"(고후 4:16)라고 말한다. 이것은 육신처럼 나이 먹어 부패하지 않는 영적 생명을 말한다. 신약 성경에서 "조에"(zoe)라는 단어로 표현된, 영적으로 살았다는 말은 당신의 영혼이 하나님과 연합하였다는 뜻이다. 아담이 창조되었을 때 바로 그런 상태였다. 그때 인간은 육체적으로도 살았고 영적으로도 살아서 하나님과 완전히 연합하였다.

그리스도인에게 있어서 영적으로 살았다는 것은 그리스도 안에 있음으로 하나님과 연합하였다는 뜻이다. 그것이 조에가 신약에서 의미하는 바다. 실제로 그리스도 안에 거한다는 것이 신약 성경 전체의 주제다. 아담처럼 우리도 하나님과 연합하도록 창조되었다. 그러나 이 장 뒷부분에서 살펴보려는 것처럼, 아담이 범죄한 후 하나님과 그의 연합은 깨어지고 말았다. 그 깨어진 관계를 회복하는 것이 하나님의 영원한 계획이며, 창조했을 때의 상태로 다시 연합하는 것이 하나님의 뜻이다. 우리가 그리스도 안에서 발견하는, 하나님과 회복된 연합이 우리 신분의 본질이다.

중대한 의미

창조 당시 인간은 매우 중요한 존재였다. 하나님은 인간에게 하나님이 창조하신 모든 피조물을 다스릴 책임을 맡기셨다. "하나님이 이르시되 우리의 형상을 따라 우리의 모양대로 우리가 사람을 만들고 그들로 바다의 물고기와 하늘의 새와 가축과 온 땅과 땅에 기는 모든 것을 다스리게 하자 하시고 하나님이 자기 형상 곧 하나님의 형상대로 사람을 창조하시되 남자와 여자를 창조하시고"(창 1:26, 27).

하나님은 아담을 창조하시고 그에게 중대하고 거룩한 목적을 부여하셨다. 곧 하나님이 만드신 모든 창조물을 다스릴 책임이다. 그렇다면 하나님이 세상을 창조하실 때, 사탄도 있었는가? 그렇다. 그때 사탄은 이 세상의 신이었는가? 그렇지 않다. 에덴동산은 누가 다스렸는가? 사탄이 거짓말로 에덴동산을 강탈할 때까지 그곳을 다스린 사람은 아담이었다. 그때, 사탄이 이 세상의 신이 된 것이다.

당신은 타락 이전에 아담이 가진 통치권이 그리스도인인 당신에게 회복되었다는 것을 알고 있는가? 그것이 바로 당신이 그리스도 안에서 받은 기업이다. 사탄은 자신에게 당신을 다스릴 권세가 있다고 당신을 속이려 하지만, 사탄에게는 당신을 지배할 권세가 없다. 그리스도 안에서 당신이 갖는 위치 때문에, 오히려 당신에게 사탄을 다스릴 권위가 있다. 그것이 당신의 신분이다.

안전과 보장

창조 당시 아담은 만물을 다스릴 중대한 권위를 부여받았을 뿐 아니라 안전과 그의 신분도 보장받았다. 그에게 필요한 모든 것이 다 충족되었다. "하나님이 이르시되 내가 온 지면의 씨 맺는 모든 채소와 씨 가진 열매 맺는 모든 나무를 너희에게 주노니 너희의 먹을거리가 되리라. 또 땅의 모든 짐승과 하늘의 모든 새와 생명이 있어 땅에 기는 모든 것에게는 내가 모든 푸른 풀을 먹을거리로 주노라 하시니 그대로 되니라"(창 1:29, 30).

아담은 에덴동산에서 모든 것이 다 충족된 상태였다. 아담이 먹을 것은 물론, 그곳에 있는 동물들이 먹을 것도 풍부했다. 그는 생명

나무 열매를 먹으며 하나님 앞에서 영원히 살 수 있었다. 아무것도 부족한 것이 없었다.

보장된 안전과 신분은 우리가 그리스도 안에서 받은 또 다른 기업이다. 우리는 우리가 원하는 대로 하나님 나라의 부(富)를 소유할 수 있으며, 하나님이 약속하신 대로 우리의 모든 필요를 채울 수 있다(빌 4:19).

소속감

아담과 하와는 완전한 에덴동산에서 소속감을 체험하였다. 하와가 창조되기 전에 아담은 분명 하나님과 더불어 일대일로 친숙한 교제를 즐겼다. 그런데 하나님은 아담에게 다른 차원의 소속을 소개하셨다. 곧 "사람이 혼자 사는 것이 좋지 아니하니 내가 그를 위하여 돕는 배필을 지으리라"(창 2:18)라고 말씀하셨다. 하나님은 아담에게 하와를, 하와에게는 아담을 허락하셔서, 서로 소속감을 경험하며 격려하고 돕도록 하셨다.

오늘날 진정한 의미의 소속감은 우리가 하나님에게 속한다는 사실을 아는 것뿐 아니라 우리가 서로에게 소속되었다는 데서 온다. 하와를 만드셨을 때 하나님은 인간 공동체를 건설하신 것이다. 홀로 있는 것은 좋지 않다. 혼자 있을 때는 외로울 수밖에 없다. 하나님은 외로움을 해결하기 위해 친교를 허락하셨다. 다른 사람과 의미 있고 개방적인 관계를 갖는 것이다. 그리스도 안에서 우리는 하나님과, 다른 성도와 친밀히 교제하는 것으로 소속감을 충족시킬 수 있다.

타락으로 인한 우리의 부정적인 기업

불행하게도 에덴동산의 평화로운 무대는 산산이 깨지고 말았다. 창세기 3장에는 죄 때문에 하나님과의 관계가 단절된 아담과 하와의 슬픈 이야기가 나온다. 인간의 타락은 인류는 물론 다른 모든 피조물에게도 즉각적으로 영향을 끼쳤다.

영적 죽음

타락 때문에 아담과 하와에게는 영적으로 어떤 일이 일어났는가? 하나님과 연합된 관계가 깨어지고 하나님에게서 분리되었다. 하나님은 그들에게 특별히 말씀하셨다. "선악을 알게 하는 나무의 열매는 먹지 말라. 네가 먹는 날에는 반드시 죽으리라"(창 2:17). 그런데 아담과 하와는 그 실과를 먹었고, 끝내 죽었다.

그들은 육체적으로 죽었는가? 아니다. 육체적 죽음은 조금씩 진행되었다. 그들은 수백 년을 살았다. 그러나 그들의 조에는 파괴되었다. 그들은 하나님 앞에서 추방당했다. 하나님은 그들을 에덴동산에서 쫓아내시고, 그룹과 두루 도는 화염검을 두어 에덴동산으로 다시 돌아오지 못하게 하셨다(창 3:23, 24).

우리는 최초의 부모(아담과 하와)에게 육적 생명을 부여받은 것처럼 영적 죽음도 물려받았다(롬 5:12; 엡 2:1; 고전 15:21, 22). 이 세상의 모든 사람은 육체적으로는 살았으나 영적으로 죽었고, 하나님에게서 분리되었다.

하나님에 대한 지식의 상실

타락은 아담의 마음에 어떤 결과를 가져왔는가? 아담과 하와는 그들의 진정한 실존에 대한 인식을 잃어버렸다. 우리는 창세기 3장 7, 8절에서 하나님에게서 숨으려고 한 아담과 하와를 볼 수 있다. 그것은 그들이 하나님을 잘못 이해하고 있다는 증거가 아닌가? 어떻게 당신이 하나님에게서 숨을 수 있는가? 타락 이후 아담과 하와는 정확한 판단력을 가질 수 없었다. 그들이 실존(實存)을 왜곡하여 인식했다는 것은 "그들의 총명이 어두워지고 그들 가운데 있는 무지함과 그들의 마음이 굳어짐으로 말미암아 하나님의 생명에서 떠나 있도다"(엡 4:18)라며 하나님을 알지 못하는 사람들의 무익한 생각을 묘사한 사도 바울의 말에 잘 나타나 있다.

본질적으로 아담과 하와가 범죄하였을 때, 그들의 마음은 하나님에 관한 참된 지식을 빼앗겼다. 하나님의 원래 계획에서 지식이란 관계적인 것이다. 누구를 안다는 것은 친근한 개인적 관계를 암시한다. 창세기 4장 1절에는 그것이 "아담이 그의 아내 하와와 동침하매 하와가 임신하여"(KJV 성경은 'Adam knew Eve his wife……'처럼 '동침하다'라는 말을 knew, 즉 '알다'라는 말로 표현하였다_ 옮긴이)라고 기록되어 있다. 그러나 일반적으로 우리는 누구를 안다는 것을 개인적인 친밀성과 똑같이 여기지 않는다.

타락 이전에 아담과 하와는 하나님을 알았다. 물론 이 말은 성적(性的)으로 알았다는 것이 아니라, 결혼을 통하여 매우 개인적이고 친근한 관계를 갖는 것과 같은 친밀성을 뜻한다. 그들은 하나님과 함께함으로 하나님을 알았다. 그러나 범죄하여 에덴동산에서 쫓겨

| 그림 1-2 | 타락의 결과(창세기 3:8-4:9)

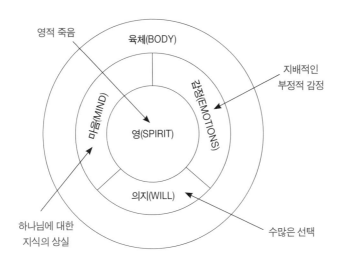

1. 거절당함_ 그러므로 소속이 필요하다.
2. 죄책감과 수치_ 그러므로 자존감이 필요하다.
3. 약하고 무력함_ 그러므로 힘과 자제력이 필요하다.

> 주_ 모든 죄악된 행위는 인간의 기본적인 필요를 잘못된 방법으로 채우려고 한다. 죄의 본질은 우리가 '그리스도 안에서' 살아갈 때 우리의 모든 필요를 채우겠다고 말씀하신 하나님을 의존하지 않고 자기 힘으로 살아가는 것이다.

났을 때, 아담과 하와는 하나님과 맺은 관계를 상실했고, 그 관계에서 본래 그들이 가진 하나님에 관한 지식을 잃어버렸다. 그렇게 해서 우리는 아담과 하와의 어두운 마음을 물려받았다. 죄악된 본성을 지닌 상태에서 우리는 **하나님에 대한** 것을 알았다. 그러나 하나님과 관계 맺지 않았기 때문에 우리는 **하나님을** 알지 못했다.

1장. 당신은 누구인가?

하나님을 알기 위하여 하나님과 관계 맺어야 하는 필연성은 "말씀(로고스, λόγος)이 육신이 되[었다]"(요 1:14)는 사도 요한의 선포에 잘 드러나 있다. 고대 헬라 철학에 큰 영향을 받은 세상에서 이 표현은 매우 중대한 의미를 갖는다. "로고스"라는 말의 기원은 그리스도가 오시기 수백 년 전으로 거슬러 올라간다. 로고스는 고도의 철학적 지식을 나타내는 용어다. 헬라인에게 로고스가 육신이 되었다는 말은 궁극적인 지식이 개인적이고 관계적인 것이 되었다는 말과 같다. "말씀"이라고 번역된 히브리어 "다바르"(דבר) 역시 하나님의 궁극적인 지혜를 뜻한다.

요한복음에는 그리스도 안에서 문화적이고 지배적인 이 두 개념이 함께 나타나 있다. 하나님은 사도 요한을 통하여 다음과 같이 선포하셨다. "하나님과 맺은 친밀한 관계에서만 얻을 수 있는 하나님에 관한 참된 지식은 육신으로 오신 하나님 예수 그리스도를 통해서만 얻을 수 있다." 그리스도 안에서 우리는 하나님을 개인적으로 알 수 있다. 그리스도를 통하여 하나님과 맺은 관계가 우리 신분의 주춧돌이다.

지배적인 부정적 감정

타락한 결과, 감정적인 부분에서 인간은 어떻게 달라졌는가? 우선 두려움과 염려가 생겼다. 타락한 인간에게 가장 먼저 찾아온 감정은 두려움이다(창 3:10). 두려움은 우리가 사람들과 관계 맺거나 어떤 활동을 시작할 때 생기는 원초적인 감정이다. 우리 교단의 한 간부는 "우리 교단의 목사님들과 대화하면서 나는 그들의 삶에서 열심을 내게 하는 가장 큰 원동력이 실패에 대한 두려움이라는 것을 깨달았다"고 말했다. 두려움은 타락의 결과로 생겨났다. 만일 두려움이 삶을 주장한다면, 믿음은 어디에 있겠는가?

죄 때문에 생긴 또 다른 감정은 수치심과 죄책감이다. 하나님에게 불순종하기 전, 아담과 하와는 벌거벗었으나 부끄러운 줄 몰랐다(창 2:25). 하나님은 그들을 성적인 존재로 창조하셨다. 따라서 창조 당시 그들의 성적인 기관과 성적인 행위는 거룩했다. 그러나 범죄했을 때 그들은 자신들이 벗었다는 데 수치를 느끼고 몸을 가려야 했다(창 3:7). 많은 사람이 자신의 참 모습을 다른 사람이 알게 될까 봐 두려워서 내적 모습에 가면을 쓰고 있다.

또한 타락 이후 인간은 침울해지고 분노하게 되었다. 가인이 하나님에게 제물을 드렸지만, 하나님은 어떤 이유에서인지 그 제물을 기뻐하지 않으셨다. 성경은 "가인과 그의 제물은 받지 아니하신지라. 가인이 몹시 분하여 안색이 변하니 여호와께서 가인에게 이르시되 네가 분하여 함은 어찌 됨이며 안색이 변함은 어찌 됨이냐. 네가 선을 행하면 어찌 낯을 들지 못하겠느냐. 선을 행하지 아니하면 죄가 문에 엎드려 있느니라. 죄가 너를 원하나 너는 죄를 다스릴지니라"(창 4:5-7)라고 말한다.

왜 가인은 분노하며 침울해하였는가? 옳은 일을 하지 않았기 때문이다. 하나님은 가인에게 이렇게 말씀하셨다. "만일 네가 선을 행한다면 어찌 그리 기분이 나쁘겠느냐?"

여기에서 하나님은 성경 전체를 통하여 흐르는 한 가지 원리를 확립하셨다. 즉 "하고 싶어서 한 선행이 아닐지라도, 선행한 후에는

1장. 당신은 누구인가?

기분이 좋아진다"는 것이다. 세상에는 우리가 하고 싶지 않은 일이 수없이 많다. 그러나 우리는 하고 싶지 않은 일도 한다. 나는 내 책임을 다하기 위해 환자를 방문하지만, 그 일이 늘 즐겁지는 않다. 병원 현관에 발을 들여놓는 순간 풍겨 오는 역겨운 냄새를 맡으면 이 일을 계속하겠다는 생각이 사라지기도 한다. 그러나 병원을 나올 때는 항상 기분이 좋다. 병원에 간 것이 즐겁다. 선행했을 때 우리는 늘 기분이 좋아진다.

수많은 선택

아담과 하와의 범죄는 그들의 의지에도 영향을 끼쳤다. 에덴동산에서 아담과 하와는 무엇이든 할 수 있었다. 하지만 그들은 하지 말라고 명한 그 한 가지를 선택했다. 아담과 하와는 선악을 알게 하는 나무의 열매 말고는 무엇이든 다 먹을 수 있었다(창 2:16, 17). 그들은 선한 선택을 할 수 있는 수많은 기회 가운데서도 딱 한 가지 잘못된 선택을 했다! 그 결과 당신과 내 앞에는 날마다 선과 악 사이에서 선택해야 하는 많은 일이 놓여 있다. 당신은 기도하기를 선택할 수 있지만 기도하지 않기를 선택할 수도 있다. 또 성경을 읽거나 읽지 않기를, 교회를 가거나 가지 않기를 선택할 수 있다. 또한 육체를 따라 살지 성령이 이끄시는 대로 살지 선택할 수 있다. 우리는 이렇게 날마다 수없이 많은 선택을 해야 하며, 때로는 잘못된 선택을 하기도 한다.

잃어버린 속성을 되찾기 위해 애쓰다

아담이 타락한 이후, 인간은 타락 이전에 본래 지니고 있던 속성을 잃었다. 이제는 그것을 다시 찾아야 한다. 이 슬픈 변화를 세 가지 영역에서 살펴보도록 하자. 이 세 가지 필요는 모두 우리 삶에서 계속 요구된다.

1.용납하던 성품이 거부하는 성품으로 변하면서 우리에게는 소속감이 필요하게 되었다. 심지어 타락 이전에도 아담은 소속이 필요하였다. 하나님에게 소속되어야 할 그의 필요는 에덴동산에서 하나님과 누리는 친밀한 교제로 채워질 수 있었다. 단 하나, 아담에게 '좋지 않았던 것'은 그가 혼자라는 점이었다(창 1:28). 그래서 하나님은 하와를 창조하셨다.

아담과 하와가 범죄하여 하나님에게서 멀어지고 인간관계에서 다툼이 일어난 이후에도, 우리는 깊은 소속감이 필요하다는 것을 경험하였다. 그리스도께 나아와 하나님에게 소속된 뒤에도, 사람은 여전히 다른 사람들에게 소속되어야 한다. 만일 교회가 성도 간에 친교할 기회를 제공하지 않는다면, 교인들은 그 필요를 다른 곳에서 채우려 할 것이다.

실제로 교회 성장을 연구하는 사람들은 교회가 사람들을 그리스도께로 인도하였을지라도 교제할 기회를 제공하지 않는다면, 몇 개월 후 그들을 잃고 말 것이라는 연구 결과를 밝혔다. 신약에서 코이노니아(κοινωνια)라고 부르는 '성도 간의 교제'는 단순히 교회가 제공해야 할 선한 일이 아니다. 마땅히 해야 할 일이다. 당신은 소속에 대한 정당한 필요성을 이해하고 우리 모두 체험하고 있는 거절에 대한 두려움을 바로 알기 전에는, 우리 문화 속에서 동료들이 겪는 압력이 얼마나 큰지 결코 이해할 수 없을 것이다.

2. 결백 대신 죄책감과 수치가 자리 잡으면서 우리는 정당한 자존감의 회복이 필요하게 되었다. 많은 심리학자가 현대인은 일반적으로 정당한 자존감을 갖지 못하기 때문에 고통당하고 있다는 의견에 동의한다. 세속적인 심리학자들은 자아를 격려하고 우리가 일을 더 잘하도록 격려함으로써 잃어버린 자존감을 회복할 수 있다고 말한다. 나는 아담의 타락 이후 인간이 지닌 문제는 자존감 결여라는 데 동의한다. 그러나 그들이 제시한 해답에는 찬성하지 않는다. 우리는 다른 사람의 자아를 고무시켜 그 사람으로 하여금 자신에 대한 인식을 바꾸어 자신에 대해 기뻐하도록 만들 수 없다. 당신은 상당히 부정적인 자아상을 지닌 아름다운 소녀에게 "너는 아름다우니 긍정적으로 자신을 생각하렴"이라고 말해 본 적 있는가? 그렇게 해봐야 별 소용이 없다.

정당한 자존감은 재능이나 타고난 능력, 지식이나 외모로 생길 수 있는 것이 아니다. 자신의 가치에 대한 자기 평가는 신분에 관한 문제다. 자기 가치에 대한 평가는 자신이 누구인지를 바르게 아는 데서 시작된다. 곧 자신이 하나님의 자녀라는 사실을 알 때인 것이다. 그리스도 안에서 우리가 얻은 신분에 관한 문제는 뒤에서 더 언급할 것이다. 그리고 그 신분을 확인하는 것이 어떻게 우리가 올바른 자기 가치관을 확립하는 데 도움이 되는지 계속 살펴보겠다.

3. 권위가 약하고 무력해지면서 우리에게 힘과 자제력이 필요하게 되었다. 당신은 여러 방법으로 자신이나 다른 사람을 다스리려는 사람들을 볼 것이다. 그런 사람들은 주위에 있는 다른 사람들과 쉽게 충돌한다. 어떤 사람들은 계속 잔소리를 해대면서 그들의 환경을 지배하려 들거나 다른 사람들을 괴롭히기도 한다. 또 어떤 사람들은 시끄러운 오토바이를 타고, 온 시내를 다 소유한 것처럼 질주하고 다니기도 한다.

지배와 힘을 과시하려는 이 모든 모략은 자신이 자기 운명의 주인이라는 것을 증명하려는 시도다. 당신은 자신에게 자기 운명에 대한 책임이 있는 것처럼 생각할지 모르나, 절대 그렇지 않다. 당신은 결코 자기 운명의 주인이 될 수 없다. 인간의 영혼은 주인 역할을 하도록 계획되지 않았다. 당신은 참 하나님을 섬기든지, 이 세상 신을 섬기든지 둘 중 하나를 섬기게 될 것이다.

모든 죄악된 행위는 이런 기본적인 필요를 잘못된 방법으로 채우려고 한다. 여기서의 진정한 문제는 당신의 필요를 세상과 육체, 마귀를 통해 충족하려 하는가, 아니면 "그리스도 예수 안에서 영광 가운데 그 풍성한 대로"(빌 4:19) 채우시는 하나님에게 맡길 것인가다. 그것은 신분과 성숙의 문제다. 그리스도 안에서 얻은 자신의 신분을 더 인식할수록, 당신은 더 성장할 것이다. 그리고 당신이 더 성장해 갈수록, 그 문제에 대하여 선택하기가 더 쉬워진다.

1장에서 우리는 그리스도인의 신분은 그가 무엇을 행하느냐나 그가 무엇을 소유하였느냐에 기초한 것이 아니라, 그리스도 안에서 그가 누구인가에 기초한다는 것을 살펴보았다. 최초의 부모인 아담과 하와에게 물려받은 기업도 살펴보았다. 그러나 또한 아담이 타락했기 때문에 우리의 영적 신분과 그것에 따르는 모든 것을 상실했다는 것도 발견하였다. 그것은 마치 기쁜 소식과 나쁜 소식이 뒤섞인 익살처럼 들리지만 절대로 익살이 아니다.

물론 우리가 곤경에서 벗어날 수 있는 길이 있다. 첫 아담의 실패는 마지막 아담 예수 그리스도의 성공으로 회복되었다. 에덴동산에서 쫓겨날 때 잃어버린 우리 신분을 예수께서 돌려주셨다. 그분의 승리와, 그 승리가 우리에게 가져다준 것을 다음 장에서 살펴보겠다.

2장

생명과 죽음의 차이

잠시 전형적인 남자 대학생을 떠올려 보라. 그의 이름을 비프라고 하자. 비프는 대학생이다. 그는 자신이 침을 뚝뚝 흘리고 다닐 만큼 먹는 것과 여자를 좋아하는 사람이라고 생각한다. 자신을 그렇게 평가하는 비프는 어떻게 시간을 관리하고 있는가? 그는 주로 먹는 일과 여자를 따라다니는 일에 시간을 보낸다. 그는 음식의 영양분 따위와 상관없이 무엇이든 눈에 보이는 것은 다 먹어 치운다. 그리고 여자라고 하면 눈길을 쏟는데, 그중에서도 응원 단장인 수지에게 특별한 관심을 기울인다.

어느 날 비프가 캠퍼스에서 아름다운 수지를 따라가고 있을 때, 육상 코치가 그에게 다가왔다. "이봐, 학생. 자네 참 잘 달리게 생겼군!" 코치는 비프를 쫓아가며 "자네, 육상부에 들어오지 않겠나?" 하고 물었다. "아니요, 저는 아주 바쁘다고요." 비프는 시야 밖으로 사라져 가는 수지를 눈으로 좇으면서 대답하였다.

그러나 코치는 그의 거절을 진지하게 받아들이지 않았다. 마침내 그는 비프에게 경주를 한번 해 보도록 설득하는 데 성공하였다.

그렇게 해서 육상부에 들어가게 된 비프는 자신이 잘 달릴 수 있다는 사실을 발견하였다. 그는 식생활과 수면 습관을 바꾸었으며, 달리는 실력은 더 향상되었다. 실제로 비프는 몇몇 경기에서 우승하였고 그의 경기를 알리는 포스터가 나붙게 되었다.

마침내 비프가 큰 경기에 출전하는 날이었다. 그는 준비 운동을 하기 위해 경기장에 일찍 도착했다. 그런데 경기 시작 몇 분 전에 누가 나타났는지 상상할 수 있겠는가? 더욱 아름다워지고 여느 때보다 세련된 모습을 한 수지가 나타난 것이다. 날씬한 몸매에 아름다운 옷을 입은 수지가 깡충거리며 비프에게 달려왔다. 손에는 아이스크림을 얹은 먹음직스런 사과 파이를 들고 있었다.

"비프, 네가 보고 싶었어. 네가 원한다면, 나와 함께 맛있는 파이를 먹으면서 데이트하지 않을래?" 수지는 다정하게 말했다.

"안 돼, 수지." 비프가 말했다.

"왜 안 돼?" 수지가 입을 삐쭉 내밀면서 물었다. "왜냐하면 나는 선수이기 때문이야."

무엇이 달라졌는가? 비프는 예전과 다름없이 햄버거 세 개를 먹어 치우고 튀김 두 봉지와 콜라 서너 병을 눈 깜짝할 사이에 해치우는 친구가 아닌가? 그리고 그는 여전히 아름다운 수지와 가까이하고 싶어 좀이 쑤시는 녀석이다. 그러나 비프는 자기 자신에 대한 인식이 달라졌다. 이제는 자신을 육체적인 충동대로 행동하는 사람이 아닌, 훈련받는 선수로 보게 된 것이다. 그는 경주하기 위해 경기장에 왔다. 이것이 비프의 목적이다. 그러나 수지가 한 제안은 그가 경기장에 있는 목적과 자기 인식에 어긋나는 것이다.[3]

한 걸음 더 나아간 예를 들어보자. 에릭 리들(Eric Liddle)이라는 경주자가 있었다. 그는 그리스도께 헌신한 사람이다. 에릭 리들은 대단히 빠른 경주자일 뿐 아니라 올림픽 경기에서 조국인 스코틀랜드를 대표하는 선수였다.

한번은 경기 일정이 발표되었는데, 경기가 주일에 있었다. 에릭 리들은 주일에는 경기하지 않기로 하나님에게 약속했다. 결국 그는 우승할 수도 있는 경기를 포기했다. 에릭은 경기 주자인데 왜 뛰지 않았을까? 그는 선수이기 이전에 하나님의 아들이기 때문이다. 그의 영적인 신분과 자기 인식, 삶의 목적이 그의 행동을 결정한 것이다.

많은 그리스도인이 그리스도 안에서 받은 유업인 영적 성숙과 자유를 누리지 못하고 있다. 잘못된 자기 인식을 갖고 있기 때문이다. 즉 그들은 그리스도 안에서의 신분을 이해하지 못하고 있다. 그들은 그리스도를 믿는 순간에 자신에게 일어난 극적인 변화를 이해하지 못한다. 자신을 하나님이 보시는 관점으로 보지 못하고, 자기 모습을 초라하게 생각하며 고통스러워한다. 그들은 자신의 참된 신분을 깨닫지 못하고 있는 것이다. 그들은 자신을 잘못된 아담으로 오해하고 있다.

마지막 아담이 변화시킨 삶의 모습

많은 그리스도인이 창세기 1-4장에 나타나 있는, 처음 아담으로만 자신의 신분을 확인한다. 아담과 하와의 후손으로서 우리는 그들과 함께 에덴동산 밖에서 살고 있는 우리 모습을 본다. 우리는 우리 자신이 에덴동산을 파괴하였으며, 그 낙원을 영원히 잃었다는 것을 알고 있다. 그렇지만 우리는 아담의 실패를 매일의 삶에서 되풀이해서는 안 된다는 것을 알지 못하는 듯하다.

확실히 당신은 아담에게서 육체적인 생명을 이어받았다. 그러나 만일 당신이 그리스도인이라면, 바로 그 순간부터 에덴동산의 아담과는 아주 다른 생명을 갖게 된다. 당신은 이제 마지막 아담인 예수 그리스도와 동일시되는 것이다. 당신은 에덴동산의 아담처럼 하나님의 임재 밖으로 추방당한 것이 아니다. 하늘에서 그리스도와 함께 앉아 있는 것이다(엡 2:6). 이 두 아담 사이의 차이는 매우 심오하다. 당신은 자신의 신분이 온전한 아담 안에서 확인되었다는 사실을 확실히 깨달아야 한다.

계속 하나님을 의지하는 일

마지막 아담인 예수 그리스도에 대하여 우리가 주의 깊게 살펴보아야 할 점은 그분이 하나님 아버지를 절대적으로 의지했다는 것이다. 첫 아담도 어느 정도는 하나님을 의지했다. 그러나 선악을 알게 하는 나무에 대해 뱀이 한 거짓말을 믿기로 선택하면서, 첫 아담은 하나님에게서 완전히 독립되었다. 그러나 예수님은 하나님을 온전히 의지하셨다. 그분은 다음과 같이 말씀하셨다. "내가 아무것도 스스로 할 수 없노라"(요 5:30), "내가 아버지로 말미암아 사는 것같이"(요 6:57), "내가 하나님께로부터 나와서 왔음이라. 나는 스스로 온 것이 아니요 아버지께서 나를 보내신 것이니라"(요 8:42), "내가 너희에게 이르는 말은 스스로 하는 것이 아니라 아버지께서 내 안에 계셔서 그의 일을 하시는 것이라"(요 14:10).

40일 금식 후 몹시 주리셨을 때, 사탄이 돌을 떡덩이로 만들어 먹으라고 유혹했을 때에도 예수님은 "사람이 떡으로만 살 것이 아니요 하나님의 입으로부터 나오는 모든 말씀으로 살 것이라"(마 4:4)고 말씀하셨다. 예수님이 하나님을 전적으로 의지한 모습은 지상 사역이 끝나 갈 무렵 드리신 제사장적인 기도에서 완전하게 나타난다. "지금 그들은 아버지께서 내게 주신 것이 다 아버지로부터 온 것인 줄 알았나이다"(요 17:7). 예수님은 온전히 하나님을 의지하는 것이 어떤 것인지를 우리에게 본으로 보여 주셨다.

계속적인 영적 생활

두 아담 사이의 두 번째 결정적인 차이점은 영적 생활과 관계된다. 아담은 육적으로 태어나 영적으로 살았다. 그러나 아담이 범죄하였을 때, 그는 영적으로 죽었다. 예수님을 제외하고, 타락 이후 이 세상에 태어난 모든 사람은 영적으로 죽은 상태로 태어났다. 그러나 예수님은 첫 아담처럼 영적으로 살아 있는 상태로 태어나셨다. 그렇기 때문에 나는 동정녀 탄생을 아무런 문제 없이 믿을 수 있다. 그분은 첫 아담의 실패를 회복하기 위하여 하나님의 성령으로 잉태되시고, 영적으로 살아 있는 상태로 태어나서야 했다.

예수님은 그의 영적 생명(zoe)을 비밀에 붙이시지 않았다. 담대히 "내가 곧 생명의 떡이니라"(요 6:48), "나는 부활이요 생명이니"(요 11:25), "내가 곧 길이요 진리요 생명이니"(요 14:6)라고 말씀하셨다. 사도 요한은 예수님의 말씀을 선포하였다. 그는 그리스도에 대하여 "그 안에 생명이 있었으니 이 생명은 사람들의 빛이라"(요 1:4)고 말하였다.

첫 아담과 달리 예수님은 죄 때문에 영적 생명을 잃는 일이 없었다. 예수님은 십자가에 달리실 때까지 모든 생애에서 그의 영적 생명을 보전하셨다. 그리고 십자가에서 세상의 모든 죄 짐을 지고 죽으셨다. 그분은 육신의 생명이 끝났을 때 영혼을 하나님 손에 부탁하셨다(눅 23:46). 영화로운 몸으로 부활하신 그리스도는 오늘도 내일도 영원히 사시는 분이다.

그리스도는 우리 삶에 어떤 변화를 주었는가?

첫 아담과 마지막 아담의 차이는 우리에게 생명과 죽음의 차이와 같다. 이 엄청난 차이는 고린도전서 15장 22절에 가장 잘 나타나 있다. "아담 안에서 모든 사람이 죽은 것같이 그리스도 안에서 모든 사람이 삶을 얻으리라." 그러나 죽음과 생명의 대조에 초점을 맞추기 전에 "그리스도 안에서"라는 구절에 주목하길 바란다.

다음 장에서 말하고자 하는 것은 성도가 그리스도 안에 있다는 사실에 기초한다. 그리스도 안에 있다는 것, 그리스도인의 성숙과 자유와 관련되어 그리스도 안에 있다는 의미는 신약 성경 전체에 흐르는 주제다. 예를 들면 여섯 장으로 된 에베소서 한 권에만 당신이 그리스도 안에 있다는 것과 당신 안에 그리스도를 소유하고 있다는 언급이 40번이나 나온다. 당신 안에 그리스도가 있다는 사실을 언급하기 위해서 그리스도 안에 당신이 있다는 표현도 10번 나온다. 우리가 그리스도 안에 있다는 사실은 우리 신분을 이해하는 가장 결정적인 요소다.

새 생명은 새로운 출생을 요구한다

그러나 우리는 그리스도 안에서 태어나지 않았다. 우리는 죄 가운데 태어났는데, 이는 첫 아담 때문이다. 아담 안에 있는 존재를 그리스도 안으로 옮기기 위해 하나님은 무엇을 계획하셨는가? 예수님은 니고데모와 나눈 대화에서 하나님의 계획을 우리에게 나타내셨다! 즉 우리가 거듭나야 한다는 것이다(요 3:3). 육체적인 출생은 우리에게 육체적인 생명을 주었다. 영원한 생명이신 그리스도께서 그분에게 오는 자에게 주겠다고 약속하신 영적 생명은 영적으로 거듭나야만 얻을 수 있다(요 3:6).

그리스도 안에서 영적으로 살아 있다는 것은 무엇을 뜻하는가? 거듭나는 순간, 당신의 영은 타락 전에 하나님과 연합하던 아담과 같이 하나님과 연합하게 된다. 이제 당신은 영적으로 다시 살게 되었고 당신의 이름이 어린양의 생명책에 기록되었다(계 21:27). 마지막 아담인 그리스도께서 하나님과 당신의 영적인 연합을 제공하셨기 때문에 예수님이 완전하고 살아 계신 한, 당신도 영적으로 살아 있을 것이다. 따라서 그것은 영원하다.

많은 그리스도인이 믿는 것과 달리 영생은 당신이 죽은 후에 얻는 것은 아니다. 그리스도 안에서 지금 영적으로 살아 있다면, 그것이 바로 영적으로 거듭난 당신이 하나님과 연합하여 얻은 것이다. 당신은 지금보다 영적으로 생명력이 있을 수는 없다. 당신이 육체적으로 죽었을 때 유일하게 변화될 수 있는 것은 썩을 몸이 새로운 몸으로 변하리라는 것이다. 그러나 당신이 개인적으로 예수님을 믿으면서 시작된 영적 생활은 죽은 후에도 계속될 것이다.

구원은 미래에 얻는 것이 아니다. 현재적인 변화다. 그리고 그 변화는 영적 출생시에 일어나는 것이지, 육체가 죽을 때 일어나는 것이 아니다. 그리스도를 받아들인 그 순간부터 옛 사람은 사라지고 영원히 새 사람이 된다. 영생은 당신이 죽을 때 얻는 것이 아니다. 그리스도 안에 있다면 당신은 지금 영생을 소유한 것이다.

새 생명은 새로운 신분을 부여한다

그리스도인이 되는 것은 어떤 것을 갖는 것만이 아니다. 그것은 어떤 사람이 되는 것이다. 그리스도인이란 단순히 용서받고, 천국에 가고, 성령을 받고, 새로운 성품을 갖게 된 사람이 아니다. 우리의 내적 신분에 따라 그리스도인은 성도이며, 영적으로 거듭난 하나님의 자녀이고, 하나님의 걸작이며, 빛의 자녀이고, 하늘의 시민이다. 거듭난다는 것은 이전과 다른 존재로 변화되는 것이다. 당신이 그리스도인으로서 어떤 것을 받는 것은 구원의 핵심이 아니다. 구원의 핵심은 당신이 누구인지다. 당신의 행동이 어떠한지에 따라 당신의 신분이 결정되는 것은 아니다. 당신이 누구인지에 따라 당신의 행동이 달라진다(고후 5:17; 엡 2:10; 벧전 2:9, 10; 요일 3:1, 2).

그리스도 안에서 자신의 신분을 이해하는 것은 성공적인 그리스도인의 삶에 절대적인 요소다. 사람은 자신을 어떤 사람으로 인식하고 있느냐에 따라 행동이 달라진다. 만일 당신이 자신을 불량배로 생각한다면, 정말 불량배처럼 살아갈 것이다. 그러나 자신을 영적 생명을 가진 하나님의 자녀로 생각한다면 예수님처럼 승리와 자유의 삶을 살게 될 것이다. 자신의 신분을 아는 것은 하나님을 아는 것 다음으로 중요하다.

오늘날 이 세상을 살아가면서 영적 생명이 있고 그리스도 안에서 완전한 당신을 향해 영적으로 죽었다고 정죄하는 존재를 아는가? 바로 사탄이다. 사탄은 그리스도 안에 있는 당신의 위치와 신분을 바꾸어 놓을 수 없다. 그러나 만일 사탄이 당신은 하나님에게 받아들여질 수 없고 그리스도인으로서 당신은 아무것도 아니라는 거짓말로 당신을 속인다면, 당신은 그리스도 안에서 어떠한 위치도, 어떠한 신분도 갖지 못한 것처럼 살아갈 것이다. 당신의 신분을 잘못 믿게 하는 속임수는 영적 성숙을 저지할 수 있는 사탄의 최대 무기다.

새 생명은 새 이름을 부여한다

신약 성경에서 그리스도인의 신분을 나타내는 말로 가장 자주 사용되는 용어가 "성인"(聖人) 또는 "성도"(聖徒)라는 사실을 알고 있는가? 이 말은 문자 그대로 거룩한 사람이다. 그러나 바울과 다른 서신서의 기자들은 관대하게도 이 단어를 당신과 나처럼 평범한 그리스도인에게 사용하고 있다. 예를 들면, 고린도전서 1장 2절에서 사도 바울은 "고린도에 있는 하나님의 교회 곧 그리스도 예수 안에서 거룩하여지고 성도(聖徒, saints)라 부르심을 받은 자들과 또 각처에서 우리의 주 곧 그들과 우리의 주 되신 예수 그리스도의 이름을 부르는 모든 자들에게"라고 말하고 있다.

사도 바울이 우리를 성도 또는 성자라고 부르는 것은 우리 공로 때문이 아니라는 점을 유의해야 한다. 그는 우리가 그렇게 부르심을 입은 자라고 확실히 밝히고 있다. 우리 가운데 어떤 사람들은 성자라는 경이로운 인생을 살았거나 매우 영적인 삶을 산 사람을 높여 부르기 위해 정신적 의미로 붙인 이름이라고 생각한다. 그러나 사실은 그렇지 않다. 성경은 하나님이 당신을 성자로 부르셨으므로 당신이 성자라고 말한다. "그리스도 안에서 성화(聖化)된" 당신은 오직 참되고 거룩하신 예수 그리스도의 생명 안에 거함으로 성자가 되었다.

물론 그리스도인은 자신을 은혜로 구원받은 죄인이라고 여긴다. 그러나 당신은 정말 죄인인가? 그것이 성경이 말하는 당신의 신분인가? 전혀 그렇지 않다. 하나님은 당신을 죄인이라고 부르시지 않는다. 그분은 당신을 성자라고 부르신다. 만일 당신이 자신을 죄인이라고 생각한다면, 당신의 행동이 어떠할지 상상해 보라. 당신은 죄인처럼 살 것이며, 또 죄를 지을 것이다. 왜 자신의 참된 신분을 확인하지 않는가? 당신은 때때로 죄 짓는 성자다. 이 진리를 기억하라. 당신의 행동에 따라 당신의 신분이 결정되는 것이 아니라 당신의 신분에 따라 당신의 행동이 달라지는 것이다.

그리스도의 기업이 나의 기업이 되었다

하나님의 부르심으로 그리스도 안에서 성도가 되었기 때문에 당신은 그리스도의 기업을 물려받았다. 당신이 그리스도 안에 있기 때문에 그리스도의 기업이 당신의 기업이 된 것이다. 그것이 당신의 신분으로 말미암아 얻게 된 권리다.

아래 사항은 그리스도 안에서 참으로 당신이 누구인가를 항목별로 나누어 1인칭 문장으로 표현한 것이다. 이 문장들은 당신이 영적으로 태어난 뒤 갖게 된 신분을 보여 준다. 대한민국에서 태어난 사람은 대한민국 국민이 갖는 권리와 자유를 누린다. 대한민국 국민이 아닌 사람은 그 신분을 사거나 노력하여 얻을 수 없는 것처럼 당신은 다음 사항들을 살 수도, 얻을 수도 없다. 대한민국 국민은 대한민국에서 태어났다는 이유만으로 헌법에 따라 대한민국 국민으로서 누리는 권리나 자유를 보장받는다. 마찬가지로 당신은 그리스도를 믿어 하나님의 거룩한 백성으로 태어났다는 이유만으로 다음과 같은 신분을 보장받는다.

나는 누구인가?

나는 세상의 소금이다(마 5:13).

나는 세상의 빛이다(마 5:14).

나는 하나님의 자녀다(요 1:12).

나는 참 포도나무 가지요, 그리스도의 생명의 통로다(요 15:1, 5).

나는 그리스도의 친구다(요 15:15).

나는 열매 맺도록 그리스도께서 택하신 사람이다(요 15:16).

나는 의(義)의 종이다(롬 6:18).

나는 하나님에게 종 된 자다(롬 6:22).

나는 하나님의 아들이요, 하나님은 내 영적인 아버지시다(롬 8:14, 15; 갈 3:26; 4:6).

나는 그리스도와 공동 상속자요, 하나님의 기업을 물려받을 자다(롬 8:17).

나는 하나님이 거하시는 성전이다. 그분의 영과 생명이 내 안에 거하신다(고전 3:16; 6:19).

나는 주님과 연합하여 한 영이 되었다(고전 6:17).

나는 그리스도의 몸의 지체다(고전 12:27; 엡 5:30).

나는 새로운 피조물이다(고후 5:17).

나는 하나님과 화목되었으며 하나님은 내게 화목하게 하는 직책을 주셨다(고후 5:18, 19).

나는 하나님의 아들이며 그리스도 안에서 하나다(갈 3:26, 28).

나는 하나님의 아들이므로 그분의 유업을 이을 자다(갈 4:6, 7).

나는 성도다(엡 1:1; 고전 1:2; 빌 1:1; 골 1:2).

나는 하나님의 피조물로, 그리스도 안에서 그분의 일을 하도록 거듭났다(엡 2:10).

나는 성도와 동일한 시민이요, 하나님의 권속이다(엡 2:19).

나는 그리스도 안에 갇힌 자다(엡 3:1; 4:1).

나는 의롭고 거룩하다(엡 4:24).

나는 하늘의 시민이요, 그리스도와 함께 하늘에 앉아 있는 자다(빌 3:20; 엡 2:6).

나는 그리스도와 함께 하나님 안에 감춰진 자다(골 3:3).

나는 그리스도의 생명을 나타낸다. 그분은 내 생명이기 때문이다(골 3:4).

나는 하나님이 택하신 거룩하고 사랑받는 사람이다(골 3:12; 살전 1:4).

나는 빛의 아들이다. 어둠의 자식이 아니다(살전 5:5).

나는 하늘의 부르심을 받은 거룩한 형제다(히 3:1).

나는 그리스도와 함께 참여한 자이며, 그분의 생명에 참여한 자다 (히 3:14).

나는 그리스도 안에서 영적인 집을 세우는 데 필요한 산 돌이다(벧전 2:5).

나는 택하신 족속이요, 왕 같은 제사장이요, 거룩한 나라요, 하나님 의 소유된 백성이다(벧전 2:9, 10).

나는 이 세상에 임시로 살고 있는 나그네이자 행인이다(벧전 2:11).

나는 마귀의 원수다(벧전 5:8).

나는 하나님의 자녀로 그리스도께서 재림하실 때 그리스도와 같게 될 것이다(요일 3:1, 2).

나는 하나님에게서 난 자로서 마귀가 만지지 못한다(요일 5:18).

나는 '스스로 있는 자'가 아니며(출 3:14; 요 8:24, 28, 58), 내가 나 된 것은 하나님의 은혜다(고전 15:10).

당신이 그리스도 안에 있기 때문에 이 모든 사실이 당신에게 해

당되며, 이 사실은 더 이상 변경될 수 없다. 다만 하나님이 하신 말씀을 믿음으로써 당신의 생애에 이 특권을 잘 누릴 수 있다. 그리스도 안에서 더 성숙하려면 무엇보다 그분 안에서 당신이 어떤 존재인지를 계속 상기해야 한다. 나는 세미나에서 "나는 누구인가?" 목록을 계속 소리 내어 읽음으로 그곳에 모인 사람들과 함께 이 사실을 되새긴다. 당신도 지금 바로 소리 내어 이 목록을 낭독하길 바란다. 날마다 하루에 한 번이나 두 번씩 한 주나 두 주 동안 계속 낭독하라. 사탄이 당신은 무가치한 실패자라고 속삭일 때마다 읽으라. 그리스도 안에서 당신이 누구인가를 확인할수록, 당신은 그 신분에 맞게 행동하게 될 것이다.

내가 인도하는 집회에 참석하려고 먼 길을 운전해서 온 남자가 있었다. 집으로 돌아가는 길에 그는 "나는 누구인가?" 목록을 개인적인 기도 제목으로 삼기로 결심했다. 차 안에서 그는 마음속에 그 내용을 하나씩 새기게 해달라고 하나님에게 기도했다. 집까지는 5시간이 걸렸다. 그 시간 내내 그는 그 내용으로 기도했다. 그 일이 삶에 어떤 영향을 끼쳤느냐는 질문을 받자 그는 웃으면서 "인생의 전환점이었죠"라고 간단히 대답했다.

신학교 수업 시간에 가만히 앉아 이 목록에 대해 듣고만 있던 한 학생이 있었다. 그는 그리스도 안에서 그의 신분에 대해 갈등하고 있었다. 학기가 끝난 다음, 그 학생이 나에게 이런 편지를 보내왔다.

사랑하는 교수님에게

이번 학기에 교수님이 말씀하신 목록을 세밀히 살펴보았습니다. 그 결과 저는 여러 면에서 자유로워졌고 크게 깨달은 바가 있습니다. 그 중에서도 제가 중요한 존재이고, 하나님이 저를 받으셨으며, 하나님 안에서 제가 안전하다는 중요한 사실을 깨달았습니다. 이 목록들을 깊이 생각해 보면서 제가 지금까지 오랫동안 갈등해 온 문제, 즉 실패에 대한 공포와 스스로 가치도 자격도 없다고 여긴 생각을 해결할 수 있었습니다.

그래서 저는 "나는 누구인가?" 목록으로 기도하면서 공부하기 시작했습니다. 학기 중에 특별히 제가 무가치한 존재라는 생각으로 두려움에 휩싸일 때면 이 목록을 여러 번 되풀이하여 읽었습니다. 교회에 있는 학생들에게도 이 목록을 소개했는데, 많은 학생이 저와 마찬가지로 새로운 자유를 체험했습니다. 제가 사람들이 그리스도 안에서 자신의 신분을 깨닫도록 도운 감동적인 이야기는 말로 다 표현할 수 없습니다. 저는 앞으로 이 부분을 중요하게 생각하고 교회 교육과 상담에 적용하려고 합니다.

하나님의 아들이 되는 기쁜 소망

죄악된 첫 아담의 후손인 우리는 강퍅하고 비열하며 무력하고 절망적이었다. 우리 안에는 하나님에게 칭찬받을 만한 것이 아무것도 없었다. 그러나 하나님의 사랑이 우리를 강권하셨다. 그리스도를 통하여 하나님이 우리에게 그의 가족이 되는 길을 열어 주셨다. 하나님의 양자(養子)로서, 당신은 새로운 신분과 새 이름을 받았다. 당신은 더 이상 영적 고아가 아니다. 하나님의 아들과 딸이다. 하나님의 자녀로서, 당신은 하나님의 맏아들인 예수 그리스도처럼 하나님의 성품과 부요함을 받았다.

당신은 자신을 그리스도인으로서 특별한 사람이라고 생각하는가? 그 생각이 옳다. 당신은 특별하다! 물론 당신이 특별한 것은 당신이 무엇을 했기 때문이 아니다. 그것은 모두 하나님이 하신 일이다. 당신이 한 일이란 자녀로 부르신 하나님의 초청에 응한 것뿐이다. 그러나 당신은 그리스도 안에 존재함으로 하나님과 연합을 이루어 그분의 자녀가 되었고, 아버지와 맺은 특별한 관계에서 생긴 모든 권리를 만끽하게 되었다.

당신이 그리스도 안에서 누구인지를 아는 것은 얼마나 중요한가? 세상에는 자신이 누구인지를 잘못 알고 있기 때문에 날마다 갈등하는 삶을 살아가는 그리스도인이 많다. 그들은 자신을 천국에 가서나 하나님의 은혜로 그런 신분을 갖게 되기를 바라는 죄인으로 알고 있다. 그들은 죄악된 본성을 초월해서 살아갈 능력이 없다. 왜 그들은 승리하는 삶을 살지 못하는가? 그것은 그리스도 안에서 그들의 신분이 무엇인지를 모르고 있기 때문이다.

다시 한 번 소망으로 가득한 요한일서 3장 1-3절을 살펴보자. "보라. 아버지께서 어떠한 사랑을 우리에게 베푸사 하나님의 자녀라 일컬음을 받게 하셨는가. 우리가 그러하도다. 그러므로 세상이 우리를 알지 못함은 그를 알지 못함이라. 사랑하는 자들아, 우리가 지금은 하나님의 자녀라. 장래에 어떻게 될지는 아직 나타나지 아니하였으나 그가 나타나시면 우리가 그와 같을 줄을 아는 것은 그의 참모습 그대로 볼 것이기 때문이니 주를 향하여 이 소망을 가진 자마다 그의 깨끗하심과 같이 자기를 깨끗하게 하느니라."

믿는 자의 소망이 무엇인가? 언젠가 그리스도처럼 변화되는 것이다. 그러나 그것은 먼 미래의 소망이다. 그렇다면 오늘과 내일의 소망은 무엇인가? 당신이 지금 하나님의 자녀라는 사실이다! 자신이 하나님의 자녀라고 확신하는 사람은 '자신을 깨끗하게' 한다. 즉 그는 자신의 신분에 맞는 삶을 시작하는 것이다. 다시 설명하지만 사람은 자기를 어떻게 인식하느냐에 따라 그 인식과 일치한 삶을 살지 그 인식과 다른 삶을 살지 않는다. 당신이 하나님의 자녀답게 살려면 자신을 하나님의 자녀로 여겨야 한다. 이러한 그리스도인의 소망은 "너희 안에 계신 그리스도시니 곧 영광의 소망"(골 1:27)이다.

3장

당신이 참으로 누구인지 살펴보라

몇 년 전, 내가 사역한 대학부에 클레어라는 청년이 있었다. 외모나 경제적인 면에서 보면 클레어는 정말 보잘것없는 여성이었다. 땅딸막한 체구에 혈색도 안 좋았다. 아버지는 가족을 버린 술주정뱅이에 게으름뱅이였다. 어머니는 입에 풀칠이라도 하기 위해 비천한 일을 하고 있었다. 마약 중독자인 큰오빠는 늘 집을 나가 떠돌아다녔다.

클레어를 처음 만났을 때 나는 그가 남자 친구를 절대로 사귈 수 없을 거라고 생각하였다. 외적인 아름다움과 물질적인 성공을 높이 평가하는 젊은이들 세계에서 클레어는 경쟁할 수 없으리라고 생각한 것이다. 그러나 놀랍게도 클레어는 주위에 있는 모든 사람에게 사랑받았다. 그는 친구가 많았다. 그리고 마침내 우리 대학부의 아주 훌륭한 청년과 결혼했다.

클레어의 비밀은 무엇이었을까? 그는 자신이 누구인지 알았다.

그는 하나님이 말씀하신 대로 자신을 하나님의 딸로 믿고 받아들였으며, 자신의 생애를 통해 이루시고자 하는 하나님의 크신 목적을 위해 하나님에게 헌신하였다. 즉 하나님의 형상을 닮아 가려고 노력했으며 사람들을 사랑했다. 그는 어느 누구에게도 위협적이지 않았다. 매우 적극적이고 다른 사람을 잘 보살펴 주었기 때문에 모두가 그를 좋아했다.

데릭은 몇 년 전 신학교 선교학과에 등록한 30대 초반의 남자다. 나는 한 집회에서 그리스도 안에 있는 우리 신분을 이해하는 것이 삶에서 참으로 중요하다고 강의한 적 있다. 데릭은 그 집회에서 강의를 처음 듣고 그다음 주에 나를 찾아와서 자기 이야기를 나누었다. 사실 데릭이 나를 찾아오기 전까지 나는 그에 대해 아는 것이 거의 없었다.

데릭은 모든 일에 완벽을 요구하는 아버지 밑에서 자랐다. 그는 총명하고 재능 있는 젊은이였다. 그러나 아무리 열심히 노력하고 잘해도 아버지를 기쁘게 해드릴 수가 없었다. 그의 아버지는 계속 아들을 몰아붙일 뿐이었다.

최선을 다해 아버지의 기대에 맞추려고 데릭은 해군 사관 학교에 입학하여 비행 훈련을 받았다. 그는 유능한 젊은이들이 꿈꾸는 것을 성취하였다. 해군 함대의 엘리트 비행사가 된 것이다.

"해군 복무를 마쳤을 때 저는 제 삶을 통해 하나님을 기쁘시게 해드리기로 결심했습니다. 그러나 하나님도 제 아버지처럼 완벽하신 분이라고 생각했습니다. 그래서 하나님의 기대를 완전하게 이루어드리는 일은 선교사가 되는 것이라고 생각했습니다. 솔직하게 말해서, 저는 단지 아버지를 위해서 해군 사관 학교에 간 것처럼 하나님의 기대에 맞추기 위해 선교학과에 지원하였습니다.

그런데 지난 토요일, 교수님 강의를 듣게 되었습니다. 그때까지 저는 제가 그리스도 안에 있기 때문에 하나님이 제 모습 그대로를 받으신다는 말을 한 번도 들어 보지 못했습니다. 항상 아버지를 기쁘게 해드리려고 애쓴 것처럼 제가 하는 일을 통해 하나님을 기쁘게 해드리려고 했습니다. 제가 그리스도 안에 있는 것으로 이미 하나님을 기쁘시게 해드리고 있다는 사실을 깨닫지 못했습니다. 이제는 선교사가 되는 길만이 하나님을 기쁘게 해드리는 일은 아니라는 사실을 깨달았습니다. 그래서 전공을 실천신학으로 바꾸려고 합니다."

데릭은 그 뒤 2년 동안 실천신학을 공부하였다. 그리고 스페인에 단기 선교사로 갈 수 있는 기회가 생겼다. 단기 선교를 마치고 난 뒤, 그는 내 사무실로 달려와 잔뜩 흥분한 목소리로 선교지에서 경험한 일을 이야기했다. 그러고는 "다시 선교학으로 전공을 바꾸겠습니다"라고 말했다.

"선교학으로?" 나는 웃으면서 물었다.

"네." 그는 기쁨에 가득 차서 말을 이어 갔다. "그렇지만 이제는 의무감 때문에 선교사가 되려는 것이 아닙니다. 하나님이 저를 완전하게 받으셨다는 것을 알고 있으니까요. 지금은 하나님을 사랑하기 때문에, 하나님에게 헌신하기를 원하기 때문에 선교사가 되려는 것입니다."

신학을 먼저 정립하라

앞서 나눈 두 사람의 경험은 행동이 아닌 믿음 위에 그리스도인의 삶이 정립되어야 한다는 것을 보여 준다. 우리는 성공적인 삶을 경험하기 전에 우리의 신학을 확고하게 정립해야 한다. 즉 하나님이 누구시며 그분이 이루신 일의 결과로 우리가 어떤 신분을 갖게 되었는지 이해해야 한다. 그리스도인의 열매 맺는 행동은 다른 어떤 것이 아니라 확고한 믿음의 결과다.

문제는 우리가 성경에서 실제적인 면을 다루는 부분에 기초하여 우리의 영적 성장을 꾀하면서도 교리적인 부분에는 거의 시간을 할애하려고 하지 않는다는 것이다. 예를 들어, 바울 서신은 대개 두 부분으로 나뉜다. 앞부분은 교리 부분으로 로마서 1-8장, 에베소서 1-3장, 골로새서 1-2장이다. 이 부분에는 하나님과 우리 자신, 죄와 구원에 대해 알아야 할 것이 기록되어 있다. 그리고 뒷부분은 실제적인 부분으로 로마서 12-15장, 에베소서 4-6장, 골로새서 3-4장이다. 이 부분에서는 날마다 우리가 믿음대로 행해야 한다고 설명하고 있다.

우리는 생활 속에서 부딪치는 의심, 유혹, 사탄의 공격, 갈등, 가정이나 친구 관계, 교회를 갈라놓는 문제를 해결하려는 조급한 마음에서 교리적인 부분을 뛰어넘어 실제적인 교훈을 주는 부분으로 달려간다. 상처 난 곳에 반창고를 붙이듯이, 우리는 즉각적으로 적용할 수 있는 원리나 지침을 원하기 때문이다. 우리에게는 성경에 있는 깊은 신학적 개념을 자세히 연구할 만한 여유가 없다. 곧장 실제 삶에 적용할 수 있는 해결책을 원하는 것이다.

3장. 당신이 참으로 누구인지 살펴보라

아마도 당신은 이미 날마다 생활에 필요한 반창고식 적용 방법이 현실적으로 별 효력 없다는 사실을 발견했을지 모른다. 왜일까? 그리스도 안에서의 신분에 관한 교리를 이해하지 못했다는 것은 실제 삶에서 성공할 수 있는 기초가 없는 것이기 때문이다. 만일 당신이 "함께 일으키사 그리스도 예수 안에서"(엡 2:6) 이미 승리한 사실을 마음 깊이 깨닫지 못한다면, 어떻게 "마귀의 간계를 능히 대적하[길]"(엡 6:11) 바라겠는가? 믿음으로 의롭다 함을 입고 주 예수 그리스도를 통하여 하나님과 화목케 되었다(롬 5:1)는 확실한 지식 없이 어떻게 소망 안에서 즐거워하고 환난을 참을 수 있겠는가?(롬 12:12) 하나님과 자기 자신에 대한 믿음이 흔들리면 자연히 실제 생활도 흔들린다. 그러나 믿음이 확고하고 하나님과 맺은 관계가 진리 위에 기초한다면, 날마다 삶에서 그리스도인으로 살아가는 데 큰 어려움을 느끼지는 않을 것이다.

하나님과 바른 관계를 맺는 것이 우선이다

몇 년 전, 어느 목사가 자신이 담임하는 교회의 성가대 지휘자와 그의 아내를 상담해 달라고 내게 의뢰한 적이 있다. 나는 서로에 대한 증오로 그렇게까지 으르렁대는 부부를 만난 적이 없었다. 그들은 내 방에 들어서면서도 서로 소리를 질러댔다. 그들의 관계는 불신과 욕설로 가득 차 있었다. 그들은 이미 각자의 길을 가기로 결정한 상태였다. '사탄이 이 사람들을 잡아먹을 수 있는 절호의 기회구나!' 나는 속으로 탄식하면서 하나님에게 이렇게 기도했다. '하나님, 이 부부가 헤어지지 않을 수 있는 길이 있을까요? 하나님만이 그 방법을 알고 계십니다.' 몇 분 동안 서로에 대한 비난을 들은 뒤, 나는 그들의 이야기를 중단했다. "지금부터는 두 분의 결혼에 대해서 잊어버리십시오. 이런 상황에서는 두 분의 결혼 생활을 유지할 방법이 없습니다. 그 대신 각자 하나님과 맺은 관계를 회복하기 위하여 그 관계를 개인적으로 점검하는 시간을 갖는 게 어떨까요?" 내 질문이 그들의 관심을 끌었다.

나는 부인에게 "한동안 아무도 없이 혼자만 지낼 수 있는 여건이 되겠습니까?"라고 물었다.

부인은 잠시 생각하더니 고개를 끄덕이면서 "제 동생이 별장을 한 채 갖고 있는데, 거기 머무르면 될 것 같네요"라고 대답했다.

"좋습니다. 테이프를 하나 드리지요. 며칠 동안 혼자 지내면서 메시지를 잘 들으십시오. 그리스도 안에서 자신이 누구인지 발견하고, 부인의 파괴된 영혼을 정돈하시길 바랍니다."

놀랍게도 부인은 그 제안에 동의했다. 남편에게도 똑같은 테이프를 주며 동일한 제안을 했다. 그들이 내 방을 나설 때 나는 그 부부가 함께 있는 모습을 다시는 볼 수 없을 것이라고 생각했다.

몇 개월이 지났을 때였다. 한 음식점에 앉아 있는데, 그 성가대 지휘자가 세 아이와 함께 들어왔다. 그 모습을 본 나는 '오 하나님, 결국 헤어지고 말았군요!'라고 생각했다. 나는 그가 안됐다는 생각에 마주치고 싶지 않아서 시선을 돌려 버렸다. 그런데 곧 그의 아내가 들어와 그들 옆에 앉는 것이 아닌가! 그들은 매우 행복하고 만족해하는 것 같았다. 나는 혼란스러웠다.

그런데 갑자기 그 부부가 내 쪽을 바라보더니 나를 알아보았다.

3장. 당신이 참으로 누구인지 살펴보라

"안녕하세요, 목사님. 오랜만입니다." 그들은 반갑게 인사했다.

"네, 이렇게 다시 만나게 되어서 기쁘네요." 겉으로는 그렇게 말했지만 속으로는 "둘이 함께 있는 것을 보게 되어서 기쁩니다"라고 말하고 싶었다. 그들이 이혼을 했는데 아이들 때문에 만나는 것이라 해도 나는 놀라지 않았을 것이다.

"저희는 잘 지내고 있습니다." 부인이 계속 말을 이어 갔다.

"그때 목사님이 하라는 대로 했거든요. 한적한 산 속에 있는 집에 가서 두 주간 테이프를 들으면서 하나님과의 관계를 회복하게 되었어요."

"저도 그렇게 했습니다. 그래서 우리의 문제를 해결할 수 있었죠." 남편이 덧붙였다. 나는 하나님이 먼저 개인적으로 그들을 회복시키시고, 그 뒤 가족으로서도 회복시켜 주신 이야기를 들으며 기뻐하였다.

이 부부는 먼저 하나님과 바른 관계를 정립한 뒤에 자기들의 문제를 찾는 것이 올바른 순서라는 것을 발견했다. 하나님은 당신이 사랑하는 아버지가 되고 당신은 하나님이 용납하신 자녀가 되는 것을 단호하게 결정하는 것으로 하나님과의 바른 관계는 시작된다. 그것이 당신의 영적 신분의 기초다. 당신은 하나님의 자녀이며, 그분의 형상대로 지음받았고, 그리스도 안에서 믿음으로 말미암아 의롭게 되었다. 그 사실을 믿는 한, 또 그 사실대로 살아가는 한, 당신은 계속 성장할 것이다. 그러나 당신이 자기 신분을 잊어버리고 하나님이 이미 당신을 자녀로 받으신 사실을 어떤 '행위'로 이루어 가려고 할 때, 당신은 갈등할 수밖에 없다. 우리는 하나님에게 용납받기 위해 하나님을 섬기는 것이 아니다. 하나님이 우리를 받아주셨기 때문에 그분을 섬기는 것이다. 우리는 사랑받기 위해 하나님을 따르는 것이 아니라, 하나님이 우리를 사랑하시기 때문에 그분을 따르는 것이다.

그것이 바로 당신이 믿음으로 살도록 부름받은 이유다(롬 1:16, 17). 이미 이루어진 사실을 믿을 때 당신은 승리하는 삶을 살 수 있다. 당신에게 선택권이 있는가? 물론 있다. 사탄은 하나님이 보시기에 당신이 무가치하며 하나님이 용납하실 수 없는 죄인이라고 정죄할 것이다. 그것이 당신의 참 모습인가? 아니다. 절대로 그렇지 않다. 당신은 하나님이 의롭다고 선포하신 성도다. 사탄의 거짓말을 믿는 것은 당신 스스로를 패배자이자 무익한 인간으로 낙인찍는 것이다. 자신의 참 신분을 믿을 때 당신은 자유로워질 것이다.

하나님의 은혜로 맺은 열매

다음 목록은 2장에 나온 "나는 누구인가?"를 보충한 것이다. 이 목록은 그리스도 안에서의 신분을 더 자세히 설명하고 있다. 자기 것이 될 때까지 이 목록을 반복해서 큰 소리로 읽으라. 이 진리가 마음 깊이 새겨질 때까지 이 목록으로 자주 기도하라.

하나님의 은혜로 그리스도 안에 있기 때문에……

나는 완전히 용서받았으며 의롭다 하심을 받았다(롬 5:1).
나는 그리스도와 함께 죽었고, 내 삶을 주장하는 죄의 권세에 대해서도 죽었다(롬 6:1-6).

나는 영원히 정죄받지 않는다(롬 8:1).

나는 하나님의 은혜로 그리스도 안에 있게 되었다(고전 1:30).

나는 하나님이 우리에게 은혜로 주신 것을 알게 하는 성령을 받았다(고전 2:12).

나는 그리스도의 마음을 받았다(고전 2:16).

나는 값 주고 산 바 되었다. 나는 내 것이 아니고, 하나님의 것이다(고전 6:19, 20).

나는 그리스도 안에서 하나님이 견고케 하시고 기름 부으셨으며, 기업의 보증이 되는 성령으로 인 치심을 받았다(고후 1:21; 엡1:13, 14).

나는 죽었으므로, 더 이상 나를 위해 살지 않고 그리스도를 위하여 살아간다(고후 5:14, 15).

나는 의롭게 되었다(고후 5:21).

나는 그리스도와 함께 십자가에 못 박혔으므로, 이제는 내가 사는 것이 아니다. 이제부터 내 삶은 그리스도를 위한 삶이다(갈 2:20).

나는 모든 영적 복을 받았다(엡 1:3).

나는 그리스도 안에서 세상이 창조되기 전, 그리스도 앞에서 흠 없고 거룩하게 택함받았다(엡 1:4).

나는 예정되었다. 하나님의 은혜로 그분의 자녀가 되었다(엡 1:5).

나는 구속함받고 용서받았으며, 하나님의 한없는 은혜를 받았다(엡 1:6-8).

나는 그리스도와 함께 살게 되었다(엡 2:5).

나는 그리스도와 함께 일으킴받아 그와 함께 하늘에 앉게 되었다(엡

2:6).

나는 성령 안에서 하나님에게 나아갈 수 있게 되었다(엡 2:18).

나는 담대함과 자유, 확신을 가지고 하나님에게 나아가게 되었다(엡 3:12).

나는 사탄의 권세에서 벗어나 하나님 나라로 옮겨졌다(골 1:13).

나는 구속함을 받고 모든 죄를 용서받았다. 내 모든 죄는 사라졌다 (골 1:14).

그리스도께서 내 안에 계신다(골 1:27).

나는 그리스도 안에 뿌리박으며 세움받았다(골 2:7).

나는 영적인 할례를 받았다. 나는 거듭나지 못한 옛 사람을 벗어 버렸다(골 2:11).

나는 그리스도 안에서 충만해졌다(골 2:10).

나는 그리스도와 함께 장사되었고, 그와 함께 일어났으며, 그와 함께 살아났다(골 2:12, 13).

나는 그리스도와 함께 죽고, 또 살리심을 받았다. 내 생명은 그리스도와 함께 하나님 안에 감추어져 있다(골 3:1-4).

나는 능력과 사랑과 근신하는 마음을 받았다(딤후 1:7).

나는 구원받았고 하나님의 은혜로 구별되었다(딤후 1:9; 딛 3:5).

나는 거룩하게 하시는 자로 인하여 거룩함을 받았다. 그래서 부끄러움 없이 형제라 불린다(히 2:11).

나는 긍휼하심을 받고 때를 따라 돕는 은혜를 얻기 위하여 은혜의 보좌 앞에 담대히 나아간다(히 4:16).

나는 보배롭고 지극히 큰 약속을 받아 하나님의 성품에 참예하는 자가 되었다(벧후 1:4).

최근 영적 갈등을 해결하기 위한 모임에 참석한 어느 목사가 강의를 다 듣고 난 뒤 나와 개인적으로 이야기하고 싶다고 청해 왔다. 그의 이야기를 들으면서 나는 우리가 그리스도 안에서의 신분을 깨닫는 것이 날마다 겪는 영적 싸움에서 승리할 수 있는 비결이라는 것을 다시 한 번 확신했다.

그 목사는 이렇게 말했다. "우리 교회에 출석하는 어떤 부인이 상담받기 위해 저를 찾아온 적이 있습니다. 그 부인은 술주정뱅이 남편 때문에 큰 어려움을 겪고 있었죠. 그는 이제 더 이상 남편과 어떻게 해볼 수 없는 막다른 지경에 이르렀으며, 아주 절망적인 상태에 빠져 있었습니다. 그는 이제 결혼 생활을 끝내야겠다고 말하려고 저를 찾아온 것입니다.

그래서 저는 목사님이 나눠 주신 '나는 누구인가?' 목록을 부인에게 주면서 소리 내어 읽으라고 했습니다. 그 부인은 목록을 절반쯤 읽다가 울음을 터뜨리더군요. 그러고는 '저는 제가 이런 존재라는 것을 깨닫지 못했습니다. 이제 희망을 가질 수 있을 것 같습니다'라고 말했습니다."

얼마나 놀라운 일인가? 이렇듯 자신을 올바로 인식할 때 삶에서 겪는 갈등이 해결될 수 있다. 하나님 안에서 자신이 누구인지 깨닫는 것은 영적 성장에 결정적인 요소다.

관계와 친교의 차이

지금까지 그리스도 안에서 하나님이 당신을 온전히 용납하신다는 것을 살펴보았다. 이제 당신은 아마도 "우리가 죄 지으면 하나님과 맺은 이 이상적인 관계가 변하는 것인가?"라는 의문이 들 것이다. "우리가 짓는 죄 때문에 하나님과 맺은 관계가 깨어지는 것은 아닐까?" 간단한 실례를 들어서 이 질문에 답해 보겠다.

이 세상에 태어났을 때 내게는 육신의 아버지가 있었다. 나는 아버지의 아들로서 아버지의 성(姓)을 가질 뿐 아니라 내 혈관 속에는 아버지의 피가 흐르고 있다. 아버지와 나는 혈육 관계다.

이 혈육 관계가 내 행동에 따라 변화될 수 있을까? 만일 내가 집에서 도망 나와 내 성(姓)을 갈아 버린다면 어떨까? 그래도 나는 여전히 아버지의 아들이다. 만일 아버지가 나를 내쫓아 버린다면 어떨까? 그래도 여전히 나는 그의 아들일까? 그렇다. 만일 아버지가 나를 자기 아들이 아니라고 말한다면 어떨까? 그래도 나는 그의 아들일까? 물론이다. 우리는 피로 맺은 관계이며 이 세상 어떤 것도 우리 관계를 끊지 못한다.

그러나 내 행동에 따라 나와 아버지의 관계가 악화될 수 있을까? 물론 그럴 수 있다. 어렸을 때 나는 그것을 여러 번 경험했다. 아버지와 나의 혈육 관계는 결코 바뀔 수 없지만, 내 행동에 따라 그 관계가 서먹해질 수는 있다.

아버지와 잘 조화할 수 있는 열쇠는 무엇일까? 바로 순종이다. 내가 아버지의 아들로 그의 가정에 태어난 순간, 평생 맺을 관계가 결정된 것이다. 아버지와 나의 원만한 관계는 내 선행과 잘못에 따라 계속 달라졌다. 어렸을 때부터 나는 내가 아버지께 잘 순종하면 아버지와 나 사이에 좋은 친교가 이루어진다는 것을 깨달았다. 그러나 아버지께 순종하지 않으면 그렇지 않았다. 그러나 친교가 잘 이루어지든 그렇지 않든 간에 그는 항상 내 아버지였다.

영적으로 거듭났을 때 나는 하나님의 가족이 되었다. 하나님은 내 아버지이시고 나는 그리스도의 보혈을 통하여 하나님과 영원한 관계를 맺게 되었다(벧전 1:18, 19). 특정한 내 행동 때문에 하나님과 맺은 관계가 끊어질 수도 있을까? 여기서는 신학적인 문제를 생각해 보아야 할 것 같다. 영적 신분이 영원히 보장되는지에 대한 문제는 오늘날까지도 논쟁되고 있다. 그러나 나는 영적 출생에 따라 하나님 아버지와 관계를 맺었고, 그 보혈의 관계는 아무도 변화시킬 수 없다. 사도 바울은 로마서 8장 35절에서 "누가 우리를 그리스도의 사랑에서 끊으리요"라고 하였고, 그에 대해 "다른 어떤 피조물이라도 우리를 우리 주 그리스도 예수 안에 있는 하나님의 사랑에서 끊을 수 없으리라"(롬 8:39)고 대답했다. 예수님은 "내 양은 내 음성을 들으며 …… 내가 그들에게 영생을 주노니 영원히 멸망하지 아니할 것이요 또 그들을 내 손에서 빼앗을 자가 없느니라"(요 10:27, 28)라고 말씀하셨다. 나는 하나님의 아들이며, 믿음으로 얻은 하나님의 은혜로 하나님과 영적으로 연합되었다. 내가 하나님의 가족이 된 순간, 하나님과 나의 관계는 영원히 결정된 것이다.

그러나 내 행동으로 나와 하나님의 관계에 어려움이 생길 수 있을까? 물론 그럴 수 있다. 그것은 육신의 아버지와 맺은 관계에서 알 수 있는 원리와 같다. 내가 하나님에게 순종할 때 하나님과 좋은 친교가 이루어진다. 그러나 하나님에게 순종하지 않을 때 우리 친교는 깨어지고, 그 결과 내 삶은 비참해진다. 나는 하나님 아버지를 사랑하고 그와 좋은 친교를 맺기 원한다. 그래서 나는 그분에게 순종하려고 애쓴다. 그러나 내가 순종하지 않아서 하나님 아버지와의 관계에 어려움이 생겼을 때에도, 나와 하나님의 관계는 그리스도의 보혈로 맺어졌기 때문에 변하지 않는다.

그렇다면 이제 당신은 영적으로 성장해 가는 과정에서 어디에 노력을 기울일 것인가? 당신이 노력을 기울일 부분은 하나님과 맺은 관계가 아니다. 하나님과 맺은 관계가 사실이라고 믿는 것 말고는 그 관계가 나아지도록 당신이 할 수 있는 일은 아무것도 없기 때문이다. 당신은 하나님의 자녀다. 그게 전부다. 다만 당신은 하나님에게 순종하는 삶을 통해 하나님과 좋은 친교를 누리기만 하면 된다.

인식하는 대로 믿는다

어느 날 한 목사가 나를 찾아와서 이렇게 물었다. "어떻게 하면 교회를 떠날 수 있을까요?"

"왜 교회를 떠나려고 하십니까? 교회에 무슨 잘못된 일이라도 있나요?" 내가 물었다.

"나는 많은 성도를 잃었습니다."

"성도를 잃었다고요? 그 성도들이 정말 하나님을 떠난 건가요? 목사님이 그들을 그렇게 보시기 때문에 성도들도 스스로 그렇게 여기는 건 아닌가요?"

그 목사는 후자라고 했다. 그의 말은 옳다. 하나님 나라에서는 잃어버린 자가 없기 때문이다. 결코 누구도 잃어버릴 수가 없다. 하나님의 자녀를 어떻게 잃어버린 자라고 일컬을 수 있는가? 하나님의 자녀 된 자신의 신분을 믿는 것이 중요하듯이, 다른 성도의 신분을 바로 알고 그들을 바르게 대하는 것이 중요하다. 우리가 다른 사람을 대하는 태도는 그들을 어떤 존재로 인식하느냐에 따라 달라진다. 만일 우리가 그들을 잃어버린 사람으로 생각한다면 우리는 그들을 잃어버린 자로 믿기 시작할 것이다. 우리가 그들을 잃어버린 자로 믿는다면 그들을 잃어버린 자처럼 대할 것이고, 그러면 그들은 우리 태도를 반영하듯 잃어버린 자처럼 행동할 것이다. 그러나 만일 우리가 우리 형제자매를 구속받은 의로운 성도로 본다면, 우리는 그들을 성도로 대할 것이고 그들도 성도답게 행동할 것이다.

우리는 우리가 인식한 다른 사람을 어떻게 표현하는가? 기본적으로 우리가 다른 사람에 대해 하는 말은 그 사람에 대한 인식을 보여 준다. 연구 발표에 따르면 한 가정에서 어린이들은 평균적으로 긍정적인 말을 한 번 들을 때 부정적인 말은 열 번 정도 듣는다. 학교는 이보다 조금 낫다. 학생은 선생님에게서 긍정적인 말을 한 번 들을 때 부정적인 말은 일곱 번 정도 듣는다고 한다. 많은 어린이가 내내 실패자라고 느끼며 자라고 있는 것이다. 부모와 교사가 자녀나 학생과 대화할 때 그런 부정적인 개념을 전달하기 때문이다.

그런데 이 연구에 따르면 부정적인 말 한 번을 무효로 하기 위해서는 긍정적인 말을 네 번 정도 해야 한다. 새로운 옷을 입을 때면 이 사실을 확인할 수 있을 것이다. 많은 사람이 "참 멋진 옷이네요"라고 말했어도 그중 한 사람이 "당신한테 안 어울려요"라고 말한다면, 당신은 당장 그 옷을 바꾸러 갈 것이다. 우리가 다른 사람에 대해 하는 말이 그 사람에게 큰 영향을 끼칠 수 있으며, 우리가 한 말은 우리 자신이 그들을 어떻게 보느냐에 따라 크게 달라진다.

신약 성경은 우리를 죄를 짓는 성도라고 하였다. 누구든지 범죄하지 않는다고 말하는 사람은 거짓말하는 자다(요일 1:8). 그러나 우리는 다른 사람의 죄에 초점을 맞추어서는 안 된다. 그 대신 우리는 서로를 그리스도를 닮은 사람으로 보고 서로를 신뢰하며 서로를 세우라고 부름받았다. 사실 우리가 신약 성경의 한 구절이라도 기억해서 실제 생활에 적용하여 범죄하지 않는다면, 가정이나 교회에서 일어나는 문제의 절반 이상은 해결될 것이다. 에베소서 4장 29절은 이렇게 말한다.

"무릇 더러운 말은 너희 입 밖에도 내지 말고 오직 덕을 세우는 데 소용되는 대로 선한 말을 하여 듣는 자들에게 은혜를 끼치게 하라."

당신과 내가 적절한 말을 함으로 다른 사람에게 은혜를 끼칠 수 있다는 것이 참으로 놀랍지 않은가? 만일 우리가 에베소서 4장 29절에서 명령하는 대로 다른 사람을 깎아내리는 말을 하지 않고 서로 세우는 일을 한다면, 우리는 마귀의 파괴적인 도구가 아니라 교회 안에 건설적인 하나님의 백성이 될 것이다.

분명히 알고 믿는다

제니는 영적 신분에 대한 신념이 없는 상태에서 극적인 변화를 체험했다. 내가 제니를 만난 건 어느 교회 수양회에서였다. 그 교회 지도자는 수양회 기간에 틈틈이 상담 약속을 해두었는데, 바로 그때 제니가 나와 상담하기로 되어 있었다. 그는 병원에서 의사를 만난 후 곧바로 수양회에 참석했는데, 교회에서는 그런 사실을 나에게 알려주지 않았다. 제니도 자기 뜻과 상관없이 나와 만나기로 되어 있다는 사실을 모르고 있었다. 이런 경우는 상담에서 최악의 상태다.

제니는 스물세 살의 아름다운 그리스도인 자매로, 겉으로 보이는 성격은 매우 명랑했다. 또한 훌륭한 부모 밑에서 생활하며 건강한 교회에 출석하고 있었다. 그러나 그의 내면세계는 상처투성이였고 그때까지 매우 억압적인 삶을 살아왔다. 대학 생활에 실패했고, 직장에서도 곧 쫓겨날 처지에 있었다. 그는 여러 해 동안 불규칙적인 식사를 했으며, 병원 치료를 받고 있으나 효과가 없는 것 같았다.

첫 번째 상담에서 나는 거의 두 시간 동안 제니와 대화했다. 그는 자신이 그리스도인이라고 말했다. 그래서 나는 그리스도 안에서 그의 신분이 무엇인지 설득시켰다. 나는 계속해서 영적인 신분을 전해주었다. 마침내 제니가 "목사님은 항상 이렇게 긍정적이세요?"라고 물었다. "이것은 긍정적이냐 부정적이냐의 문제가 아닙니다. 진리를 믿느냐 안 믿느냐의 문제지요. 다시 말해서 당신이 그리스도 안에서 누구이냐 하는 문제입니다"라고 나는 대답했다. 제니는 한 가닥 희망을 안고 상담을 마쳤다.

그 수양회를 마치고 집으로 돌아왔을 때 내 마음에 한 가지 생각이 떠올랐다. 나는 성령께서 그 생각을 주셨다고 믿는다. 그때 나는 캘리포니아 샌디에이고 부근에 있는 줄리앙 센터(Julian Center)에서 신학생들과 함께하는 한 달간의 영적 훈련을 계획하던 참이었다. 집중적이고 차원 높은 훈련으로, 제니가 신학생은 아니지만 그 모임에 참석하면 좋겠다는 생각이 갑자기 들었다. 그래서 제니에게 전화를 걸어 모임에 초청하였고, 놀랍게도 그는 그러겠다고 대답했다. 그가 일하는 가게에서도 한 달간 휴가를 주었다.

줄리앙 센터에 도착하자마자 나는 따로 제니를 만났다. "내가 당신을 초청한 건 당신의 행동을 변화시키기 위해서가 아닙니다. 당신의 문제는 행동이 아니니까요."

"나는 늘 내 행동이 문제라고 들어왔는데요. 모든 사람이 내 행동을 바꾸려고 했어요." 제니는 놀랍다는 표정으로 나를 바라보며 대답했다.

"당신의 행동은 아무래도 상관없습니다. 중요한 것은 신념이거든요. 하나님이 누구시며 그리스도 안에서 당신이 누구인지를 확실히 알게 되기를 바랍니다. 당신은 실패자가 아니에요. 부모와 교회에 문제가 되는 병자도 아닙니다. 당신은 하나님의 자녀로서 이 훈련에 참석한 다른 사람들과 조금도 다르지 않습니다. 이 사실을 꼭 믿으시기 바랍니다. 이것이 진리니까요." 내가 말했다.

제니는 난생처음 하나님의 자녀로서 자신의 가치를 인정하게 되었다. 그리고 그 사실을 믿었다. 한 달 동안 함께 공부하고 기도하며 그를 도와주는 다른 학생들과 어울리면서 그에게 놀라운 변화가 일어났다. 그 변화는 정말 극적이었다.

집으로 돌아갔을 때 제니의 아버지는 "우리 딸이 이렇게 행복해하고 만족해하는 모습을 본 적이 없습니다. 완전히 다른 사람이 되었어요"라며 기뻐했다. 그는 또한 직장에서도 다른 사람이 되었다. 2주 후 상사는 제니에게 그가 훈련받으러 가고 없는 동안 작성해 둔 평가서를 보여 주었다. 평가 결과가 나빠서 곧 면직시키려고 한 것이다. 그러나 그는 "당신은 새로운 사람이 되어 돌아왔군요. 시간당 수당을 더 올려 주겠소"라고 말했다.

제니에게 어떤 변화가 일어났는가? 하나님과 자기 자신에 대한 인식이 바뀌었다. 제니는 언제나 하나님의 자녀였다. 그는 그리스도 안에서 자신의 신분을 바로 알게 되었으며, 믿음으로 살기 시작한 것이다. 신분에 맞게 행동도 바뀌기 시작했다. 그의 행동은 계속 나아지겠는가? 그렇다. 계속 하나님을 믿으며 말씀에 순종하고 하나님과 조화를 이루며 살아간다면 그럴 것이다. 그러나 그가 하나님을 믿지 않고 순종하지 않는다면 다시 옛날처럼 행동하게 될까? 슬픈 일이지만 그렇다.

당신은 하나님이 받으신 하나님의 의로운 자녀다. 당신이 자기 자신을 어떻게 생각하든 그리스도 안에서 당신의 신분은 확실한 성경적 진리다. 앞선 두 장에서 설명한 신분에 관한 글을 읽고 또 읽으라. 그리고 자신을 재발견하여 그 신분에 맞게 생활하라. 그러면 당신의 행동은 저절로 변화될 것이다.

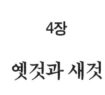

4장

옛것과 새것

우리는 이미 성경 진리에 기초하여 우리 신분이 범죄할 수 있는 성도이지 죄인은 아니라는 것을 알고 있다. 하나님 은혜와 그리스도를 믿는 믿음 때문에 우리는 거듭났고 영적으로 살았으며, 타락 이전의 아담과 하와처럼 하나님과 영적인 교제를 하고 있다. 그리스도 안에 있는 우리는 의롭다 인정하심을 받았으며 하나님이 완전히 받으신 존재다. 그리스도 안에서의 우리 신분을 이해하고 이 진리 위에 행동하는 것이 영적 성장의 기초다.

그러나 그리스도 안에서 하나님이 모든 필요를 공급하셨지만, 우리 행위는 완전하지 못하다는 사실도 알게 되었다. 그리스도 안에서 우리 신분은 안정되었고 변하지 않는다. 그러나 우리 삶은 죄의 유혹에 자주 쓰러지고, 스스로 실망하며, 하나님과 맺은 조화로운 관계를 파괴하는 불순종으로 얼룩져 있다. 그것이 그리스도인이 겪는 큰 난관이다. "내가 원하는 바 선은 행하지 아니하고 도리어 원하지 아니하는 바 악을 행하는도다. …… 오호라 나는 곤고한 사람이로다. 이 사망의 몸에서 누가 나를 건져 내랴"(롬 7:19, 24)라고 말하는 사도 바울처럼 우리는 신음하고 있다.

성도라는 신분에 맞는 삶을 방해하는 우리의 잦은 불순종을 이해하려면 다음 몇 가지 용어를 살펴보아야 한다. 옛 본성, 옛 자아(또는 옛 사람), 육체, 죄 등이다. 이런 용어들은 무엇을 뜻하는가? 이 용어들은 각각 다른 뜻을 갖고 있는가, 아니면 같은 뜻으로 사용되는가? 우리는 아직도 우리의 옛 본성과 옛 사람, 죄악된 육체에 무의식적으로 희생되는 성도인가?

분명히 이것은 신학적으로 어려운 문제다. 수세기 동안 성경 학자들은 이 문제로 고민해 왔으며, 솔직히 말하자면 나도 이 문제에 확실한 해답을 제시할 수 없다. 그러나 자신의 죄악되고 부정적인 면 때문에 그리스도 안에서의 신분을 제대로 인식하지 못하게 만드는 이런 용어들을 성경적으로 분명히 이해할 때, 당신은 자기 신분을 더 잘 이해하고 영적으로 성장할 수 있을 것이다.

나는 두 본성 사이에 놓인 줄다리기 밧줄인가?

두 마리 개에 관한 이야기를 들어본 적이 있는가? 우리 안에는 우리 삶을 지배하려고 싸우는 두 가지 본성이 있다. 그중 불순종한 아담에게 물려받은 옛 본성은 검은 개와 같고, 그리스도의 구속을 통하어 물려받은 새로운 본성은 흰 개와 같다. 이 두 마리 개는 원수로서 서로 잡아먹으려고 한다. 당신이 세상적인 생각이나 행동을 할 때, 당신은 검은 개에게 먹이를 주고 있는 것이다. 마음이나 행동이 영적인 일에 몰두하고 있을 때는, 흰 개에게 먹이를 주고 있는 것이다. 당신이 먹이를 더 많이 주는 개가 더 크게 자라서 결국 다른 개를 잡아먹는다.

이 극단적인 이야기가 성도로 살아가도록 그리스도인을 자극하는 손쉬운 방법이 될 수 있을지는 모른다. 하지만 이 이야기가 성경적으로 건전한 것일까? 하나님이 "우리를 흑암의 권세에서 건져 내사 그의 사랑의 아들의 나라로 옮기셨"(골 1:13)는데 우리가 여전히 두 나라에 거할 수 있는가? 하나님은 우리가 "육신에 있지 아니하고 영에 있나니"(롬 8:9)라고 말씀하셨는데, 우리가 영(靈)과 육(肉)에 동시에 거할 수 있는가? 하나님이 "너희가 전에는 어둠이더니 이제는 주 안에서 빛이라"(엡 5:8)고 말씀하셨는데, 당신이 어둠과 빛 양쪽에 모두 거할 수 있는가? 또 하나님이 "그런즉 누구든지 그리스도 안에 있으면 새로운 피조물이라. 이전 것은 지나갔으니 보라 새것이 되었도다"(고후 5:17)라고 말씀하셨는데, 당신이 부분적으로 새로운 피조물이요, 부분적으로 옛것일 수 있는가?

만일 당신이 일부는 빛이요, 일부는 어둠이며, 일부는 성도요, 일부는 죄인이라고 믿는다면, 당신은 비그리스도인과 거의 다를 바 없이 좋지도 나쁘지도 않은 상태로 살아갈 것이다. 당신은 자신의 죄성을 고백할 것이고, 더 잘하려고 노력할 것이다. 그러나 계속 패배하는 삶을 살 것이다. 당신은 은혜로 구원받아 예수님이 재림하실 때까지 기다리고 있는 죄인으로서만 자신을 이해하고 있기 때문이다. 사탄은 당신의 신분을 바꿀 만한 어떤 일도 할 수 없다. 그러나 만일 사탄이 당신으로 하여금 이전에 가진 육신의 모습에서 아무것도 달라진 것이 없다고 믿게 할 수 있다면, 그때는 당신도 실제로 아무것도 달라지지 않은 것처럼 행동할 것이다.

어째서 이런 사탄의 속임수에 넘어간 그리스도인이 많은가? 그리스도 안에서의 참된 신분을 모르고 있기 때문이다. 죄인을 성도로 변화시키시는 하나님의 구속 사역은 이 땅 위에서 행하신 최대 사역이다. 내적 변화, 즉 칭의는 구원받는 순간 이루어진다. 그리고 성도의 생활에서 날마다 일어나는 외적 변화인 성화(聖化)는 전 생애에 걸쳐 계속된다. 그러나 점진적인 성화 과정은 칭의라는 내적 변화를 분명하게 깨닫고 믿음으로 받아들일 때에만 효과적으로 이루어진다.

어떤 사람은 "그러나 사도 바울도 자신을 죄인 중의 괴수라고 표현하지 않았습니까?"라고 의문을 제기할 것이다. 그렇다. 그러나 사도 바울이 말한 것은 그리스도께 돌아서기 전의 본성이다(딤전 1:12-16). 그는 고린도전서 15장 9절에서 자기를 경시하는 듯한 말을 한다. 그러나 곧이어 이렇게 말한다. "내가 나 된 것은 하나님의 은혜로 된 것이니 내게 주신 그의 은혜가 헛되지 아니하여"(10절). 사도 바울은 그리스도를 알기 전의 신분과 그리스도 안에서의 신분, 이 두 신분을 잘 알고 있었다.

문제의 본질

우리 본성에 대해 성경은 특별히 무엇이라고 말하는가? 본질(nature)

이라는 헬라어는 신약 성경에서 본성이라는 뜻으로 두 번 사용되었다. 에베소서 2장 1-3절은 우리가 그리스도께 나오기 전의 본성을 이렇게 설명한다. "그는 허물과 죄로 죽었던 너희를 살리셨도다. 그 때에 너희는 그 가운데서 행하여 이 세상 풍조를 따르고 공중의 권세 잡은 자를 따랐으니 곧 지금 불순종의 아들들 가운데서 역사하는 영이라. 전에는 우리도 다 그 가운데서 우리 육체의 욕심을 따라 지내며 육체와 마음의 원하는 것을 하여 다른 이들과 같이 본질(nature)상 진노의 자녀이었더니."

영적으로 거듭나기 전에 당신의 기본적인 본질은 무엇이었는가? 당신과 모든 그리스도인은 죄 때문에 죽고, 사탄의 권세에 종노릇하며, 죄악의 욕심과 정욕을 따라 살던 '진노의 자녀'였다. 이것이 바로 지금도 믿지 않는 사람의 상태다.

베드로후서 1장 3, 4절에 본질이라는 단어가 두 번째로 등장하여, 그리스도께로 나아온 뒤 우리의 본질을 언급한다. "그의 신기한 능력으로 생명과 경건에 속한 모든 것을 우리에게 주셨으니 이는 자기의 영광과 덕으로써 우리를 부르신 이를 앎으로 말미암음이라. 이로써 그 보배롭고 지극히 큰 약속을 우리에게 주사 이 약속으로 말미암아 너희가 정욕 때문에 세상에서 썩어질 것을 피하여 신성한 성품(nature)에 참여하는 자가 되게 하려 하셨느니라."

거듭남으로 하나님과 영적으로 연합하였을 때, 당신은 옛 본성, 즉 죄악의 본성에 거룩한 본성을 새로이 추가한 것이 아니다. 당신이 거듭났을 때 당신의 본성은 변화되었다. 구원은 단순히 하나님이 당신의 죄를 용서하시고 당신이 죽을 때 그 영혼을 천국으로 보내는 것이 아니다. 구원은 새로 태어남이다. 하나님이 당신을 어둠에서 빛으로, 죄인에서 성도로 변화시키셨다. 이전에 없던 새로운 변화가 일어난 것이다. 만일 당신이 구원받을 때 하나님이 당신의 신분을 변화시키시지 않았다면, 당신은 죽을 때까지 옛 본성에 매여 있을 것이다. 만일 당신이 변화된 하나님의 자녀로 시작하지 않는다면 어떻게 영적으로 성숙해지길 기대할 수 있겠는가?

새로운 그리스도인으로서 당신은 마치 석탄 덩어리와 같다. 볼품 없고, 잘 부서지고, 쓸 만한 형태로 준비되지 못한 모습이다. 그러나 일정한 시간과 압력이 가해지면, 석탄은 단단해지고 아름다워진다. 원래의 석탄 덩어리는 다이아몬드가 아니지만, 100퍼센트 다이아몬드가 될 수 있는 요소로 구성되어 있다. 석탄 속에 진흙이 섞여 있다면 다이아몬드가 될 수 없다. 안토니 후크마(Anthony Hoekema)는 이렇게 말한다. "당신은 이제 새로운 피조물이다. 완전히 새롭지는 않지만, 확신하건대 당신은 순수하게 새것이다. 따라서 그리스도인은 자신을 이렇게 보아야 한다. 곧 우리는 더 이상 부패하거나 절망적인 죄의 종이 아니라, 그리스도 예수 안에서 새롭게 된 피조물이다."[4]

이것 아니면 저것이다

에베소서 5장 8절은 우리가 구원받을 때 일어난 본성의 변화를 언급한다. "너희가 전에는 어둠이더니 이제는 주 안에서 빛이라. 빛의 자녀들처럼 행하라." 이 말씀은 당신이 어둠 안에 있었다고 말하는 것이 아니라, 어둠 그 자체였다는 뜻이다. 어둠은 믿음이 없던 당신의 본질이었다. 또한 이 말씀은 당신이 지금 빛 안에 있다고 말하는 것이 아니라 당신이 빛이라고 말한다. 하나님이 당신의 본질을 어둠에서 빛으로 바꾸셨다. 이 구절에서 중요한 요점은 당신의 본질을 발전시키는 것이 아니다. 당신의 새로운 본질은 이미 결정되었다. 문제는 새로운 본질에 걸맞은 삶의 방식을 배우는 것이다. 어떻게 하면 그렇게 할 수 있을까? 믿음으로 성령 안에서 한 발자국씩 떼는 법을 배우면 가능하다. 이 주제는 다음 장에서 다루려고 한다.

왜 당신 안에 그리스도의 성품이 필요한가? 그리스도처럼 **행동하기** 위해서가 아니라 그리스도처럼 **되기** 위해서다. 하나님은 우리에게 그리스도를 모방하는 능력을 주시지 않았다. 그분은 우리를 그리스도처럼 되게 하시려고 그리스도의 성품에 참예케 하셨다. 그리스도처럼 행동한다고 해서 당신이 그리스도가 되지는 못한다. 우리는 하나님과 같은 수준에 이를 수 없다. 하나님은 "여기 내 기준이 있다. 자, 이 기준에 맞추어 봐라"라고 우리에게 말씀하시지 않는다. 하나님은 단순히 선한 행위로는 당신의 옛 본성이 지닌 문제를 해결할 수 없다는 것을 아신다. 그래서 하나님은 당신의 본성을 변화시키시고 완전히 새로운 자아(그리스도의 생명)를 주셔야 했다. 바로 이 새로운 자아가 당신이 하나님의 기준에 이르는 데 필요한 은혜다.

이것이 예수님의 산상수훈에서 요점이 되는 말씀이다. "너희 의가 서기관과 바리새인보다 더 낫지 못하면 결코 천국에 들어가지 못하리라"(마 5:20). 그 당시 바리새인과 서기관은 종교적 완벽주의자였다. 그들이 겉으로 하는 행위는 그럴싸했지만 내면은 회칠한 무덤 같았다. 그들은 죽음의 악취를 풍기고 있었다. 예수님은 사람들 안에 새로운 생명을 불어넣어 새로운 피조물로 만드셔서 완전히 새 사람이 되게 하시는 데 관심을 기울이셨다. 예수님은 당신의 신분을 바꾸셔서 그분의 성품에 참여한 자로 만드신 후에야 비로소 당신의 행위를 변화시키실 것이다.

어떤 사람들은 "옛 성품"과 "육신"이라는 용어를 같은 뜻으로 본다. NIV 성경은 때때로 "사륵스"(*sarx*)라는 단어를 "옛 성품"(old nature)이라 번역하고, 추가로 직역하면 "육신"(flesh)이라고 설명한다. 나는 번역자가 왜 이렇게 했는지 이해한다. 육신이라는 말은 자연인으로서 내가 어떻게 행동하는지를 설명하기 때문이다. 육신은 구원받은 뒤에도 남아 있기 때문에, 옛 본성이 남아 있다는 것이 논리적으로 보인다.

그러나 나는 더 이상 자연인이 아니다. 그리스도 안에 있는 영적인 사람이다. 이것이 내 새로운 성품이다. 만일 내가 변화되기 전에 따르던 옛 성품대로 행동하기로 한다면, 그 행위는 새로운 성품과 모순될 것이다. 이런 일이 일어날 때 나는 죄책감을 느낀다. 이런 행위가 현재의 나 자신과 일치하지 않기 때문이다. 실제로 어떤 사람이 도덕적으로 잘못을 저지르고도 죄책감을 느끼지 않는다면, 나는 그 사람이 하나님의 자녀인지 의심할 수밖에 없다. 그리스도인에게 죄책감이란 그들 안에 새로운 성품이 존재한다는 증거다.

만일 당신이 육신을 옛 본성이라고 말하고 싶다면, 나는 이런 용어들로 당신과 논쟁하지 않을 것이다. 그러나 그리스도 안에서 지금의 참 신분을 가진 나는 이제 더 이상 아담 안에 있던 과거의 내가 아니라는 성경적 진리에 대해서는 언제라도 이야기할 준비가 되어 있다.

'옛 사람'이 살아 있는가, 죽어 가는가
아니면 이미 죽었는가?

일반적으로 모든 믿는 자는 죄의 옛 본성 가운데 있었다. 당신 역시 그리스도께 오기 전에는 이런 사람들 가운데 하나였다. 죄성 때문에 당신은 죄인이었다. 당신은 죄의 본성을 가졌다는 점에서는 다른 사람들과 같지만, 그러면서도 하나뿐인 존재다.

고린도전서 2장 14절은 이런 사람이 '육에 속한 사람'으로, 영적인 일을 받아들일 수 없고 이해할 수 없다고 말한다.

영원히 잠들다

구원받았을 때 당신의 옛 사람에게 무슨 일이 일어났는가? 당신은 죽었다. 물론 육체적으로 죽었다는 뜻이 아니라, 아담에게 물려받은 옛 본성 가운데 있던 자아(自我)가 죽었다는 말이다(롬 6:2-6; 골 3:3). 어떻게 처형되었는가? 그리스도와 함께 십자가에 못 박혔다. 로마서 6장 6절은 "우리의 옛 사람이 예수와 함께 십자가에 못 박힌 것은 죄의 몸이 죽어 다시는 우리가 죄에게 종노릇하지 아니하려 함이니"라고 말한다. 사도 바울은 갈라디아서 2장 20절에서 "내가 그리스도와 함께 십자가에 못 박혔나니"라고 말한다. 갈라디아서 6장 14절에서는 "내게는 우리 주 예수 그리스도의 십자가 외에 결코 자랑할 것이 없으니 그리스도로 말미암아 세상이 나를 대하여 십자가에 못 박히고 내가 또한 세상을 대하여 그러하니라"라며 십자가 말고는 아무것도 자랑할 것이 없다고 공언한다. 구원받았을 때 당신은 당신이 지은 죄 때문에 십자가에 못 박혀 돌아가신 그리스도로 대치되었다. 그리스도 안에 있는 존재로서 당신의 옛 자아는 그리스도와 함께 십자가에서 죽었다.

왜 옛 자아가 죽어야 하는가? 로마서 6장 6절은 옛 자아가 하나님을 의지하지 않고 순종하지 않기 때문에 "죄의 몸이 죽어 다시는 우리가 죄에게 종노릇하지 아니하[기 위하여]" 죽어야 한다고 말한다. 죽음은 관계의 끝이다. 그러나 존재 자체가 없어지지는 않는다. 죄는 죽지 않았다. 죄는 여전히 강하고 호소력 있다. 그러나 당신의 옛 자아가 그리스도와 함께 십자가에서 죽었을 때, 당신과 죄의 관계는 영원히 끝난 것이다. 당신은 더 이상 '육체 안에' 있지 아니하고, '그리스도 안에' 있는 것이다(롬 8:1). 옛 자아(죄인)와 옛 본성(하나님과 분리되었기 때문에 어쩔 수 없이 죄라는 특성을 지녔다)은 이제 더 이상 당신이 하나님과 분리되지 않았으므로 영원히 사라졌다.

이것은 당신이 죄를 짓지 않는다는 뜻인가? 결코 그렇지 않다. 옛 자아가 죽음으로써 공식적으로 당신과 죄의 관계는 끝났지만, 죄의 존재까지 사라진 것은 아니다. 죄와 사탄은 계속 우리 주변에 머물며, 여전히 우리를 강하게 유혹한다. 그러나 옛 자아를 십자가에 못 박았기 때문에, 당신을 넘어뜨리려는 죄의 권세는 깨뜨려진다(롬 6:7, 12, 14). 당신은 더 이상 죄에 종속되거나, 죄에 순종하거나, 죄를 따르지 않을 수 있다.

그러나 옛 자아가 그랬듯이 의도적으로 하나님을 의지하지 않을 때 당신은 범죄하게 된다. 이런 식으로 행동하는 것은 새로운 성품과 신분을 스스로 저버리는 짓이다. 그런 행위는 하나님 앞에 고백하고 버려야 한다. 이 장 뒷부분에서 죄가 그리스도인의 삶 속에서 어떤 역할을 하는지 더 논의하겠다.

한 번 죽은 것은 영원히 죽은 것이다

몇 년 전 어느 목사가 나를 찾아와 자신의 고뇌를 털어놓았다. "나는 지난 20년 동안 승리하는 삶을 살려고 무던히 애썼어요. 나는 내 문제가 무엇인지도 알거든요. 골로새서 3장 3절은 '이는 너희가 죽었고 너희 생명이 그리스도와 함께 하나님 안에 감추어졌음이라'라고 했습니다. 나는 이 구절이 말하는 것처럼 내가 죽지 않았기 때문에 오랫동안 고민하고 있어요. 목사님, 어떻게 하면 내가 죽을 수 있을까요?" "당신의 문제는 죽는 것이 아닙니다. 골로새서 3장 3절을 다시, 조금 천천히 읽어 보십시오."

"'이는 너희가 죽었고 너희 생명이 그리스도와 함께 하나님 안에 감추어졌음이라.' 네, 알아요. 이것이 내 문제라니까요. 나는 죽지 않았습니다."

"그 구절을 다시, 조금 더 천천히 읽어 보세요."

"너희가 죽었고……." 갑자기 그 목사의 얼굴이 밝게 빛나면서 기쁨에 넘쳐 말하였다. "아, 이 말씀은 과거 시제군요. 그렇죠?"

"네, 그렇습니다. 당신의 문제는 죽는 것이 아니에요. 당신은 이미 죽었으니까요. 구원받았을 때 이미 죽었습니다. 당신은 이미 이루어진 것을 또 이루려고 애쓰고 있었던 거죠. 그것은 불가능한 일입니다. 사도 바울이 골로새서 3장 3절에서 말하는 것은, 당신이 어떤 새로운 행동을 하길 하나님이 기대하신다는 뜻이 아닙니다. 하나님은 당신이 단지 그것을 알고 받아들이며 믿기를 원하십니다. 이미 이루어진 모습을 변화시키기 위해 당신이 더 해야 할 일은 없습니다."

당신의 생명 안에서 이루신 그리스도의 놀라운 구속 사역에 감사하라. 이전 것은 지나가고 새것이 되었다(고후 5:17). 당신의 옛 자아는 그리스도의 죽음으로 파멸되었고 그리스도의 부활로 새로운 자아가 일어났다(고전 15:20-22). 당신의 새로운 자아를 특징짓는 새 생명은 당신 안에 심겨진 그리스도의 생명이다(갈 2:20; 골 3:4).

육신이란 어떻게 이해되는가?

해군에 있을 때 우리는 우리 배의 선장을 "노인"이라고 불렀다. 그는 워낙 거칠고 까다로워서 아무도 그를 좋아하지 않았다. 부하 장교들과 술을 자주 마시는데 그럴 때면 노인은 그들을 멸시하고 몹시 괴롭혔으며 모든 사람에게 고약하게 굴었다. 그래서 이 '노인'이 다른 배로 전출되었을 때 우리는 모두 기뻐했다. 그가 떠나는 날은 우리 배의 축제일이었다.

그다음 우리는 새 선장을 맞이했다. '새로운 노인'이었다. '옛 노인'은 더 이상 우리에게 아무런 권위도 없다. 그는 떠났다. 우리 시야에서 완전히 사라진 것이다. 그러나 우리는 그 '노인'에게 길들여져 있었다. 그래서 '새로운 노인'(새로 부임한 선장)을 내가 어떻게 대한 줄 아는가? 이전 '노인'(옛 선장)에게 한 것처럼 '새 노인'을 대했다. 나는 그가 시비 걸까 봐 곁에 다가가지 않았다. 나는 그 뒤 2년 동안

이나 그렇게 선장을 대했다.

그러나 나는 두 번째 선장이 첫 번째 선장처럼 난폭하고 거친 폭군이 아니라는 사실을 깨달았다. 그는 승무원들을 괴롭히지 않았으며, 승무원들에게 관심을 기울이는 좋은 선장이었다. 그러나 나는 2년 동안 선장의 제복을 보고 특정하게 반응했다. 더 이상 그런 식으로 새 선장을 대하지 않아도 되는데도, 새 선장을 대하는 다른 방식을 습득하기까지는 몇 개월이 걸렸다.

옛 선장에 대한 태도

당신은 한때 잔인하고 이기적인 자아를 섬겨야 했다. 그것은 죄악의 본성을 가진 옛 자아다. 그 함대의 선장은 어둠의 권세를 잡은 사탄이다. 그러나 하나님의 은혜로 당신은 구원받았다. "흑암의 권세에서 건져 내사 그의 사랑의 아들의 나라로 옮기셨으니"(골 1:13). 당신은 이제 새 선장을 모시게 되었다. 당신은 새 선장 되신 예수 그리스도의 거룩한 성품을 받아서 새로운 자아가 되었다. 하나님의 자녀이자 성도로서, 당신은 더 이상 옛 사람의 권위 아래 있지 않다. 옛 사람은 죽었고, 장사되었으며, 영원히 떠났다.

그런데 왜 아직도 당신은 옛 선장이 당신을 지배하는 것처럼 행동하는가? 옛 선장을 섬길 때, 당신의 옛 자아가 행동이나 반응, 감정, 사고방식, 기억력, 습관을 '육신'의 모양으로 길들이고 통제했기 때문이다. 육신은 하나님을 의지하지 않으며 자기중심적이다. 구원받지 못한 사람은 창조주보다 피조물을 경배하고 섬기면서(롬 1:25), 전적으로 육체만을 위하여 살아간다(롬 8:7, 8). 비록 이기적이지 않고 다른 사람을 위해 선행한다 할지라도 결국 그런 사람은 '자기를 위해서 사는' 자다(고후 5:15).

거듭날 때 옛 자아는 죽고 새로운 자아가 소생하며 당신은 그리스도의 거룩한 성품에 참여한다. 그러나 당신의 육체는 남아 있다. 하나님을 떠나 자기중심적으로 살 때 형성된 사고방식과 생활양식이 그대로 남아 있는 것이다. 당신은 육체적으로는 살고 영적으로는 죽은 상태로 태어났기 때문에, 하나님의 임재도 하나님 말씀에 대한 지식도 갖고 있지 않았다. 그래서 하나님과 관계 맺지 않은 독립적인 삶을 터득했다. 이런 독립적인 성향이 육체로 하여금 하나님을 대적하게 만든다.

세상에서 하나님과 분리된 삶을 사는 동안, 당신의 두뇌는 하나님과 반대되는 사고방식, 기억 체계, 반응, 습관에 철저히 물들었다. 그래서 옛 선장이 사라졌는데도, 당신의 육체는 이전에 물든 죄의 습성대로 하나님을 대적하려 한다.

새 선장에 대한 태도

그리스도인으로서의 육체와 그 이전 육체의 관계를 구별할 줄 알아야 한다. 성경은 육체 안에 있는 것과 육신을 따라 행하는 것을 구별한다. 그리스도인은 더 이상 육체 안에 있지 않다. 이 말은 아직도 영적으로 죽은 상태에 있는 사람, 곧 하나님을 의지하지 않는 사람을 설명한다(롬 8:8). 그런 사람이 하는 일은 도덕적으로 선하든지 악하든지 모두가 육신에 속한 것이다.

당신은 육체에 거하지 않는다. 그리스도 안에 있다. 당신은 이제 하나님을 의지한다. 그리스도 안에서 믿음으로 하나님을 의지한다. 그러나 당신이 육체 안에 거하지 않을지라도, 육신을 따라 행할 수 있다(롬 8:12, 13). 이 세상에 깊이 뿌리박고 있는 마음이나 습관을 좇아 계속 하나님을 의지하지 않을 수 있다. 사도 바울은 고린도 교회 교인이 질투하고, 분쟁하며, 당을 짓고, 자기 신분을 오해하는 것을 책망한다(고전 3:1-3). 사도 바울은 갈라디아서 5장 19-21절에서 육신에 속한 삶의 모습을 보여 준다. 비그리스도인은 전적으로 육신에 속하여 육신을 따라 살아가기 때문에 육적인 생활을 할 수밖에 없다. 그러나 당신의 옛 선장(옛 사람)은 떠났다. 당신은 더 이상 육신에 속하지 않으며, 더 이상 육신의 욕망을 따라 살지 않아도 된다.

옛 사람을 제거하는 일은 하나님의 책임이고, 육신의 정욕을 버리고 육신대로 행하지 않는 것은 우리 책임이다(롬 8:12). 하나님이 우리 성품을 변화시키셨지만, "영으로써 몸의 행실을 죽이는 것"(롬 8:13)은 우리 책임이다. 그렇다면 어떻게 그럴 수 있는가? 육신을 이길 수 있는 두 가지 중대한 요소가 있다.

첫째, 당신은 새 선장(새 사람)을 따라서 어떻게 행동해야 하는지 배우고, 그리스도의 성품을 받은 새로운 자아에 잘 적응하는 법을 배워야 한다. 사도 바울은 "너희는 성령을 따라 행하라. 그리하면 육체의 욕심을 이루지 아니하리라"(갈 5:16)고 약속한다. 성령 안에서 행하는 법을 배우는 것은 5장에서 다룰 것이다.

둘째, 죄로 물든 옛 습관이나 생각이 "오직 마음을 새롭게 함으로 변화를 받아야"(롬 12:2) 한다. 마음을 새롭게 하는 것이 6-9장의 주제다.

성도로 살기 위한 싸움에서 죄는 어떤 역할을 하는가?

타락한 아담의 후손으로 태어난 모든 사람은 죄를 지었다(롬 5:12). 죄는 하나님을 떠난 우리 삶 속에 있다. 생명의 창조주 되시는 하나님과 관계를 맺지 않아도, 그에게 순종하지 않아도 삶의 의미와 목적을 성취할 수 있다는 사탄의 속임수로 죄가 나타났다(신 30:19, 20, 요일 5:12). 죄는 믿지 않는 자의 옛 성품 깊숙이 스며들어 옛 자아를 지배하고 육신의 행위를 계속하게 만든다. 사탄은 모든 죄의 괴수다(요일 3:8). 그는 사람들이 그의 거짓말을 믿게 만들고, 하나님을 배반하도록 충동질한다.

당신이 그리스도를 영접했을 때 죄의 능력은 깨어지지 않았지만, 그리스도 안에서 당신의 죽음과 부활, 의롭게 됨을 통하여 당신을 지배하려는 사탄의 능력은 깨어졌다(롬 6:7; 8:10). 따라서 죄에 대하여 죽고 그리스도 안에서 하나님에 대하여 살게 된 당신은 더 이상 죄에 매여서는 안 된다(롬 6:11). 죄는 아직도 육신이 하나님을 의지하지 않도록 강하게 유혹한다. 그러나 당신은 그리스도를 영접하기 전처럼 죄에 참여해서는 안 된다. 그러므로 "죄가 너희 죽을 몸을 지배하지 못하게 하여 몸의 사욕에 순종하지"(롬 6:12) 않는 것은 당신 책임이다.

내가 원하지 않는 일을 하다

성도의 삶에서 죄와 싸우는 모습을 가장 분명하게 묘사한 구절은 로마서 7장 15-25절일 것이다. 15, 16절에서 사도 바울은 자신의 문제를 다음과 같이 설명한다. "내가 행하는 것을 내가 알지 못하노니 곧 내가 원하는 것은 행하지 아니하고 도리어 미워하는 것을 행함이라. 만일 내가 원하지 아니하는 그것을 행하면 내가 이로써 율법이 선한 것을 시인하노니.”

이 두 구절 안에 한 사람이 있다는 사실과 ‘내’가 다섯 번 나타난다는 사실을 주목하라. 또 이 사람이 착한 마음을 가졌으며 하나님의 법을 따르려 한다는 사실을 주목하라. 그러나 이 착한 그리스도인은 행위의 문제가 있다. 자신이 무엇을 해야 하는지 알지만, 어떤 이유 때문인지 그렇게 할 수 없다. 이 사람은 하나님이 원하시는 것을 하려고 하지만 결국 자신이 싫어하는 일을 하고 만다.

17-21절은 이 행위의 문제에 대한 이유를 설명한다. “이제는 그것을 행하는 자가 내가 아니요 내 속에 거하는 죄니라. 내 속 곧 내 육신에 선한 것이 거하지 아니하는 줄을 아노니 원함은 내게 있으나 선을 행하는 것은 없노라. 내가 원하는 바 선은 행하지 아니하고 도리어 원하지 아니하는 바 악을 행하는도다. 만일 내가 원하지 아니하는 그것을 하면 이를 행하는 자는 내가 아니요 내 속에 거하는 죄니라. 그러므로 내가 한 법을 깨달았노니 곧 선을 행하기 원하는 나에게 악이 함께 있는 것이로다.”

이 안에 몇 가지 요소가 작용하는가? 두 가지, 곧 죄와 나다. 그러나 죄는 분명 내가 아니다. 죄는 내 안에 거할 뿐이다. 죄는 내가 하려는 일을 방해한다. 그러나 죄가 나를 지배하는 데 대한 책임은 내게 있다. 이 구절은 내가 선하지 않다거나 악하다거나 내가 죄 그 자체라고 말하는가? 절대 그렇지 않다. 이 말씀은 내 안에 무엇인가 선하지 않은 것, 악하고 죄악된 것이 있기는 하지만, 그것이 나 자신이라고는 말하지 않는다. 만일 내가 더러운 막대기를 손에 쥐고 있다면, 내게 좋지 않은 것이 있다고 말할 수 있다. 그렇지만 그 좋지 않은 것이 나는 아니다. 나 자신이 그 막대기 자체는 아니기 때문이다. 내가 손에 쥐고 있는 막대기가 좋지 않은 것이다. 나는 죄 자체도 아니고 죄인도 아니다. 나는 내가 원치 않는 것을 하게 만드는 죄와 싸우는 성도(聖徒)다.

전쟁터

로마서 7장 22, 23절은 나와 죄 사이에 싸움이 벌어지는 전쟁터를 정확하게 묘사한다. "내 속사람으로는 하나님의 법을 즐거워하되 내 지체 속에서 한 다른 법이 내 마음의 법과 싸워 내 지체 속에 있는 죄의 법으로 나를 사로잡는 것을 보는도다."

옳은 일을 하고 싶어 하는 욕구는 어디에서 나오는가? 사도 바울은 내 영과 하나님의 영이 연합하는 새로운 자아를 언급하면서 "속사람"이라는 말을 사용한다. 이것은 변하지 않는 내 일부다. 내가 진정 하기 원하는 것을 못하게 하는 죄는 그 공격 목표를 어디에 두고 있는가? 바로 내 육신이다. 또한 자존적(自存的)인 내 독립심은 하나님을 반역하도록 계속해서 나를 충동질한다(약 4:1). 이것은 나의 일시적인 모습이다. 그러면 두 원수가 전쟁을 벌이는 곳은 어디인가?(갈 5:17) 그 전쟁터는 바로 내 마음이다. 그렇기 때문에 마음을 새롭게 하는 법을 배우고 그리스도께 복종하도록 모든 생각을 정리하는 것이 그렇게 중요한 것이다(고후 10:5).

사도 바울은 "오호라 나는 곤고한 사람이로다. 이 사망의 몸에서 누가 나를 건져 내랴?"(롬 7:24)라고 절규하며 죄와 새로운 자아 사이의 싸움을 설명한다. 그가 "나는 죄악의 사람이로다!"라고 부르짖지 않았다는 점에 유의하라. 곤고하다는 것은 비참하다는 뜻이다. 죽음을 면치 못한 육신을 죄에 내어 주는 사람보다 비참한 사람이 어디 있겠는가? 만일 우리 몸을 불의한 도구로 사용한다면, 우리는 마귀에게 기회를 주는 것이다. 그 결과 마귀는 우리를 불행에 빠뜨리고 말 것이다. 그러나 로마서 7장 24절에 이어진 25절과 8장 1절을 보라. "우리 주 예수 그리스도로 말미암아 하나님께 감사하리로다. …… 그러므로 이제 그리스도 예수 안에 있는 자에게는 결코 정죄함이 없나니." 우리가 9장에서 살펴보려는 것처럼, 마음에서 일어나는 이 전쟁은 승리할 수 있는 싸움이다.

이 장에서 우리가 살펴본 용어들은 칭의와 성화를 새롭게 바라보게 해준다. 회개하는 순간, 당신은 하나님 앞에서 완전히 의롭게 되었다. 죄악된 옛 자아는 영원히 멸망했다. 당신은 그리스도의 성품, 곧 거룩한 성품에 참여하게 되었다. 그리스도 안에서 당신은 새 사람이 되었으며, 하나님이 당신을 성도로 선포하셨다. 이것은 단 한 번에 일어나는 변화다. 하나님은 다만 그분이 하신 일을 당신이 믿고 그분의 자녀 된 신분을 받아들이기 원하신다.

그러나 성화는 당신이 신분에 맞게 행동해 가는 과정이다. 당신의 옛 사람은 죽었지만 당신의 육신과 죄는 아직도 살아서 삶을 지배하려고 날마다 새 생명과 싸우고 있다. 영적 성장은 당신이 누구인가를 믿고, 마음을 새롭게 하기 위하여 해야 할 일을 하며, 성령 안에서 생활할 때에 그 결과로 나타나는 것이다.

5장

신령한 사람

20세기가 시작될 즈음, 보스턴 교외에 지적 장애아와 정신 질환자를 돌보는 시설이 있었다. 그 시설에 머무는 환자 가운데 애니라는 꼬마 소녀가 있었는데, 이 소녀는 그곳에서도 아무 반응을 보이지 않았다. 직원들은 애니를 도우려고 최선을 다했지만 허사였다. 끝내 애니는 지하 독방으로 옮겨졌고, 사람들도 소녀에게 품은 희망을 포기해 버렸다.

그러나 그곳에서 일하던 한 그리스도인 여성은 하나님이 만드신 모든 피조물은 사랑과 보살핌을 받아야 한다고 믿었다. 그래서 이 여인은 점심시간이 되면 애니가 지내는 작은 방 앞에 가서 책도 읽어 주고, 하나님이 그를 고독의 방에서 해방시켜 주시도록 계속 기도했다. 날마다 이 여인은 애니의 방 앞에 가서 책을 읽어 주었다. 그러나 전혀 반응이 없었다. 그렇게 몇 개월이 지났다. 이 여인은 애니와 대화를 나누려고 시도해 보았다. 그러나 마치 담벼락과 이야기하는 것만 같았다. 여인은 애니를 위하여 특별히 음식을 갖다 주었으나 소녀는 한 번도 받지 않았다.

그런데 어느 날, 애니의 방으로 초콜릿 접시를 가지러 간 여인은 접시에서 초콜릿 하나가 없어진 것을 발견했다. 용기를 얻은 여인은 계속 애니를 위해 책을 읽어 주고 하나님에게 기도했다. 마침내 애니가 방 창살을 통해 반응을 보이기 시작했다. 곧 여인은 애니에게 치료받을 수 있는 제2의 기회를 주자고 의사들을 설득했다. 의사들은 애니를 지하에서 데려와 여인과 함께 치료를 시작했다. 2년 만에 애니는 시설을 떠나 정상적으로 생활할 수 있다는 진단을 받았다.

그러나 애니는 그곳을 떠나지 않았다. 여인에게 받은 헌신적인 사랑과 은혜를 감사히 여긴 애니는 자기처럼 도움이 필요한 사람들을 돕기로 결심했다. 그리고 과거에 자신이 받은 고통을 똑같이 겪고 있는 사람들을 도우려고 그곳에 남았다.

약 50년 뒤, 영국 여왕이 미국에서 가장 훌륭한 여성에게 훈장을 수여하는 특별 예식을 베풀었다. 수상자는 헬렌 켈러였다. 시각 장애와 청각 장애를 동시에 가진 그가 장애를 극복한 비결이 무엇이냐는 질문에 그는 "만일 앤 설리번(Ann Sullivan) 선생님이 없었다면, 오늘 나는 결코 여기에 있지 못했을 것입니다"라고 대답했다.

시각 장애와 청각 장애를 가진 헬렌 켈러를 끈기 있게 사랑하고 돌봐 준 선생님이 바로 그 옛날의 꼬마 애니였다. 정신 이상자를 돌보는 시설에서도 치료될 수 없을 것 같던 소녀에게 하나님의 사랑이 필요하다고 믿고 헌신적으로 섬긴 한 여인이 있었기에 세상은 헬렌 켈러라는 놀라운 선물을 받을 수 있었다.

그 여인은 어떻게 그런 삶을 살 수 있었을까? 무엇이 이기적이고 육신적인 욕심을 버리고 하나님을 섬기며 다른 사람을 사랑하는 경지에 이르게 한 것일까? 그가 그런 놀라운 사역을 할 수 있을 만큼 성숙해지게 한 본질은 무엇일까?

첫째, 그리스도 안에서 자신의 신분을 확실히 깨달아야 한다. 당신이 그리스도 안에 있기 때문에 그리스도의 거룩한 성품이 당신 안에 있다는 사실을 받아들이기 전까지, 당신은 예수님이 사랑하신 것처럼 다른 사람을 사랑할 수 없다.

둘째, 당신은 날마다 죄에 찌든 육신을 십자가에 못 박고 당신의 신분에 맞게 살아야 한다. 곧 성령으로 가득 찬 하나님의 자녀로서 살아야 하는 것이다.

그리스도 안에서 당신의 참 신분에 맞게 살아가는 것이 바로 성령과 동행하는 삶이다(갈 5:16-18). 우리가 어떻게 성령 안에서 행하는가? 이것은 어려운 문제다. 여기에는 우리가 이해할 수 없는 신비한 의미가 내포되어 있다. 예수님은 이렇게 말씀하셨다. "바람이 임의로 불매 네가 그 소리는 들어도 어디서 와서 어디로 가는지 알지 못하나니 성령으로 난 사람도 다 그러하니라"(요 3:8). 일정한 방식에 따라 성령 안에서 살아가려는 것은 마치 바람을 잡으려는 것과 같다.

어떤 사람이 한 말처럼, 아마도 우리에게는 "노를 집어던지고 닻을 올리는" 것이 최선일지도 모른다. 영적 생활에서 마주치는 세세한 모든 것을 정의하려고 하기보다는, 그리스도를 믿는 데 초점을 두고 그리스도께서 바른 방향으로 우리를 이끄시게 하자. 그런 목적을 마음에 새기고, 성령 안에서 행하는 것에 대해 성경에서 찾아보자.

세 종류의 사람과 성령

고린도전서 2장 14절-3장 3절에서 바울은 성령 안에서 살아가는 삶과 관계된 세 종류의 사람, 즉 자연인, 신령한 사람, 육신에 속한 사람이 어떻게 다른지 이야기한다. 다음의 그림을 살펴보면 영적인 삶에서 이 세 종류의 사람이 어떻게 다른지 알 수 있을 것이다.

에베소서 2장 1-3절은 사도 바울이 고린도전서 2장 14절(그림 5-1을 보라)에서 언급한 자연인을 간결하게 설명한다. 자연인은 영적으로 죽은 사람으로서 하나님과 분리되어 있다. 하나님에게서 완전히 떠나 있는 이 사람은 자연히 죄 지을 수밖에 없다.

자연인(natural person)은 영혼(soul)을 가지고 있기 때문에 생각하고 느끼고 무언가를 선택할 수 있다. 그러나 그림의 화살표가 보여 주는 것처럼 마음, 감정, 의지는 그를 지으신 하나님을 완전히 떠나 육신이 원하는 대로 행동한다. 자연인은 자신에게 행동을 결정할 자유가 있다고 생각할지도 모른다. 그러나 육신에 거하는 그는 계속 육신의 소욕을 따라 행하며, 그가 선택하는 일은 갈라디아서 5장 19-21절에 나왔듯이 '육체의 일'을 나타낸다.

자연인도 물론 몸이 있다. 그러나 그는 하나님을 의지하지 않고 하나님의 목적을 생각하지 않기 때문에, 그를 향한 하나님의 계획과

| 그림 5-1 | 자연인(natural person)_ 육에 속한 삶(고린도전서 2:14)

육신(롬 8:8)
육신이 몸을 뜻하긴 하지만, 범죄할 수 있는 기회를 주는 것은 인간의 독립심이다. 하나님을 의지하지 않는 삶 속에서 목적과 의미를 찾으려고 하면 열등감과 불안, 자기 비하, 죄책감, 염려, 의심에 부딪친다.

몸
긴장, 편두통, 신경성 위장 장애, 두드러기, 피부염, 알레르기, 천식, 관절염, 결장, 경련, 맥박 상승(가슴 두근거림), 호흡 장애 등.

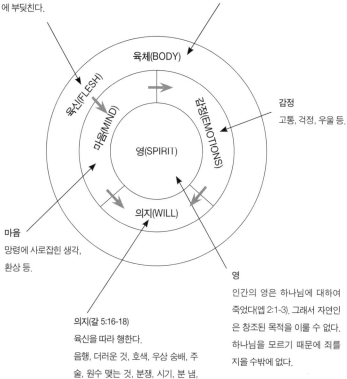

감정
고통, 걱정, 우울 등.

마음
망령에 사로잡힌 생각, 환상 등.

영
인간의 영은 하나님에 대하여 죽었다(엡 2:1-3). 그래서 자연인은 창조된 목적을 이룰 수 없다. 하나님을 모르기 때문에 죄를 지을 수밖에 없다.

의지(갈 5:16-18)
육신을 따라 행한다.
음행, 더러운 것, 호색, 우상 숭배, 주술, 원수 맺는 것, 분쟁, 시기, 분 냄, 당 짓는 것, 분열, 이단, 투기, 술 취함, 방탕.

조화하는 삶을 살지 않는다. 인생의 문제에 대처하거나 적극적으로 선택하게 해줄 영적 기초가 없기 때문에, 스트레스를 받은 자연인은 그림 5-1에 나타난 육체적인 질병을 앓을 수 있다. 의사는 육체적인 질병이 대부분 정신적인 문제와 관계 있다는 데 동의한다. 평안한 마음을 갖는 것과 하나님의 존재를 확신하는 것은 육신의 건강에 중요한 영향을 끼친다(롬 8:11).

범죄할 수 있는 기회를 제공하는 육신은 자연인의 행위와 반응, 습관, 기억력, 다른 사람을 대하는 자세를 지배한다. 죄성을 가진 육신은 삶 속에서 제재를 받지 않기 때문에, 자연인은 열등감, 불안, 자기 비하, 죄책감, 염려, 의심으로 갈등할 것이다.

신령한 사람(spiritual person)도 육신과 혼과 영이 있다. 그러나 그림 5-2에 나타난 것처럼, 신령한 사람은 영적으로 거듭나기 전인 자연인에서 놀랍게 변화된 사람이다. 거듭난 순간, 그의 영은 하나님과 연합하게 된다. 이 연합으로 영적 생명은 죄를 용서받고, 하나님의 가족이 되며, 그 자신의 개인적인 가치를 깨닫는다.

신령한 사람의 혼은 영적으로 거듭나서 변화된다. 이 사람은 육신이 아닌 성령에게서 원동력을 얻는다. 그의 마음은 새롭게 변화된다. 그의 감정은 혼란 대신 평화와 기쁨이 넘친다. 그는 육신을 좇아 살지 않고 성령을 좇아 살아간다. 그가 성령 안에서 살 때, 삶에 성령의 열매를 맺는다(갈 5:22, 23).

신령한 사람의 몸도 변화된다. 그 몸은 성령이 거하시는 곳이며, 하나님에게 예배하고 하나님을 섬기는 거룩한 산 제물이 되는 것이다. 하나님을 의지하지 않고 살던 육신은 이 신령한 사람 안에도 있

| 그림 5-2 | 신령한 사람(spiritual person)
_ 성령을 좇는 삶(고린도전서 2:15)

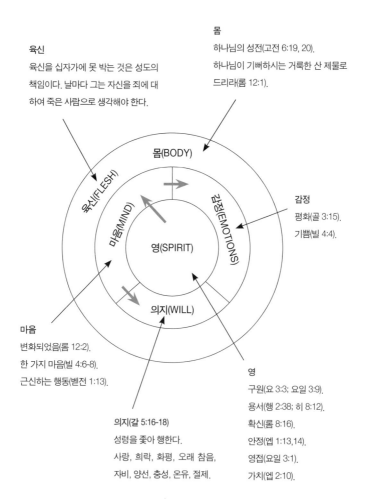

육신
육신을 십자가에 못 박는 것은 성도의 책임이다. 날마다 그는 자신을 죄에 대하여 죽은 사람으로 생각해야 한다.

몸
하나님의 성전(고전 6:19, 20).
하나님이 기뻐하시는 거룩한 산 제물로 드리라(롬 12:1).

감정
평화(골 3:15).
기쁨(빌 4:4).

마음
변화되었음(롬 12:2).
한 가지 마음(빌 4:6-8).
근신하는 행동(벧전 1:13).

의지(갈 5:16-18)
성령을 좇아 행한다.
사랑, 희락, 화평, 오래 참음, 자비, 양선, 충성, 온유, 절제.

영
구원(요 3:3; 요일 3:9).
용서(행 2:38; 히 8:12).
확신(롬 8:16).
안정(엡 1:13,14).
영접(요일 3:1).
가치(엡 2:10).

다. 그러나 그는 자신을 죄에 대하여 죽은 자로 여기면서 육신과 육신의 정욕을 날마다 십자가에 못 박는다.

"이 모든 사실이 참으로 놀랍군요. 그런데 나는 그리스도인이면서도 여전히 문제를 안고 있습니다. 내가 영적으로 살아 있다는 것은 저도 알고 있습니다. 그러나 때때로 내 마음은 잘못된 생각으로 가득 찹니다. 종종 나는 성령의 열매 대신 육신을 좇고 잘못된 행동을 합니다. 또 때로는 육신의 것을 십자가에 못 박는 대신 그 육신의 욕망을 받아들입니다" 하고 당신은 말할지도 모른다.

신령한 사람에 대한 묘사는 이상적인 것이다. 우리 모두 그렇게 성장해야 하는 영적 성숙의 본이라는 뜻이다. 하나님은 우리가 그분의 말씀 안에서 개인적으로 신령한 사람의 요소를 체험하도록 모든 영적 요소를 우리에게 알려 주셨다(벧후 1:3). 그러나 우리는 대부분 영적 성숙의 정상(頂上)과 그림 5-3에서 설명하는 육신적인 행위의 밑바닥 사이에서 살고 있다. 그러나 성령의 인도하심을 따라 살 때, 이상적인 본을 향한 성숙과 성화가 이루어진다는 것은 확실하다.

육신에 속한 사람(fleshly person)의 영이 신령한 사람의 영과 근본적으로 똑같다는 사실에 유의하라. 육신에 속한 사람은 그리스도 안에서 영적으로 살아 있고, 하나님에게 의롭다 일컬음을 받았다. 그러나 그는 신령한 사람처럼 성령의 인도를 받는 대신 육신의 충동을 따른다. 그 결과, 그의 마음은 육신에 속한 생각에 사로잡히고, 그의 감정은 부정적인 느낌 때문에 괴로워한다. 그리고 성령을 따라 살면서 성령의 열매를 맺고 싶어 해도, 그는 육신을 따라 제멋대로 죄악된 행동을 하게 된다.

| 그림 5-3 | 육신에 속한 사람(fleshly person)
_ 육신을 좇는 삶(고린도전서 3:3)

몸
긴장, 편두통, 신경성 위장 장애, 두드러기, 피부염, 알레르기, 천식, 관절염, 결장, 경련, 맥박 상승(가슴 두근거림), 호흡 장애 등.

육신(롬 8:8)
뿌리 깊은 습관 때문에 여전히 하나님을 의지하지 않는 삶을 산다.

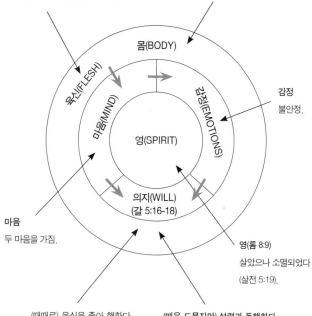

감정
불안정.

몸(BODY)

육신(FLESH)

마음(MIND)

영(SPIRIT)

감정(EMOTIONS)

의지(WILL)
(갈 5:16-18)

마음
두 마음을 가짐.

영(롬 8:9)
살았으나 소멸되었다
(살전 5:19).

(때때로) 육신을 좇아 행한다.
음행, 더러운 것, 호색, 우상숭배, 주술, 원수 맺는 것, 분쟁, 시기, 분 냄, 당 짓는 것, 분열, 이단, 투기, 술 취함, 방탕.

(매우 드물지만) 성령과 동행한다.
사랑, 희락, 화평, 오래 참음, 자비,
양선, 충성, 온유, 절제.

그의 몸은 끔찍하게 황폐해진 하나님의 성전이다. 때때로 그는 하나님이 창조하신 원리대로 행하지 않기 때문에 자연인과 똑같은 신체 증상을 보인다. 이 사람은 하나님에게 예배드리는 산 제사로 자신의 몸을 드리는 것이 아니라, 죄에 찌든 육신의 변덕에 따라 육신이 원하는 것을 따른다. 육신을 십자가에 못 박는 대신 육신에 양보하기 때문에 열등감, 불안, 자기 비하, 죄책감, 염려, 의심의 노예가 된다.

몇 년 전 나는 얼마나 많은 그리스도인이 아직도 육신의 희생자로 살아가는지 보기 위하여 몇몇 사람을 대상으로 연구했다. 나는 인생 문제를 상담하기 위하여 나를 찾아온 사람 50명에게 똑같은 질문을 했다. "열등감, 불안, 자기 비하, 죄책감, 염려, 의심 가운데 당신은 어떤 문제를 가지고 있습니까?" 놀랍게도 50명 모두 여섯 가지 전부라고 대답했다. 의로운 하나님의 자녀들이 육신에 속하여 살아가는 비그리스도인과 마찬가지로 육신적인 문제 때문에 괴로워하고 있었다.

만일 내가 똑같은 질문을 한다면, 당신은 어떻게 대답하겠는가? 내 상담 경험에 따르면 대부분이 여섯 가지 항목 가운데 일부 또는 모두 해당한다고 대답할 것이다. 많은 성도가 아직도 그리스도 안에서 자신의 신분을 혼동하고는 그 신분에 맞게 살지 못하고 있다. 우리가 그리스도 안에서 누구인지 확실한 신념을 갖고 있지 못하기 때문에 행위에서도 갈등하는 것이다.

당신은 열등감 때문에 영적으로 잘 성장하지 못하고 있는가? 누구에게, 무엇에 열등감을 느끼는가? 당신은 그리스도와 함께 천국

5장. 신령한 사람

에 앉은 사람이다(엡 2:6). 불안한가? 하나님은 결코 당신을 떠나거나 버리시지 않는다(히 13:5). 자신이 쓸모없는 사람이라고 생각되는가? 당신은 그리스도 안에서 모든 것을 할 수 있다(빌 4:13). 죄책감을 느끼는가? 그리스도 안에 있는 사람에게는 정죄함이 없다(롬 8:1). 염려되는가? 하나님은 당신의 염려를 평안으로 바꾸셨다(빌 4:6; 벧전 5:7; 요 14:27). 의심스러운가? 하나님은 지혜를 구하면 주겠다고 약속하셨다(약 1:5).

신령한 사람과 육적인 사람, 이 두 종류의 그리스도인은 왜 이렇게 다른가? 그리스도 안에서 무한한 잠재력을 가진 많은 그리스도인이 어째서 그들의 잠재력에 훨씬 못 미치는 생활을 하고 있는가? 왜 우리 가운데 아주 적은 사람만이 이미 기업으로 받은 풍요롭고 열매 맺는 삶을 누리는가?

그 이유 가운데 하나는 믿는 사람들이 날마다 삶에서 영적 신분을 주장하고 적용하는 것과 같은 성숙과 성장 과정과 관련 있다. 그런데 거듭난 지 수년, 아니 수십 년이 된 그리스도인들이 죄와 육신을 이기는 승리, 그리스도 안에서 우리가 기업으로 받은 승리를 체험하지 못하고 있다.

또 다른 이유는 어둠의 권세가 우리의 영적 성장에 큰 영향을 끼치고 있다는 사실을 모르기 때문이다. 우리에게는 살아 있는 인격적인 원수, 즉 사탄이 있다. 바로 이 사탄이 우리의 영적 성장을 방해한다. 그러므로 우리는 어떻게 사탄을 대적해야 하는지 알아야 한다. 바울은 "우리는 그 계책을 알지 못하는 바가 아니로라"(고후 2:11)라고 말했다. 아마도 사도 바울과 고린도 교회 교인들은 사탄의 전략을 알고 있었던 것 같다. 그러나 오늘날은 그렇지 못한 듯하다. 우리는 사탄과 그의 흑암의 세력이 존재하지 않는 것처럼 생각하고 살고 있는 것처럼 보인다. 이 무지 때문에 우리는 그리스도 안에서 자유를 누리지 못하고 무력한 인형 같은 존재가 되어 가고 있다. 9장에서 마음의 요새에 관한 주제를 연구할 때 우리의 영적 성숙을 방해하는 사탄의 적극적인 역할을 더 자세히 이야기하겠다.

성령 충만한 생활의 척도

처음 그리스도인이 되었을 때, 우리는 잔디 깎는 작은 기계 엔진과 같았다. 우리는 무엇인가를 조금 성취할 수는 있지만, 성숙하지 못했기 때문에 큰일은 할 수 없었다. 그리스도인으로서 우리의 목표는 불도저 엔진이 되는 것이다. 주를 위한 커다란 엔진이 되는 것이다. 그러나 잔디 깎는 기계든 불도저든 연료가 없으면 아무것도 할 수 없다. 마찬가지로 우리는 그리스도를 떠나서는 아무것도 할 수 없다. 당신이 아무리 성숙할지라도 성령 안에 거하지 않으면 어떤 열매도 맺을 수 없다.

육신을 따라 행하는가 아니면 성령 안에서 행하는가 하는 문제에서 우리 의지는 벽에 달린 스위치와 같다. 초신자의 의지는 육신에 속한 행동 쪽으로 딸깍 하고 움직이기 쉬운 스위치다. 그는 어떻게 하면 하나님의 도움 없이 살 것인지를 아는 일에만 철저하게 훈련된 육신에 알게 모르게 희생된 사람이다. 성숙한 그리스도인의 의지는 성령을 향한 쪽으로 딸깍 하고 움직이기 쉬운 스위치다. 그는 때때로 잘못 선택하지만, 날마다의 삶에서 육신을 십자가에 못 박고 성령과 동행하는 법을 배우고 있다.

만일 당신이 성령 안에서 행하기 위한 간단명료한 단계나 깜짝 놀랄 만한 공식을 만들려고 한다면, 실패할 것이다. 성령 안에서 행하는 일은 어떤 등식으로 이루어질 수 없는 신비로운 것이다. 사실 당신이 성령 충만한 삶을 어떤 공식으로 표현할 수 있다고 생각하는 순간, 그것은 더 이상 성령 충만이 아니다.

성령을 따라 행하는 것은 규칙이라기보다는 관계다. 그 실례로 결혼 생활을 생각해 보자. 신혼부부는 더 효과적으로 의사소통하기 위해서, 더 만족한 성생활을 하기 위해서 어떤 규칙을 세울 것이다. 그러나 몇 년이 지나도 그 규칙을 따르지 않고는 대화도 부부관계도 제대로 되지 않는다면, 그 결혼 생활은 아직도 유아 상태에 머물고 있는 것이다. 결혼의 목표는 규칙을 넘어선 관계로 발전하는 것이다.

이번에는 기도를 생각해 보자. 당신은 아마 간단한 기도 순서로 찬양, 고백, 감사, 간구를 배웠을 것이다. 그러나 그리스도인이 된 지 몇 년이 지났는데도 기도 생활이 이 순서에 매여 있다면, 당신은 기도의 의미를 잃어버린 것이다. 기도는 공식이 아니다. 기도는 하나님과 당신의 관계에서 이루어지는 언어다. 마찬가지로 성령 안에서 행한다는 것은 기본적으로 당신 안에 거하는 성령과 규칙을 초월한 관계를 맺는 것이다.

성경은 우리에게 어떤 공식을 제시해 주지 않지만, 무엇이 성령 충만한 삶이고 무엇이 성령 충만한 삶이 아닌지를 알 수 있게 해준다. 갈라디아서 5장 16-18절은 이렇게 말한다. "내가 이르노니 너희는 성령을 따라 행하라. 그리하면 육체의 욕심을 이루지 아니하리라. 육체의 소욕은 성령을 거스르고 성령은 육체를 거스르나니 이둘이 서로 대적함으로 너희가 원하는 것을 하지 못하게 하려 함이니라. 너희가 만일 성령의 인도하시는 바가 되면 율법 아래에 있지 아니하리라."

성령을 따라 행하지 않는 삶

사도 바울은 성령을 따라 행하는 것이 특권을 남용하는 무절제하고 훈련되지 않은 자유는 아니라고 말했다. 당신은 "너희가 율법 아래 있지 않다"는 구절을 보고, "야호, 나는 자유다! 성령 안에 있으면 내가 원하는 대로 무엇이든 할 수 있다!"고 외칠지도 모른다. 그러나 결코 그렇지 않다. 그 앞 절에서 바울은 "너희가 원하는 것을 하지 못하게" 해야 한다고 말한다. 성령의 인도하심을 받는다는 것은 자신이 원하는 것을 무엇이든 할 수 있는 자유가 있다는 뜻이 아니다. 책임 있는 삶을 살 수 있는 자유, 곧 도덕적인 생활을 할 수 있다는 뜻이다. 육신의 노예가 되었을 때는 도덕적인 삶을 살 수 없다.

한번은 어느 가톨릭 고등학교에서 "그리스도인의 영성"이라는 주제로 특강을 요청한 적이 있다. 특강을 마친 뒤, 한 학생이 손을 들어 질문했다. "선생님이 다니시는 교회에는 '하지 말라'는 금지 조항이 많습니까?"

질문한 동기를 알아차린 나는 "학생이 정말로 알고 싶은 건 우리에게도 자유가 있느냐는 거죠, 그렇죠?"라고 되물었다. 그는 고개를 끄덕였다.

"그럼요, 내게는 원하는 것은 무엇이든지 할 수 있는 자유가 있습니다"라고 나는 대답했다.

믿을 수 없다는 표정을 지으며 그 학생이 말했다. "농담하지 마세요, 심각한 질문입니다."

"학생, 나도 지금 진지하게 답하는 것입니다." 나는 말을 계속했다. "나는 은행 강도를 할 수 있는 자유가 있습니다. 그러나 만일 은행 강도를 하면, 남은 생애에 그 대가를 치러야 한다는 사실을 압니다. 나는 내가 저지른 범죄를 책임지고 내가 한 행위에 대해서 예외 없이 대가를 치러야 합니다. 나는 거짓말할 자유도 있습니다. 그러나 거짓말을 하면, 그것을 감추기 위해서 계속 거짓말을 해야 하고, 또 누구에게, 무슨 거짓말을 어떻게 했는지 계속 기억해야 합니다. 그렇지 않으면 꼬리가 잡히지요. 나는 마약을 복용하고 마구 술을 마시며, 성적으로 문란하게 살 수 있는 자유도 있습니다. 그러나 이 모든 '자유'는 나를 속박할 것입니다. 내게는 이런 것들을 선택할 수 있는 자유가 있습니다. 그러나 그 결과를 생각한다면, 내가 정말 자유로운 걸까요?"

어떤 사람에게 자유처럼 보이는 것이 사실은 자유가 아닐 수 있다. 오히려 그것은 그들에게 속박의 사슬을 채운다(갈 5:1). 백성이 자유로워지기를 원하는 하나님의 법은 우리를 제한하지 않고 보호한다. 하나님이 우리 인생을 보호하기 위해 주신 말씀 안에서 책임 있는 삶을 살 때에 우리는 참 자유를 누릴 수 있다.

성령을 따라 행하는 것은 율법주의가 아니다. 바울은 "너희가 만일 성령의 인도하시는 바가 되면 율법 아래에 있지 아니하리라"(갈 5:18)라고 말한다. 그리스도인의 법과 규범을 지키려고 최대한 노력한다고 해서 성령 충만한 삶을 사는 것은 아니다. 그것은 오히려 성령 충만한 삶을 죽이는 일이다(고후 3:6). 갈라디아서 3장 13절은 율법을 저주라고 했고, 3장 21절은 율법이 무력하며 생명을 줄 수 없다고 하였다.

어떤 사람에게 이것 또는 저것을 하는 것은 잘못이라고 가르치는 법 자체가 사람으로 하여금 그것을 못하게 막는 힘이 있는 것은 아니다. 술 마시지 말라, 담배 피우지 말라, 춤추지 말라, 영화 보지 말라, 노름하지 말라, 화장하지 말라 등 그리스도인은 무엇을 하지 말아야 한다고 규정함으로써 영적인 체하는 데 선수다. 그러나 율법주의는 부도덕을 방지하지 못한다. 사실 법은 유혹을 더 부추긴다. 바울도 실제로 율법이 금지된 것을 더 하고 싶도록 자극한다고 하지 않는가!(롬 7:5) 당신이 자녀들에게 어떤 선을 넘지 말라고 하면, 그들은 즉시 어떻게 하는가? 금단의 과일은 더 먹음직스러워 보인다.

성령 충만은 종교적 행위로 이루어지는 것이 아니다. 우리는 종종 성경 공부, 기도, 정규적인 교회 출석과 같은 훈련을 영적 성숙의 증거로 본다. 물론 이런 활동은 좋은 것이며 영적 성장을 돕는다. 그러나 단순히 이런 일들을 하는 것 자체가 성령 충만한 삶을 보장하지는 않는다.

그러면 성경에 나타난 행동 규범이 나쁘다는 뜻인가? 물론 그렇지는 않다. 하나님의 법은 우리를 보호하는 도덕적 기준이자 안내자로서 반드시 필요하다. 하나님의 법이 허용하는 한계 안에서 우리의 영과 성령은 자유롭게 교제할 수 있다. 그것이 성령 안에서 사는 본질이다.

성령 충만한 삶

성령 충만한 삶은 자격증이나 율법주의로 규정되는 것이 아닌 자유함이다. 바울은 "그가 또한 우리를 새 언약의 일꾼 되기에 만족하게 하셨으니 율법 조문으로 하지 아니하고 오직 영으로 함이니 율법 조문은 죽이는 것이요 영은 살리는 것이니라. …… 주는 영이시니 주의 영이 계신 곳에는 자유가 있느니라"(고후 3:6, 17)고 말한다.

그리스도 안에 있는 자유는 우리 영이 하나님과 연합함으로 받은 귀중한 선물이다. 하나님의 영이 당신 안에 계시기 때문에, 당신은 자유로운 도덕적 존재다. 당신은 변화되기 전처럼 육신에 매여 살도록 강요당하고 있지 않다. 그렇다고 성령을 따라 살도록 강요받고 있는 것도 아니다. 성령을 따라 살든지 육신에 매여 살든지 그것은 당신이 선택하는 것이고 완전히 당신의 자유다.

성령을 따라 사는 일은 두 가지를 내포한다. 첫째로 수동적인 것이 아니다. 우리는 성령 안에서 행하는 것이지, 성령 안에 가만히 있는 것이 아니다. 영적 성장에 가장 위험하고 해가 되는 요소는 수동성이다. 곧 중립 상태에 머물면서 아무것도 하지 않는 것이다. 제시 펜 루이스(Jessie Penn-Lewis)가 쓴 고전 「성도들의 영적 전쟁」(*War on the Saints*, 벧엘서원 역간)에는 그런 수동적인 생각과 싸우는 내용이 담겨 있다. 가만히 앉아서 하나님이 모든 것을 하시길 기다리는 것은 하나님의 방법이 아니다.

둘째로, 우리는 성령 안에서 '행하는 것'을 말하는 것이지, 성령 안에서 '달리는 것'을 말하는 것이 아니다. 성령 충만한 삶은 끊임없는 활동으로 이루어지는 것이 아니다. 우리는 하나님의 일을 열심히 할수록 더 영적인 사람이 된다고 잘못 생각하고 있다. 그것은 사탄이 주는 교묘한 거짓말이다. 사탄은 당신을 부도덕하게 하여 하나님을 섬기지 못하게 만들 수 없다는 것을 알고 있다. 그러나 당신을 바쁘게 만들어서 하나님 섬기는 일을 늦추게 할 수 있다는 것은 알고 있다.

마태복음 11장 28-30절은 성령 충만한 삶의 목적과 그 속도를 아름답게 묘사한다. 예수님은 이렇게 말씀하셨다. "수고하고 무거운 짐 진 자들아 다 내게로 오라. 내가 너희를 쉬게 하리라. 나는 마음이 온유하고 겸손하니 나의 멍에를 메고 내게 배우라. 그리하면 너희 마음이 쉼을 얻으리니 이는 내 멍에는 쉽고 내 짐은 가벼움이라."

예수님은 두 마리 소가 한 멍에를 메고 나란히 걷듯이, 당신이 예수님과 함께 평안한 삶을 살도록 당신을 초청한다. "어떻게 멍에가 평안할 수 있습니까?"라고 질문할지도 모른다. 그 대답은 위 말씀처럼 예수님의 멍에는 가볍기 때문이다. 이끌어 주는 소처럼 예수님은 안정된 걸음으로 걸으시기 때문이다. 만일 예수님과 함께 걷는다면 당신의 짐은 가벼울 것이다. 그러나 만일 예수님과 맺은 관계에서 수동적인 태도를 취한다면, 예수님이 계속 걷고 계시기 때문에 당신은 고통스럽게 질질 끌려가게 될 것이다. 그렇지 않고 당신이 예수님보다 먼저 달려가거나 마음대로 다른 쪽으로 방향을 바꾸려고 하면, 멍에에 목이 조이게 될 것이고 따라서 당신의 삶은 불편해질 것이다. 예수님과 함께 멍에를 지는 편안한 관계의 비결은, 예수님에게 배우고 예수님의 온유함과 겸손함에 자신을 맡기는 것이다.

예수님과 함께 성령 안에서 나란히 걷는 모습은 우리가 하나님을 어떻게 섬기는가를 이해하는 데 도움된다. 예수님이 당신과 함께 멍에를 메실 때, 예수님이 끌어 주시지 않는다면 어떻게 당신이 그 멍에를 끌 수 있겠는가? 결코 아무것도 할 수 없다. 또 당신이 멍에를 끌지 않는다면 어떻게 되겠는가? 역시 아무것도 할 수 없다. 하나님은 이 세상에서 당신과 함께 일하시기 위해 당신을 동역자로 선택하셨다. 하나님만이 하실 수 있는 일을 당신이 하려고 든다면, 오히려 일을 망치고 말 것이다. 그리고 하나님이 당신에게 해야 할 일을 분명히 지시하셨는데 당신이 그 일을 하지 않는다면, 그 일은 결코 이루어질 수 없다. 실제로 당신과 하나님이 동역하지 않는다면 아무것도 이루어질 수 없다.

인도함을 받는 삶

성령을 따라 행하는 것은 성령으로 인도함을 받는 것이다(롬 8:14). 그렇기 때문에 성경에서 하나님과 우리 관계를 목자와 양으로 설명한다. 양에게는 목자가 필요하다. 양은 아주 어리석어서, 초장에서 풀을 뜯어 먹도록 내버려두면 배가 터져 죽을 때까지 계속 먹는다. 양에게는 "푸른 풀밭에 눕도록" 인도할 목자가 필요하다(시 23:2).

우리는 양과 같이 인도함을 받는다는 뜻을 정확히 이해하지 못한다. 목자는 대개 양을 뒤쪽에서 몰아간다. 때로는 개들이 양 뒤에 바싹 붙어서 짖어대면서 앞으로 몰아간다. 그러나 중동의 목자들은 성경에 나타난 것처럼 양을 앞에서 인도한다. 성지 순례할 때, 베들레헴 밖 언덕에서 양 떼를 몰고 가는 목자를 지켜 본 적이 있다. 그 목자는 양들이 풀을 뜯어 먹고 있는 동안 바위 위에 앉아 있었다. 얼마 후 그는 일어나 양들을 향해 몇 마디 말을 하고 걸어가기 시작했다. 그러자 양들이 그를 따랐다. 참으로 놀라운 일이었다. 그 광경을 보자 요한복음 10장 27절에 나타난 예수님의 말씀이 나에게 새로운 의미로 다가왔다. "내 양은 내 음성을 들으며 나는 그들을 알며 그들은 나를 따르느니라."

　성령으로 행하는 것은 성령의 인도를 받는 것이지, 뒤에서 몰아붙이는 것이 아니다. 육신을 따라 걷는 것도 같은 원리다. 하나님은 당신이 성령을 따라 행하도록 강요하시지 않는다. 마귀도 마찬가지다. 육신을 따라 행하도록 당신을 유혹할 수는 있어도 육신을 따라 살도록 강요할 수는 없다. 성령의 인도하심을 따라 살든지, 육신의 욕심을 따라 살든지 그것은 당신이 선택할 일이며 당신의 자유다.

열매가 증명한다

당신이 성령의 인도를 받고 있는지 아니면 육신을 따라 살고 있는지 어떻게 알 수 있는가? 매우 간단하다. 당신이 하는 행동을 보라. 만일 지금 처한 상황에서 사랑하고, 기뻐하며, 평화를 누리고, 인내하며, 친절과 선행, 신실, 온유와 절제 생활을 한다면 당신은 성령을 따르고 있는 것이다(갈 5:22, 23). 그러나 당신의 행동과 반응이 갈라디아서 5장 19-21절에 나타난 열매와 같다면, 당신은 그 상황에서 육신을 따르고 있는 것이다. 그리고 두 마리 소가 한 멍에를 멜 때 이끌어 주는 소, 곧 예수님과 보조를 맞추지 못하는 것이다. 당신은 앞서 달려 나가거나, 뒤에서 질질 끌려오고 있는 것이다. 그러므로 예수님과 맺은 관계에서 예수님에게 더 가까이 붙어서 그분에게 배우고 그분과 보조를 맞추도록 해야 할 것이다.

성령 대신 육신을 좇아 잘못된 길을 가고 있는 것을 발견했다면 어떻게 해야겠는가? 그 사실을 인정하고 고쳐야 한다. 성령을 따라 행하는 것은 순간마다 날마다 겪는 경험이다. 만일 당신이 성령의 인도하심에서 떠났다면, 당신에게 상처 입었을지도 모를 상대방과 하나님에게 그 죄를 고백하고 용서받으며 바른 길로 되돌아와야 한다.

어느 주일 아침, 나는 가족에게 교회에 가려면 몇 시에 집에서 출발해야 할지 알려 주었다. 그리고는 차 안에서 시동을 걸고 기다렸다. 그런데 출발할 시간이 되어도 아무도 나타나지 않았다. 그때 나는 사랑과 인내로 성령을 따라 행하는 대신 서서히 화가 나기 시작했다. 약 2분 후에 아내와 아들이 나왔다. 5분 후에 딸아이가 어슬렁거리며 나타났다. 그 아이 손에는 성경 대신 무슨 잡지가 들려 있었다.

"도로 들어가서 성경 가지고 나와!" 하고 나는 소리를 질렀다. 그날은 유쾌한 주일이었다고 말할 수 없다. 나는 육신의 뜻대로 가족을 괴롭혔으며, 따라서 그것을 고쳐야 했다. 교회에서 돌아온 우리는 저녁 식탁에 앉았다. "기도하기 전에 너희에게 용서를 구해야겠다. 교회 가기 전에 화낸 것은 육신의 행위였단다"라고 나는 말했다. 가족들은 나를 용서하였고 우리 관계는 회복되었다.

"만일 상대에게 내 잘못을 낱낱이 고백해야 한다면, 나는 늘 고백해야 할 겁니다. 그러면 아마도 사람들은 나를 멸시할 겁니다"라고 말할지 모른다. 그렇다. 우리는 성령을 따라 살기 원하지만 육신을 따라 행하기 때문에 사람들과 맺은 관계가 엉망이 되어 버리는 것처럼 보인다. 겸손하게 자기 잘못을 고백하기가 어려울지도 모른다. 그러나 육신적인 잘못을 고치려고 할 때 고려해야 할 것이 있다.

먼저, 고백하는 범위는 죄의 범위에 한정되어야 한다. 만일 친척에게 화가 나서 폭언했다면, 하나님과 그 친척에게만 죄를 고백하면 된다. 교회나 다른 동료에게는 고백하지 않아도 된다. 그들은 그 일에 관계된 자들이 아니기 때문이다.

만일 음란한 생각과 자만하는 마음처럼 겉으로 나타난 행위가 아니라면, 하나님에게만 그 죄를 고백하면 된다. 하나님에게만 그 일로 죄를 지었기 때문이다. 이런 죄를 감지했다면, 곧 마음으로 인정하라. 그것이 그 즉시 당신이 해야 할 일이다. 그 이상의 것은 없다.

둘째로, 죄를 고백하고 용서받는 것을 통해 관계를 회복하는 과정은 영적 성장의 단계다. 남편, 아내, 부모, 친구, 직장 동료, 또는 그리스도인 친구로서 당신이 해야 할 몫은 완전한 본이 아니라 성장하는 본이 되는 것이다. 당신은 완전하지 않다. 그리고 우리 가운데 아무도 완전하지 않다는 것을 당신도 알고 있다. 성도를 격려하기 위해서, 또는 죄인을 하나님에게로 돌아오게 하기 위해서 그리스도인 앞에서 완전해지려는 생각은 버리라. 그런 일은 결코 일어나지 않을 것이다. 그러나 당신이 육신적인 욕심에 따라 행한 잘못을 인정하고 용서를 빈다면, 당신은 성도와 죄인의 마음을 감화하는 영적 성장의 본이 될 것이다.

성령을 따라 행하는 것은 당신이 선택할 수 있는 문제다. 육신을 따라 행하든 성령을 따라 행하든 그것은 당신 자유다. 그러나 경계하라. 사탄은 당신이 자유로운 것을 원치 않는다. 사탄은 당신이 그리스도 안에서 주어진 자유를 깨닫고 누리지 못하도록 모든 수단과 방법을 동원하여 당신을 속이려고 들 것이다. 하나님의 성품을 알고 그분의 방법을 안다면, 속이는 영을 잘 분별할 수 있을 것이다. 만일 당신 안에서 당신이 하고 싶은 대로 하도록 속삭이거나, 유혹에 넘어가도록 충동질하거나, 당신을 몹시 비난하는 음성이 들린다면, 그것은 하나님의 것이 아니다. 예수님과 동행하는 삶을 살고 예수님을 더 깊이 알아 갈수록, 당신은 사탄의 속임수를 더 잘 알게 되고 그의 전략을 깨뜨리게 될 것이다.

6장

적극적인 믿음의 힘

오래전 테네시주 내슈빌 교외에 신체적 장애를 안고 태어나 끝내 절름발이가 된 소녀가 있었다. 소녀는 신실한 기독교 집안의 대식구인 가정에서 태어났다. 오빠와 언니들이 밖에서 뛰어놀 때에도 소녀는 목발을 짚고 있어서 자유롭게 놀지 못했다.

부모는 소녀의 물리 치료를 위해 정기적으로 의사를 찾아갔다. 그러나 거의 희망이 없었다. 소녀는 "나는 다른 아이들처럼 뛰어 놀 수 없는 건가요?"라고 부모에게 물었다.

"얘야, 하나님을 믿으렴. 하나님을 믿으면, 그분이 고쳐 주실 거야." 부모의 말을 가슴에 새긴 소녀는 하나님이 목발을 짚지 않고도 걸을 수 있게 해주실 거라고 믿었다. 소녀는 부모와 의사에게 알리지 않은 채, 언니와 오빠들의 도움을 받아 목발 없이 걷는 연습을 했다. 열두 번째 생일에 소녀는 어떤 도움도 받지 않고 병원 진료실 주

변을 걸어서 의사와 부모를 놀라게 했다. 의사는 믿을 수가 없었다. 그 후로 소녀는 다시 목발을 의지하지 않았다.

소녀가 세운 다음 목표는 농구를 하는 것이었다. 소녀는 믿음을 갖고 용기 있게 밀고 나갔다. 그리고 학교 농구 선수 선발 시험에 응했다. 코치는 소녀의 큰 언니를 선수로 선발했지만, 정작 소녀는 농구를 하기에 적절치 않다고 말했다. 지혜롭고 인자한 소녀의 아버지는 코치에게 "제 두 딸은 떨어질 수 없는 단짝이랍니다. 한 사람만 택하실 수는 없어요. 둘 다 넣어 주세요"라고 부탁하였다. 코치는 마지못해 소녀를 팀에 넣어 주었다. 이렇게 해서 소녀는 낡은 유니폼을 입고 다른 선수들과 함께 뛰게 되었다.

어느 날 소녀가 코치에게 "선생님이 매일 10분씩 저를 더 훈련시켜 주신다면, 저는 세계 정상의 선수가 되겠습니다"라고 말했다. 코치는 웃었으나 소녀가 매우 진지하게 말했기 때문에 마지못해 다른 소녀와 함께 상대편 두 소년과 일대일로 보충 훈련하는 데 동의했다. 오래지 않아 소녀의 노력이 빛을 발하기 시작했다. 그는 뛰어난 개인기와 투지를 보였으며 곧 그 팀에서 최우수 선수로 떠올랐다.

그 팀은 미국 주(州) 대항 농구 선수권 대회에 출전했다. 그 선수권 대회 심판 중 한 사람이 소녀의 탁월한 기량을 유심히 보고 육상을 해 본 적이 있느냐고 물었다. 소녀는 육상을 해 본 적이 없었다. 세계적으로 유명한 육상 클럽의 코치이기도 한 그는 소녀에게 육상을 해 보라고 권했다. 농구 시즌이 끝난 뒤 소녀는 육상을 시작했다. 소녀는 육상 경기에서 여러 번 승리했고, 마침내 육상 대회 주(州) 선수권 보유자가 되었다.

열여섯이라는 나이에 소녀는 미국에서 가장 인정받는 주자가 되었다. 오스트레일리아에서 열린 올림픽 대회 400미터 릴레이 경기에서 마지막 주자로 달려 동상을 받기도 했다. 소녀는 여기에 만족하지 않고, 4년 동안 더 열심히 연습하여 1960년 로마 올림픽에 참가하였다. 그 올림픽에서도 소녀는 100미터와 200미터 단거리, 400미터 릴레이에서 모두 세계 신기록을 세웠다. 그는 그해 미국에서 가장 뛰어난 아마추어 운동 선수에게 주는 설리번 상(Sullivan Award)을 받고 미국 올해의 인물로도 뽑혔다. 그의 믿음과 노력이 보상받은 것이다.

이 사람이 바로 윌마 루돌프(Wilma Rudolph)다. 당신은 이런 감동적인 이야기를 들을 때, "믿음이 정말 불가능해 보이는 장애를 이기고, 정상인도 할 수 없는 일을 가능하게 하는 걸까? 나에게도 그런 일이 일어날 수 있을까?" 하고 의심할지도 모른다.

당신은 이런 질문에 "예"라고 대답할 수 있어야 한다. 믿음은 그리스도인의 삶에 절대로 없어서는 안 되는 것이다. 히브리서 기자는 "믿음이 없이는 하나님을 기쁘시게 하지 못하나니 하나님께 나아가는 자는 반드시 그가 계신 것과 또한 그가 자기를 찾는 자들에게 상 주시는 이심을 믿어야 할지니라"(히 11:6)라고 말했다. 하나님과 그분이 하신 말씀, 그분이 행하신 일을 믿는 것이 하나님 나라로 들어가는 열쇠다.

더 나아가 믿음은 그리스도인에게 날마다 살아가는 삶의 본질이 된다. 사도 바울은 "그러므로 너희가 그리스도 예수를 주로 받았으니 그 안에서 행하되"(골 2:6)라고 말했다. 그리스도를 어떻게 받았는가? 믿음으로 받았다. 그러면 당신은 어떻게 그리스도 안에서 행하는가? 그것 역시 믿음으로라. 성경에서 행한다는 말은 날마다 삶을 관리하는 것을 뜻한다. 그리스도 안에서 믿음으로 행할 때 그리스도인은 영적으로 성장한다. 하나님이 우리를 위해 하신 일을 믿고 하나님의 은혜로 그 안에 있게 된 우리가 누구인지 알 때에 그리스도인은 성숙하게 된다.

실제적인 믿음

우리는 믿음을 실제적이고 일상적인 생활 영역으로 생각하지 않고, 영적인 영역에 속하는 신비로운 것으로 생각하는 경향이 있다. 그러나 믿음은 우리가 흔히 생각하는 것보다 훨씬 구체적이다. 이제 다음 세 가지 영역을 통해 믿음이 신비롭고 추상적인 개념이 아니라, 우리가 살고 있는 실제 생활 속에서 나오는 것임을 살펴보도록 하자.

1. 믿음은 그 대상에게 의지하는 것이다

당신이 믿노라고 주장하는 것 자체는 논란이 될 수 없다. 당신이 **무엇을** 믿으며 누구를 믿느냐에 따라 믿음의 보상이 따른다. 하나님을 믿지 않는 세상 사람들도 날마다 믿음을 갖고 살아간다. 차를 운전할 때, 당신은 믿음으로 운전한다. 파란 신호를 보고 진입로로 들어갈 때 당신은 빨간 신호를 보지 못하지만, 맞은편 빨간 신호에 마주한 차가 정지하리라고 믿고 운전한다. 만일 상대편 차가 빨간 신호를 보고 정지하리라고 믿지 않으면, 당신은 누가 빨간 불에 뛰어들지나 않을까 확인하면서 진입로로 서서히 들어갈 것이다.

이런 도로에서 믿음의 대상은 믿을 만한가? 대부분 믿을 만하다. 많은 사람이 안전하게 운전하기 때문이다. 그러나 때때로 신뢰할 수 없는 운전자를 믿는다면, 당신은 교통사고를 당할 수도 있다.

신뢰하던 대상이 실망을 안겨 주었을 때 어떤 일이 일어나는가? 당신은 포기하게 된다. 즉각적으로 포기하지는 않겠지만, 많은 고통을 당한 뒤 다시는 믿지 않겠다고 말할 것이다. 한 번 입은 상처로 신뢰가 무너져 버리면 회복하기가 어렵다. 문제는 믿음이 아니다. 당신의 믿음을 무너뜨려 버린 믿음의 대상이 문제다. 만일 당신이 교통사고를 여러 번 당했다면, 다른 운전자에 대한 신뢰도가 아주 낮을 것이고 매우 조심스럽게 운전할 것이다. 만일 배우자가 신실하지 못하거나, 친구나 친척에게 심한 상처를 받았다면, 그 사람에 대한 당신의 믿음은 아주 약해질 것이다. 그들이 당신의 신뢰를 무너뜨렸기 때문이다. 어떤 사람에 대한 믿음이 무너졌을 때, 그 믿음을 다시 세우는 데는 몇 달 또는 몇 년이 걸린다.

그러나 어떤 믿음의 대상은 아주 견고하다. 시간을 맞출 때나 달력에 따라 계획을 세우고 일정을 짤 때, 당신은 지구가 지축을 중심으로 끊임없이 자전하며 정확한 속도로 태양을 돌 것이라고 믿는다. 만일 지구 궤도의 각도가 조금이라도 달라진다면 우리 생활은 큰 혼란에 빠질 것이다. 그러나 우주를 지배하는 물리적인 법칙은 그 어떤 법칙보다도 신뢰할 만한 믿음의 대상이다.

물론 궁극적인 믿음의 대상은 하나님의 아들 예수 그리스도다. "예수 그리스도는 어제나 오늘이나 영원토록 동일하시니라"(히 13:8). 예수님은 절대로 변하지 않으신다. 이 사실 때문에 우리는 그분을 절대적으로 신뢰할 수 있다(민 23:19; 말 3:6). 예수님은 이전에 말씀하신 대로 존재하시고 행하실 것이다. 그분은 영원토록 신뢰할 수 있는 분이다. 많은 사람이 하나님과 그분의 도(道)에 대한 지식 없이 믿음으로 살려고 노력한다. 그들은 하나님을 믿는 믿음이 아니라, 믿음 그 자체만으로 살려는 것이다. 그러나 믿음은 그 대상에게 의지하는 것이다.

2. 믿음의 깊이는 그 대상에 대한 지식의 깊이와 같다

사람들이 하나님을 믿는 믿음 때문에 갈등하는 것은 믿음의 대상이 온전치 못해서가 아니다. 하나님에 대한 잘못된 기대를 갖고 있기 때문이다. 그들은 하나님이 어떤 특정한 방법으로 역사하시고, 어떤 특정한 방법으로 그들의 기도에 응답하시기를 기대한다. 즉 하나님의 방법이 아닌, 자신의 방법대로 응답하시길 바란다. 그리고 그들이 원하는 방법으로 하나님이 역사하시지 않으면 그들은 하나님을 잊어버리겠다고 말한다. 그러나 하나님은 변하시지 않는다. 하나님은 언제나 완전한 믿음의 대상이다. 그러나 우리가 하나님을 잘못 알고 있을 때 우리 믿음은 쇠하게 된다.

만일 하나님을 믿고 싶다면, 믿음의 대상이신 하나님에 대해 더 알아야 한다. 만일 하나님과 그분의 말씀에 대해 아는 것이 없다면 하나님을 믿을 수 없다. 하나님과 그분의 말씀에 대한 지식이 많다면 하나님을 향한 큰 믿음을 갖게 될 것이다. "나는 믿을 수 있어!"라고 다짐하는 것으로 믿음이 커지지는 않는다. 하나님과 그분의 말씀을 아는 것 이상으로 자신이 믿고 있다고 하는 것은 믿음이 아니라 추측일 뿐이다. 당신은 하나님의 말씀을 아는 만큼 믿을 뿐이다. 그러므로 믿음을 키우기 위해서는 믿음의 대상인 하나님을 아는 지식을 넓혀야만 한다. 그것이 바로 사도 바울이 "그러므로 믿음은 들음에서 나며 들음은 그리스도의 말씀으로 말미암았느니라"(롬 10:17)고 말한 이유다.

"그 말은 우리 믿음에 제한이 있다는 뜻이지 않나요?"라고 말할지 모르겠다. 그렇다. 믿음에는 제한이 있다. 그러나 하나님은 우리 믿음을 제한하시지 않는다. 믿음을 제한하는 것은 우리 자신이다. 믿음의 대상인 하나님은 무한하시다. 우리 믿음을 제한하는 것은 하나님을 아는 우리 지식과 이해다. 그 지식과 이해는 성경을 읽고 새로운 성구를 외울 때, 성경 공부에 참여하거나 말씀의 진리를 깊이 묵상할 때 더 깊어진다. 당신은 하나님의 말씀을 통하여 하나님을 더 깊이 깨달아 갈 때 자신의 믿음이 무한히 자랄 수 있다고 보는가? 그렇다. 실제로도 그 가능성은 무한하다. 그러나 나는 믿음의 무한한 잠재력을 다 계발하면서 산 사람은 없다고 생각한다.

더욱이 우리는 하나님을 결코 구속할 수 없다. 우리는 하나님이 우리를 위해서 어떻게 역사하시도록 요구할 수 없다. 하나님이 어떤 사실을 선포하셨을 때, 다만 우리는 하나님을 믿고 그 진리에 따라 살기만 하면 된다. 우리가 믿느냐 믿지 않느냐에 따라 하나님 말씀의 진실 여부가 결정되는 것은 아니다. 하나님의 말씀은 진리다. 그래서 나는 하나님의 말씀을 믿는다.

3. 믿음은 행함이 있어야 한다

내 아들 칼이 어렸을 때, 탁자 위에 올려놓고 내 품으로 뛰어내리라고 한 적이 있다. 칼은 내가 자기를 붙들어 주리라고 믿었을까? 그렇다. 그것을 어떻게 아는가? 내게로 뛰어내렸기 때문이다. 칼이 내게로 뛰어내리지 않았다고 가정해 보자. "칼, 내가 너를 붙잡아주리라고 믿니?" 칼은 고개를 끄덕였다. 그러나 만일 칼이 내게로 뛰어내리지 않는다면, 내가 붙잡으리라고 믿은 것일까? 아니다. 믿음은 수동적이지 않다. 능동적이다. 믿음은 행동을 취한다. 믿음은 말을 한다.

하나님을 향한 큰 믿음이 있노라고 말하면서 아무 행동도 하지 않는 사람이 많다. 행함 없는 믿음은 믿음이 아니다. 그것은 죽은 믿음이며, 의미 없는 믿음이다(약 2:17, 18). 표현되지 않으면 믿음이 아니다. 하나님과 그분의 말씀을 믿는다면, 하나님이 말씀하신 것을 행해야 한다. 만일 하나님이 말씀하신 것을 행하지 않는다면, 하나님을 참으로 믿는 것이 아니다. 믿음과 행위는 떨어질 수 없다.

안타깝게도, 오늘날 많은 사람이 믿는다고 하면서도 행하지 않는다. 죄 사함을 받고 예수님이 천국에서 우리 처소를 예비하시고 있다는 사실에 우리는 감사한다. 그러나 우리는 세상에서 불안과 좌절 속에 빠져 예수님의 재림만을 기다리고 있다. 우리는 교회를 세상의 병원처럼 생각한다. 교회에 함께 모여서 서로의 상처를 어루만져 주며 예수님이 오셔서 우리를 데려가 주시길 기다리고 있다.

그러나 이것이 신약 성경에 나타난 교회의 참 모습인가? 절대 그렇지 않다. 교회는 병원이 아니다. 교회는 지옥문을 깨어 부수라는 명령을 받은 군대의 전초 기지다. 모든 그리스도인은 지상 명령을 성취할 임무를 받은 행동 대원이다(마 28:19, 20). 물론 교회는 연약한 사람이나 상처받은 사람을 섬기는 병원이며, 그런 섬김은 필요하다. 그러나 우리가 그 사역을 위해서 존재하는 것은 아니다. 우리의 참 목적은 세상을 변화시키는 요원이 되는 것이며, 하나님의 자녀라는 확고한 신분을 확인하면서 믿음으로 하나님을 위해 무언가를 이루어 드리는 것이다. 당신은 하나님과 그분의 말씀을 믿는다고 말할 수 있다. 그러나 만일 하나님이 우리를 통해서 이루시고자 하는 일에 적극적으로 참여하지 않는다면, 당신은 진정으로 믿는 자가 아니다.

할 수 있다고 믿으면 할 수 있다

얻어맞을 거라고 생각하면, 얻어맞게 된다.

할 수 없다고 생각하면, 할 수 없다.

이기고 싶지만 이길 수 없다고 생각하면,

이미 우승 후보는 될 수 없다.

질 거라고 생각하면, 지게 된다.

성공의 씨앗은 성공하려는 의지요,

이는 곧 마음가짐에 달려 있다.

강하고 재빠른 자만이

늘 인생의 전쟁에서 승리하는 것은 아니다.

오히려 할 수 있다고 생각하는 자가

조만간 승리한다.[5]

이 시(詩)에는 요즘 인기 있는 적극적인 사고의 힘이라는 인생관이 나타나 있다. 그리스도인은 이러한 인생관을 받아들이기가 어려운데, 거기에는 그럴 만한 이유가 있다. 생각하는 것은 마음의 기능인데, 마음은 들어오는 생각과 마음 자체의 속성을 초월할 수 없다. 마음의 한계를 뛰어넘으려는 시도는 실제 세계를 벗어나 환상의 세계로 들어가는 결과만 초래할 뿐이다.

그러나 그리스도인은 적극적인 믿음의 힘으로 인생에서 성공할 수 있다. 믿음은 마음과 연합하는 것이지, 마음 때문에 제한받는 것이 아니다. 믿음은 실제로 마음의 한계를 넘으며, 보이지 않는 참 세계와 연합되어 있다. 믿음은 믿음의 대상만큼 확실하다. 그리스도인이 믿는 대상은 살아 계시며(그리스도) 기록된(성경) 하나님의 말씀이다. 그리스도인이 믿는 대상인 무한하신 만유의 하나님은 당신이 적극적인 믿음을 가지고 어느 정도 영적으로 자라 가길 바라실 뿐, 그 믿음에 제한을 두시지 않는다.

흔히 성공은 할 수 있다는 신념에서, 실패는 할 수 없다는 생각에서 온다고들 한다. 당신이 그리스도인으로서 성장할 수 있다고 믿는 것은 그렇게 할 수 없다고 믿는 것보다 어려운 일이 아니다. 그런데도 왜 당신은 믿음과 성령 안에서 행할 수 있고, 세상과 육신과 마귀의 유혹을 대적할 수 있으며, 그리스도인으로서 성숙할 수 있다는 것을 믿지 않는가? 성경에서 발췌한 "내가 성공할 수 있는 20가지 이유"는 우리 믿음의 대상이신 전능하신 하나님에 대한 지식을 넓혀 줄 것이다. 이 진리들을 가슴 깊이 새겨서 믿음을 확고하게 세운다면, 할 수 없다는 진흙탕에서 허우적거리던 당신도 그리스도와 함께 천국에 앉게 될 것이다.

내가 성공할 수 있는 20가지 이유

1. 내게 힘 주시는 그리스도 안에서 모든 일을 할 수 있다고 했는데, 왜 내가 할 수 없겠는가?(빌 4:13)

2. 나의 하나님이 그리스도 예수 안에서 영광 가운데 그 풍성한 대로 내 모든 것을 채워 주신다고 했는데, 왜 내가 부족하겠는가?(빌 4:19)

3. 하나님이 나에게 주신 것은 두려워하는 마음이 아니요, 오직 능력과 사랑과 절제하는 마음인데, 왜 내가 두려워하겠는가?(딤후 1:7)

4. 하나님이 나에게 필요한 분량대로 믿음을 주셨는데, 왜 내가 하나님의 소명을 이루는 데 믿음이 부족하겠는가?(롬 12:3)

5. 여호와는 내 생명의 능력이시요, 하나님을 아는 백성은 강하여 용맹을 발휘할 것인데, 왜 내가 약하겠는가?(시 27:1; 단 11:32)

6. 내 안에 계시는 하나님이 세상에 있는 자보다 크신데, 왜 내가 사탄의 지배를 허용하겠는가?(요일 4:4)

7. 하나님이 항상 나를 이기게 하시는데, 왜 내가 실패하리라고 생각하겠는가?(고후 2:14)

8. 그리스도는 하나님에게서 나와서 지혜가 되셨고, 하나님은 내가 지혜를 구할 때 꾸짖지 아니하고 후히 주시는데, 왜 내게 지혜가 부족하겠는가?(고전 1:30; 약 1:5)

9. 하나님의 자비와 긍휼, 성실하심과 소망이 있는데, 왜 내가 우울해져야 하는가?(애 3:21-23)

10. 나를 돌봐 주시는 그리스도께 내 모든 것을 맡길 수 있는데, 왜 내가 염려하고 두려워하겠는가?(벧전 5:7)

11. 주의 성령이 계시는 곳에 자유함이 있는데, 왜 내가 멍에 속에 있겠는가?(갈 5:1)

12. 그리스도 안에 정죄함이 없다고 했는데, 왜 내가 정죄받은 것처럼 두려워하겠는가?(롬 8:1)

13. 그리스도께서 항상 나와 함께하시며 나를 떠나거나 버리시지 않는다고 했는데, 왜 내가 외로워하겠는가?(마 28:20; 히 13:5)

14. 그리스도께서 나를 위하여 저주받으사 율법의 저주에서 나를 속량하시고 성령의 약속을 받게 하셨는데, 왜 내가 저주받았거나 불행한 희생자라고 느끼겠는가?(갈 3:13, 14)

15. 사도 바울처럼 내가 모든 환경에서 만족하는 법을 배웠는데, 왜 내가 불만스러워하겠는가?(빌 4:11)

16. 하나님이 죄를 알지도 못하는 그리스도를 나 대신 죄로 삼으셔서 나를 의롭게 하셨는데, 왜 내가 무가치하다고 느끼겠는가?(고후 5:21)

17. 하나님이 나를 위하시니 아무도 나를 해할 자가 없는데, 왜 내가 박해받는 것처럼 피해 의식을 갖겠는가?(롬 8:31)

18. 오직 화평의 하나님이 내주하시는 성령을 통하여 나에게 지식을 주시는데, 왜 내가 혼란에 빠지겠는가?(고전 14:33; 2:12)

19. 그리스도를 통하여 모든 일에 이길 수 있는데, 왜 내가 실패할까 봐 두려워하겠는가?(롬 8:37)

20. 예수님이 세상과 세상의 환란을 모두 이기신 것을 알아 담대해질 수 있는데, 왜 내가 생활의 어려움으로 고민하겠는가?(요 16:33)

내가 실패하면 어떻게 될까?

당신이 믿음 안에서 견고히 서지 못하고 넘어지거나 실패한다면, 하나님이 당신을 포기하실 것이라고 생각해 본 적이 있는가? 당신이 실패를 거듭한다면 하나님도 더 이상 참지 못하시리라고 생각하거나, 당신이 접근해서는 안 되는 영역에 가까이 가거나 그 경계를 넘어선 일 때문에 하나님을 두려워한 적이 있는가? 나는 그런 그리스도인을 많이 만났다. 그들은 자신들의 완전하지 못한 삶에 하나님이 매우 실망하셔서 그들을 포기하셨거나 버리려 하신다고 생각한다.

불신이나 반역, 사탄의 속임수 때문에 때때로 믿음의 삶이 방해받는 것은 사실이다. 하나님이 더 이상 참지 못하여 우리를 포기하셨다고 생각하는 때가 바로 그런 때다. 하나님이 우리를 포기하셨다고 생각할 때 우리는 어떻게 하는가? 우리도 포기한다. 우리는 믿음의 걸음을 멈추고 길가에 주저앉아 절망하고 낙심한다. 패배감에 빠진 채 우리를 향한 하나님의 역사가 중단되고 사탄이 이겼다고 느낀다.

하나님은 당신 모습 그대로를 사랑하신다

믿음을 굳건히 하기 위해 당신은 하나님의 사랑과 용납은 무조건적이라는 사실을 알아야 한다. 당신이 힘차게 믿음의 걸음을 내딛을 때 하나님은 당신을 사랑하신다. 그러나 믿음의 걸음이 약할 때에도 하나님은 당신을 사랑하신다. 당신의 믿음은 강할 때도 있고 약할 때도 있다. 그러나 하나님은 언제나 당신을 사랑하신다. 우리가 날마다 실패할지라도 하나님의 위대한 사랑은 영원히 계속된다.

나를 찾아왔을 때, 맨디의 인생은 아주 행복해 보였다. 맨디는 교회 활동에 매우 적극적이었으며, 술주정뱅이 아버지를 임종 전에 예수님에게로 인도하였다. 미인인데다가 훌륭한 남편과 착한 두 아이가 있었다. 그러나 그는 세 번이나 자살을 기도했다.

"어떻게 하나님이 나를 사랑하실 수 있을까요? 나는 실패자이고 내 인생은 쓰레기 같은데요." 이렇게 말하면서 맨디는 흐느껴 울었다. "하나님은 당신을 사랑하십니다. 당신이 사랑받을 만하기 때문이 아니라, 하나님의 성품이 사랑이기 때문입니다. 그만 눈물을 거두세요. 하나님은 사랑이시기 때문에 당신을 사랑하십니다."

"그러나 내가 잘못을 저지를 때는 하나님이 나를 사랑하시는 것 같지 않아요." 맨디가 대답했다.

"그런 느낌은 믿지 마세요. 하나님은 그분의 자녀가 훌륭할 때든 잘못할 때든 언제나 사랑하십니다. 아흔아홉 마리 양이 우리에 안전하게 있을 때에도 목자는 잃어버린 한 마리 양을 생각합니다. 탕자가 재산을 탕진했을 때 그의 아버지는 그를 생각하고 있었으며, 아들이 귀향하자 진심으로 환영했습니다. 이 비유는 하나님의 마음이 우리를 향한 사랑으로 가득 차 있다는 것을 보여 주고 있습니다."

"그러나 나는 자살을 기도했습니다. 목사님, 하나님이 어떻게 그 사실을 모르는 체하실 수 있습니까?"

"그러면 당신 아들이 생명을 끊으려 했다고 가정해 봅시다. 당신은 더 이상 아들을 사랑하지 않겠습니까? 그 아들을 밖으로 내쫓아 버리겠습니까? 아들을 외면하겠습니까?"

"그럴 리가요. 그 아이를 더 불쌍히 여기고 더 사랑할 겁니다."

"그렇다면, 당신은 지금 완전하신 하나님이 불완전한 당신이 아들을 사랑하는 것만큼도 사랑이 없다고 말하는 게 아닙니까?"

맨디는 내 말의 핵심을 이해했다. 그는 우리의 아버지 되신 하나님이 우리의 연약함을 이해하시고 우리 죄를 용서하신다는 사실을 깨달았다.

하나님은 당신이 무엇을 하든지 당신을 사랑하신다

물론 하나님은 우리가 착하게 행동하길 원하신다. 사도 요한은 "내가 이것을 너희에게 씀은 너희로 죄를 범하지 않게 하려 함이라"고 말하였다. 그러나 사도 요한은 계속해서 하나님은 이미 우리 실패에 대비하셨으며, 우리가 무엇을 하든 상관없이 그분의 사랑은 계속된다고 말한다. "만일 누가 죄를 범하여도 아버지 앞에서 우리에게 대언자가 있으니 곧 의로우신 예수 그리스도시라. 그는 우리 죄를 위한 화목 제물이니 우리만 위할 뿐 아니요 온 세상의 죄를 위하심이라"(요일 2:1, 2).

하나님의 사랑을 의심하는 이유는 조그마한 잘못을 저질러도 우리를 무가치한 존재로 정죄하는 사탄 때문이다. 그러나 우리의 대언자이신 예수 그리스도는 사탄보다 능력 있는 분이다. 예수님은 우리의 과거와 현재, 미래의 모든 죄를 대속하셨다. 우리가 무엇을 했든 어떤 실패를 했든 상관없이, 하나님은 우리를 사랑하시고 완전히 용납하신다. 어린 우리 아이들을 돌봐 주던 한 젊은 부부가 아이들에게 작은 햄스터 두 마리를 선물한 일이 있다. 하이디와 칼은 햄스터를 한 마리씩 나누어 갖고 각각 패티와 조니라고 이름을 붙였다.

어느 날 저녁, 집으로 돌아온 내게 아내가 문밖에서 "여보, 칼하고 이야기 좀 하셔야겠어요"라고 심각하게 말했다.

"왜 무슨 일 있소?"

"칼이 오후에 조니를 내던진 것 같아요."

나는 칼에게 가서 단도직입적으로 물었다. "오늘 오후에 조니를 내던졌니?"

"아니에요!" 칼은 강하게 부인했다.

"아니에요! 정말 집어던졌어요." 누나인 하이디가 동생을 책망했다. 둘은 던졌다느니 안 던졌다느니 하고 다투었지만, 칼은 끝내 안 던졌다고 부인했다.

그런데 불행하게도 목격자가 있었다. 내가 칼의 친구에게 물어보자, 그 아이는 칼이 햄스터를 내던졌다고 말했다.

나는 다시 칼과 마주했다. 이번에는 맞으면 그리 아프지는 않지만 큰 소리가 나는 플라스틱 방망이를 손에 들었다. "칼, 조니를 내던진 건 큰 문제가 아니다. 그러나 아버지에게 거짓말한다면 그건 정말 큰 문제야. 조니를 내던졌니?"

"아니요." 찰싹!

"아빠에게 사실대로 말해라. 조니를 집어던졌니?"

"아니요." 찰싹!

아무리 위협해도 칼은 결코 고백하지 않았다. 나는 혼란스러웠다. 그리고 끝내 포기해 버렸다.

이틀 후 아내가 다시 문 앞까지 나와 나를 기다렸다가 "당신, 어서 칼한테 가 보세요. 조니가 죽었어요"라고 말했다.

칼은 뒤뜰에서 조그마한 헝겊 위에 축 늘어진 채 죽어 있는 조니를 보며 슬퍼하고 있었다. 우리는 죽음과, 죽어 간다는 것에 대하여 이야기를 나누었고, 조니를 묻어 준 뒤 애완동물 가게에 가서 다른 햄스터를 사 왔다.

그다음 날에도 아내는 문 앞에 나와 있었다.

"이번에는 또 뭐가 문제란 말이오?" 나는 한숨을 쉬었다.

"칼이 조니의 무덤을 파고 있어요."

칼은 뒤뜰에서 진흙이 묻은 뻣뻣한 조니의 시체를 헝겊 위에 놓고 슬퍼하고 있었다.

"이런, 우리가 기독교식으로 묻어 주지 않았구나."

곧 나는 나무를 꺾어 십자가를 만들고, 아들과 함께 죽음과 죽는다는 것에 대해 더 깊은 대화를 나누었다. 그리고 우리는 조니를 다시 묻고 그 작은 무덤 위에 십자가를 세웠다.

"네가 기도하렴." 내가 말했다.

"아니에요, 아빠가 하세요."

"조니는 네 햄스터였어. 그러니 네가 기도해야지."

결국 아이도 동의했다. 그리고 이렇게 기도했다. "사랑하는 예수님, 제가 다시는 햄스터를 내던지지 않도록 도와주세요."

플라스틱 방망이로는 그를 설득할 수 없었다. 칼의 마음을 움직이신 분은 하나님이다.

왜 칼이 내게 거짓말을 했을까? 만일 햄스터를 던졌다고 사실대로 고백하면 내가 자기를 더 이상 사랑하지 않으리라고 생각했다는 것이다. 칼은 내 사랑을 잃을까 봐 일부러 거짓말한 것이다. 자기 잘못을 고백함으로써 내 사랑을 잃을까 봐 두려워한 것이다.

나는 팔을 뻗어 아들을 안아 주었다. "칼, 네게 중요한 사실을 알려 주마. 네가 무엇을 하든지 아빠는 항상 너를 사랑할 거야. 너는 아빠에게 늘 정직하게 진실을 말해야 해. 네가 하는 일을 모두 좋아하지는 않겠지만, 아빠는 항상 너를 사랑한단다."

그날 내가 아이에게 설명한 것이 바로 하나님의 사랑이다. 하나님은 당신에게 이렇게 말씀하신다. "너는 이것을 알아야 한다. 네가 무엇을 하든지 나는 항상 너를 사랑할 것이다. 너는 나에게 정직하게 진실을 말해야 한다. 네가 하는 일에 다 동의하지는 않지만, 나는 너를 항상 사랑할 것이다."

하나님은 당신이 하나님 안에서의 신분을 깨닫고 하나님의 자녀답게 살길 바라신다. 그러나 당신이 자신의 신분을 망각할 때에도 하나님은 여전히 당신을 사랑하신다. 하나님은 당신이 성령 안에 거하고 믿음으로 행하길 원하신다. 그러나 그 길에서 넘어질 때에도 여전히 하나님은 당신을 사랑하신다.

7장

믿는 것 이상으로 살 수 없다

칼이 열 살 때, 나는 골프를 가르쳐 주었다. 작은 골프채 세트를 사 주고 칼을 데리고 골프장에 갔다. 칼은 공을 티(tee) 위에 놓고 온 힘을 다해 골프채를 휘둘렀지만 대개 공은 여기저기에 아무렇게나 날아갔다. 그러나 잘해야 60-70야드 밖에 못 치기 때문에 15도 정도 오차가 나더라도 공은 여전히 잔디 지대(페어웨이) 위에 떨어졌다.

칼은 자라면서 조금 더 큰 골프채 세트를 가지게 되었고, 티 밖으로 150야드 넘게 공을 칠 수 있었다. 그러나 이제는 같은 15도의 오차라도 공은 더 이상 페어웨이 안에 떨어지지 않고 보통 잡초 지대(러프)로 날아갔다. 골프공을 200-250야드 정도 칠 수 있는 어른일수록 정확성은 더 중요하다. 같은 15도 오차일지라도 어린 칼이 치면 공이 페어웨이 안에 떨어지지만, 어른이 치면 공은 정해진 구역을 넘어 날아갈 것이다.

이 간단한 예화는 신앙생활의 중요한 면을 보여 준다. 즉 그리스도인으로서 당신의 삶은 하나님과 자기 자신에 대한 믿음을 나타낸다. 만일 당신의 믿음이 정도(正道)에서 벗어난다면, 당신의 삶도 그럴 것이다. 만일 당신의 삶이 정도에서 벗어난다면 당신의 믿음이 그렇기 때문이라고 생각해도 좋다. 당신이 초신자라면, 믿음 안에서 '공을 직선으로 치는' 법을 배워야 한다. 초신자는 자신이 믿는 것 안에서 15도 정도 벗어나더라도 여전히 잔디 지대 안에 떨어질 수 있는데, 그것은 아직도 성장 과정 가운데 배워야 할 것이 많다는 증거다. 그러나 잘못된 믿음 가운데 오래 머물수록, 날마다 믿음의 삶에서 얻는 성취감이나 열매는 덜할 것이다. 젊을 때 잘못된 믿음의 체계로 빠져들 수 있다. 그러나 그대로 나이 들면 어느 순간 영적인 잡초 지대나 금지 구역에 서 있는 자신을 발견하게 될 것이다.

어떤 그리스도인은 믿음의 삶이란 신비적이고 형언할 수 없는 내적인 '힘'에 의해 가능하다고 믿는다. 그러나 믿음의 삶은 그보다 실제적이고 구체적이다. 믿음의 삶은 날마다 자신이 믿는 것에 기초하여 행동하는 것이다. 사실상, 당신은 이미 믿음으로 살고 있다. 믿음으로 살지 않을 수 없다. 당신은 믿음에 따라 행동한다. 만일 당신의 행위가 어떤 영역에서 빗나갔다면, 그 영역의 믿음을 수정해야 한다. 잘못된 행위는 잘못된 믿음의 결과이기 때문이다.

"그러나 내가 무엇을 믿는지 어떻게 알 수 있죠?"라고 질문할지도 모른다. 여기 내가 "자신의 가치 평가"라고 부르는 양식을 통해 현재의 믿음을 확인할 수 있을 것이다. 이 서식을 작성하려면 시간이 조금 걸릴 것이다. 1점부터 5점까지 당신에게 가장 알맞은 숫자에 동그라미를 하여 여덟 문제에 모두 대답하라. 5점이 가장 높은 점수다. 정직하게 표시하라.

자신의 가치 평가

	낮다			높다	
1. 나는 얼마나 성공하고 있는가?	1	2	3	4	5
만일 ……면 더 성공할 수 있을 텐데.					
2. 나는 얼마나 중요한가?	1	2	3	4	5
만일 ……면 더 중요한 존재가 될 수 있을 텐데.					
3. 나는 얼마나 성취하고 있는가?	1	2	3	4	5
만일 ……면 더 성취할 수 있을 텐데.					
4. 나는 얼마나 만족하고 있는가?	1	2	3	4	5
만일 ……면 더 만족할 수 있을 텐데.					
5. 나는 얼마나 행복한가?	1	2	3	4	5
만일 ……면 더 행복할 수 있을 텐데.					
6. 나는 얼마나 즐겁게 사는가?	1	2	3	4	5
만일 ……면 더 즐겁게 살 수 있을 텐데.					
7. 나는 얼마나 안정되어 있는가?	1	2	3	4	5
만일 ……면 더 안정되게 지낼 텐데.					
8. 나는 얼마나 평화를 누리고 있는가?	1	2	3	4	5
만일 ……면 더 많은 평화를 누릴 텐데.					

당신이 무엇을 믿든지 간에, "만일 ……면 더 성공할 텐데", "만일 ……면 더 중요한 존재가 될 텐데" 등이 현재 당신의 믿음 체계다. 생리적인 필요(음식, 거처, 안전 등)가 충족되면, 성공, 중요성, 성취, 만족, 행복, 즐거움, 안정, 평화를 가져다줄 믿음 체계가 당신 삶에 동기를 부여할 것이다. 이 여덟 가지 가치에 대하여 당신이 믿는 것이 하나님이 말씀하시는 것과 부합하지 않는다면, 당신 삶은 믿음이 벗어난 각도만큼 정도에서 벗어나 있는 것이다.

감정은 하나님의 경고 신호다

하나님은 그분의 자녀가 성공하고, 성취감을 누리며, 안정된 삶을 사는 등 앞에서 언급한 모든 사항을 누리길 바라신다. 그렇지 않은가? 태어날 때부터 당신은 마음속에 이 여덟 가지를 경험하기 위해 노력해 왔으며, 인생에서 또 다른 목표들을 성취하려고 애쓰고 있다. 의식적이든 무의식적이든 당신은 이 목표를 이루기 위한 계획을 세우고, 그 계획을 계속 수정해 오고 있다.

그러나 잘 계획되고 고상하게 보이는 목표가 당신을 위한 하나님의 계획과 맞지 않을 때가 있다. "그렇다면 내가 믿는 것이 옳은지 어떻게 알 수 있지? 여덟 가지 영역에서 내가 잘못되었다는 것을 중년의 위기를 통해 깨달을 때까지 기다려야 하나?"하고 당신은 의아해할 것이다. 그렇지 않다. 하나님은 우리의 믿음 체계가 하나님의 진리와 조화하는지를 순간순간 알 수 있게 해주셨다. 하나님은 당신의 목표가 타당한지 검사할 수 있도록 반응 체계를 마련하셨다. 바로 당신의 감정이다. 어떤 사건이나 관계에서 당신이 분노하거나 염려하거나 침울해한다면, 그런 감정적인 징조는 당신이 계획한 목표가 잘못된 믿음 위에 기초한 잘못된 목표일지 모른다는 경고다.

분노는 목표가 가로막혔다는 신호다

당신의 행동이나 계획이 분노를 일으키는 것은 일반적으로 어떤 사람이나 어떤 일이 당신의 노력을 가로막고 있기 때문이다. 당신이 제어할 수 없는 어떤 힘이 당신의 목표를 가로막고 있다면, 그것은 건전한 목표가 아니다. 그 목표가 당신의 능력 밖에 있기 때문이다. 아내이자 어머니인 한 여성이 "내 인생의 목표는 따뜻하고 잘 조화를 이룬 행복한 가정입니다"라고 할 때, 누가 그 목표를 가로막을 수 있는가? 온 가족이 이 여성의 목표를 가로막을 수 있다. 그럴 수 있을 뿐 아니라 그럴 것이다. 남편과 아이들은 자신의 가치가 가정에 달려 있다고 확신하는 이 여성의 인생 목표를 얼마든지 무너뜨릴 수 있다. 그러면 이 여성은 대단히 분노할 것이고 집안 분위기는 생각 이상으로 악화될 것이다. "내 목회의 목표는 이 지역을 복음화하는 것입니다"라고 말하는 목사가 있다. 얼마나 훌륭한 목표인가? 이것은 참으로 훌륭한 바람이다. 그러나 만일 그가 이 목표를 성취하는 데서 자신의 가치를 찾으려 한다면, 그는 무서운 감정적 혼란을 겪을 것이다. 모든 교인이 그의 목표를 가로막을 수 있기 때문이다. 자신의 성공이 다른 사람들에게 달려 있다고 믿는 목사는 끝내 당회원과 다투다가 교회 내 반대파가 교회를 떠나길 기도하거나 자신이 그만두게 될 것이다.

분노는 우리가 믿는 것과, 믿는 것을 실현하기 위하여 세운 목표를 다시 검토하게 할 것이다. 어느 주일 아침, 교회에 가기 위해 문밖에서 가족을 기다리고 있을 때였다. 차 안에서 기다린 지 몇 분이 지나도 가족이 나타나지 않자, 나는 집 안으로 쫓아 들어가 소리를 버럭 질렀다. "벌써 15분 전에 출발해야 했다고!"

잠시 동안 모두 조용했다. 그때 딸아이의 부드러운 음성이 방에서 새어 나왔다. "무슨 일이에요? 누가 아빠의 목표를 가로막았나요?" 그것이 바로 당신의 계획이 가로막혀 분노하려고 할 때 들어야 할 음성이다.

염려는 목표가 불확실하다는 신호다

당신이 어떤 일이나 관계에서 염려를 느끼는 것은 당신이 설정한 목표가 불확실하다는 신호일 수 있다. 당신은 어떤 일이 일어나기를 바라고 있다. 그러나 그렇게 되리라는 보장이 없다. 당신은 그 일에 대한 일부를 조정할 수 있을지 몰라도 전체를 다 조정할 수는 없다.

예를 들면, 한 십 대 소녀가 밤에 친구의 생일 파티에 가려고 한다. 소녀는 부모가 허락해 줄지 안 해줄지 염려스럽다. 만일 부모가 안 된다고 한다면 소녀는 분노할 것이다. 목표가 가로막혔기 때문이다. 그러나 만일 부모가 결코 허락해 주지 않을 것이라는 사실을 미리 안다면, 소녀는 목표가 성취될 수 없기 때문에 우울해할 것이다.

우울은 목표가 불가능하다는 신호다

만일 당신이 결코 이루어질 수 없는 목표를 가지고 미래의 성공을 꿈꾼다면, 당신은 불가능하고 희망이 없는 목표를 가진 것이다. 그 목표가 아무리 영적이고 고상한 것일지라도, 당신이 우울해하는 것은 그것이 이루어질 수 없다는 신호다. 물론 신체적인 원인에서 우울증이 생길 수도 있다. 그러나 그럴 이유가 없다면, 그것은 절망의 표현이다.

어느 교회에 수양회 강사로 갔을 때의 일이다. 그 교회의 한 여인이 나를 저녁 식사에 초대했다. 그는 20년 동안 신앙생활을 해왔지만, 남편은 비그리스도인이었다. 그 집에 도착한 지 얼마 되지 않아, 그 여인이 나를 초청한 것은 남편이 예수님을 믿게 하기 위해서였다는 것을 알 수 있었다.

이 여인은 오랫동안 심한 우울증에 시달려 왔다. 정신과 의사는 우울증이 내적인 원인에서 비롯되었다고 했으며, 여인도 의사의 의견에 동의했다. 그러나 나는 여인의 우울증이 불가능한 목표에서 비롯되었다고 믿는다. 20년 동안 이 여인은 남편과 아이들을 예수님에게 인도하는 것을 삶의 목표로 삼아 왔다. 그래서 남편과 아이들을 위해 기도하고, 그들에게 예수님을 증거하며, 설교자들을 집으로 초청하였다. 여인은 자신이 말할 수 있는 것을 다 말하고, 할 수 있는 것은 다 했다. 그러나 진전이 없었다. 모든 노력이 헛수고로 돌아갔고, 용기와 희망을 잃어 갔으며, 그럴수록 우울증은 더 심해졌다.

유감스럽게도, 나 역시 이 여인에게 아무런 도움을 주지 못했다. 저녁 식사를 하면서 나는 그의 남편과 즐거운 대화를 나누었다. 그는 가족을 잘 부양하는 훌륭한 가장이었다. 그러나 그는 인생에 하나님이 필요하다고 생각하지 않았다. 나는 내 삶과 목회에 대한 이야기를 나누었지만, 그에게 믿음을 강요할 수는 없었다. 나는 나 자신이 긍정적인 그리스도인의 모습을 보여 주었다고 믿는다. 내가 마지막으로 여인을 보았을 때 그는 가느다란 희망에 매달리고 있었다. 여인은 우울증이 깊어지면서 가정에서도 소극적으로 변해 갔고, 남편에게 믿음을 증거하는 일도 줄었으며, 점차 목표를 잃어 갔다.

물론 당신은 사랑하는 사람들이 그리스도께로 나아오길 바라는 열망을 가져야 하고, 그들을 위해서 기도하며, 그 목표를 향해서 열심히 노력해야 한다. 그러나 사랑하는 사람들이 구원받는 것에 따라 당신이 그리스도인 친구, 그리스도인 부모, 그리스도인 자녀라는 자신의 가치를 평가한다면, 이 목표가 당신의 능력이나 그 능력을 조정할 수 있는 권리에서 벗어나 있다는 사실을 깨닫게 될 것이다. 사랑하는 사람이 그리스도에게 돌아오지 않을 수도 있다. 우울증은 당신이 이룰 수 없는 목표에 절망적으로 매달려 있거나, 그 목표가 건전한 목표가 아니라는 신호다.

때때로 불가능한 목표에서 비롯되는 우울증은 하나님에 대한 잘못된 개념과 관련이 있다. 다윗은 "여호와여 어느 때까지니이까? 나를 영원히 잊으시나이까? 주의 얼굴을 나에게서 어느 때까지 숨기시겠나이까? 나의 영혼이 번민하고 종일토록 마음에 근심하기를 어느 때까지 하오며 내 원수가 나를 치며 자랑하기를 어느 때까지 하리이까?"(시 13:1, 2)라고 하였다. 하나님이 참으로 다윗을 잊어버리셨는가? 하나님이 실제로 다윗에게서 숨으셨는가? 물론 아니다. 다윗은 하나님에 대한 잘못된 개념을 가지고 있었고, 하나님이 자신을 원수에게 버리셨다고 잘못 생각한 것이다. 그런 잘못된 개념 때문에 그는 불가능한 목표를 갖게 된 것이다. 즉, 그는 하나님의 도움 없이 원수를 이기려고 했다. 그런 그가 우울증에 사로잡히게 된 것은 당연하다.

그러나 다윗은 어리석은 상태에 머물러 있지 않았다. 그것이 그의 훌륭한 면이다. 그는 자신의 상황을 평가하고 깨달았다. "그래, 나는 하나님의 아들이지. 하나님에게 초점을 맞추어야지. 부정적인 감정에 매이지 말아야 해." 그래서 다윗은 절망의 늪에서 일어나 "나는 오직 주의 사랑을 의지하였사오니 나의 마음은 주의 구원을 기뻐하리이다"(5절)라고 말했다. 그리고 그는 자신의 적극적인 의지를 이렇게 표현했다. "내가 여호와를 찬송하리니 이는 주께서 내게 은덕을 베푸심이로다"(6절). 다윗은 하나님에 대한 잘못된 개념과 그에 따르는 우울증에서 벗어나 희망을 향해 나아갔다.

만일 사탄이 하나님에 대한 당신의 믿음을 무너뜨릴 수 있다면, 당신은 소망의 근거를 잃게 될 것이다. 그러나 하나님과 함께하면 모든 것이 가능하다. 하나님은 모든 소망의 근원이시다. 당신은 절망적으로 보이는 상황 속에서 다윗처럼 반응할 수 있어야 한다. "내 영혼아 네가 어찌하여 낙심하며 어찌하여 내 속에서 불안해하는가? 너는 하나님께 소망을 두라. 그가 나타나 도우심으로 말미암아 내 하나님을 여전히 찬송하리로다"(시 43:5).

목표를 가로막는 사람들에 대한 잘못된 반응

어떤 사람이 자신의 가치를 찾기 위해 불확실하거나 불가능한 목표를 세우고 전력 추구하고 있는데 목표를 방해하는 사람들이 나타난다면, 그는 어떻게 반응하겠는가? 아마 자신의 목표를 방해하는 사람이나 여건을 조정하려고 할 것이다.

청년 사역을 목표로 하는 어느 목사가 있다. 그런데 한 당회원이 음악 사역이 더 중요하다며 그의 목표를 가로막는다. 성가대 지휘자를 먼저 초청하고 싶어 하는, 그 영향력 있는 당회원 때문에 청년 담당 사역자를 초청하려는 목사의 시도는 좌절되었다. 목사의 자아 가치는 떨어지고 성공적인 사역은 점점 미뤄졌다. 목사는 자신의 길에 장애가 되는 걸림돌을 제거하려고 애쓰기 시작했다. 그는 다른 당회원들에게 로비 활동을 벌였다. 교단 지도자들에게 지원도 요청했다. 그는 교인들의 지지를 얻기 위하여 강단에서 청년 사역의 중요성을 역설했다. 그리고 반대파의 마음을 움직이거나 반대파를 당회에서 제외시키는 방법을 모색했다. 그의 목회가 성공하느냐는 훌륭한 청년 목회를 하는 데 달려 있기 때문이다.

자녀들이 자기가 원하는 대로 따라 주는 것에 자신의 가치를 두고 있는 어머니가 있다고 하자. 이 어머니의 목표는 자녀들이 완벽한 그리스도인으로서 목사와 선교사가 되는 것이다. 그러나 십 대가 되자 자녀들은 독립을 주장했다. 자녀들이 보이는 행동도 어머니가 기대하는 것과 달랐다. 그래서 그는 아이들이 독립하면서 여러 경험을 통하여 성장하도록 돕는 대신, 아이들을 억압했다. 어머니가 원하는 행사에 참석하지 않으면, 아이들은 아무 데도 갈 수 없었다. 어머니가 원하는 음악을 듣지 않으면, 아이들은 라디오나 텔레비전을 전혀 볼 수 없었다. 이 어머니는 자식의 행동을 일일이 조정했다. 어머니로서의 성공이 자녀들의 행동에 달려 있다고 믿었기 때문이다.

왜 사람들이 다른 사람을 조정하려고 하는지는 쉽게 알 수 있다. 그들은 자신의 자아 가치가 다른 사람이나 환경에 달려 있다고 믿기 때문이다. 다른 사람을 선동하거나 조정하려는 사람들은 대부분 불안정했다는 사실이 증명하듯이, 그것은 잘못된 태도다.

자신의 목표를 방해하는 사람을 조정할 수 없는 사람은 아마 더 쓰디쓴 비애를 느끼거나 분노에 떨 것이다. 예수님을 믿지 않는 남편을 둔 여인에게서 본 것처럼 피해 의식에 사로잡힐 것이다. 그 여인은 남편을 하나님 앞으로 인도하지 못했다는 실패감과 함께 우울증까지 갖게 되었다. 그는 예수님이 재림하실 때까지 절망적인 목표의 십자가를 지고 있는 셈이다. 목표를 조정하지 않는 한, 그 여인은 여생을 쓰라린 패배감 속에서 보낼 수밖에 없을 것이다.

잘못된 목표를 어떻게 올바른 목표로 바꿀 수 있을까?

믿음과 관련된 질문을 하나 해 보자. 만일 하나님이 무엇을 이루기 원하신다면, 그것이 이루어질 수 있을까? 다시 말해서 하나님이 당신 삶에 어떤 목표를 가지셨다면, 그 목표가 방해받거나 불확실하거나 불가능할 수 있을까?

하나님이 내 삶에 갖고 계신 목표는 불가능하지도 불확실하지도 않을 뿐 아니라 어떤 것도 그 목표를 방해할 수 없다. 하나님이 이렇게 말씀하셨다고 상상해 보자. "내가 너를 존재하게 했고, 너를 자녀 삼았으며, 네가 할 일을 정하였다. 그 일이 불가능하다는 것을 나는 안다. 그러나 그 일에 최선을 다하여라." 그것은 바보 같은 일이다. 마치 당신이 자녀에게 "네가 할 일은 잔디 깎는 일이다. 그러나 불행하게도 잔디밭은 바위투성이여서 기계가 움직일 수 없고, 게다가 연료까지 떨어졌다. 그러나 최선을 다하여라"라고 말하는 것과 같다.

하나님은 마리아라는 처녀에게 엄청난 목표를 가지셨다. 한 천사가 마리아에게 나타나 그가 동정녀의 몸으로 아기를 갖게 될 텐데, 그 아들이 세상의 구주가 될 것이라고 말했다. 마리아가 불가능한 사실에 의문을 제기하자 천사는 "대저 하나님의 모든 말씀은 능하지 못하심이 없느니라"(눅 1:37)고 대답했다.

당신이 자녀에게 감당할 수 없는 일을 맡기지 않듯이, 하나님도 당신이 이룰 수 없는 일을 당신에게 맡기시지 않는다. 하나님이 당신에게 가지신 뜻은 모두 가능하고 확실하며 성취될 수 있다. 단 한 가지 요구되는 것이 있다면, 당신의 반응이다. 당신은 마리아처럼 "주의 여종이오니 말씀대로 내게 이루어지이다"(눅 1:38)라고 대답해야 한다.

목표와 소원

하나님의 목표를 이루기 위해서는 거룩한 목표와 거룩한 소원을 구별할 수 있어야 한다. 이 문제는 굉장히 중요하다. 그것에 따라 성공과 실패, 내적 평화와 고통이 결정되기 때문이다.

거룩한 목표는 하나님이 당신 삶에 가지신 뜻을 반영하는 것으로서, 당신 힘으로 어찌할 수 없는 사람이나 상황에 따라 좌절되는 것이 아니다. 누가 당신을 조정할 수 있는가? 실제로 당신 말고는 아무도 없다. 거룩한 목표를 방해하거나 불확실하게 하거나 불가능하게 만들 수 있는 사람은 당신뿐이다. 그리고 마리아처럼 하나님의 뜻에 순종하려고 한다면 당신의 목표는 이루어질 수 있다.

거룩한 소원은 당신이 조정할 수 없는 사람이나 상황에 따라 좌절될 수 있다. 아무리 그 소원이 거룩하다 할지라도, 소원의 성취 여부에 따라 당신의 가치나 인생의 성공을 측정할 수는 없다. 당신이 그 성취를 조정할 수 없기 때문이다. 어떤 소원은 방해받고, 어떤 소원은 이루어지지 않을 수 있다.

소원이 목표로 잘못 상승될 때, 그리고 그 목표가 방해받을 때, 당신은 실패에 따르는 분노, 염려, 우울증을 다루어야 한다. 그에 비해 소원이 이루어지지 않을 때, 당신은 실망만 할 뿐이다. 인생은 우리에게 많은 실망을 안겨 주므로 우리는 모두 실망을 안고 사는 법을 배워야 한다. 소원을 이루지 못하여 느끼는 실망을 극복하는 것은, 잘못된 믿음 위에 세워진 목표를 이루지 못해서 겪는 분노, 염려, 우울증을 극복하는 것보다 훨씬 쉽다.

우리는 소원과 목표를 하나님의 방법으로 구별할 수 있다. 예를 들면, 하나님은 죄를 무엇이라고 말씀하시는가? "나의 자녀들아 내가 이것을 너희에게 씀은 너희로 죄를 범하지 않게 하려 함이라"(요일 2:1). 분명히 하나님은 우리가 범죄하지 않기를 바라시는데, 이것이 앞에서 설명한 목표인가? 그것은 하나님의 목표가 아니다. 그것은 회개에 대한 하나님의 뜻을 거스르는 사람들에게 방해받을 수 있기 때문이다. 그러나 모든 사람이 회개하지 않을지라도, 모든 사람이 회개하는 것이 하나님의 소원이다.

그렇다면 하나님은 방해받을 수 없는 어떤 순수한 목표를 갖고 계시는가? 하나님을 찬양하라! 그렇다. 예를 들면, 예수 그리스도께서 재림하셔서 그분과 함께 영원히 살도록 우리를 천국으로 데려가실 것이다. 이 일은 반드시 일어날 것이다. 사탄은 영원히 지옥에 던져질 것이다. 이것을 믿으라. 성도는 그의 신실함에 대한 상을 받을 것이다. 기다리라. 이런 일은 사람의 자유 의지에 방해받지 않을 것이다. 하나님은 하기로 결정하신 것을 반드시 이루신다.

당신의 목표를 하나님의 목표에 맞추고, 당신의 소원을 하나님의 소원에 맞출 때, 인생에서 느끼는 많은 분노와 염려, 우울증은 사라질 것이다. 행복하고 화목한 가정을 이루고 싶어 하는 주부는 거룩한 소원을 갖고 있는 것이다. 그러나 그런 가정이 이루어지리라는 보장은 없다. 그래서 그런 소원은 목표로 삼지 않는 것이 좋다. 그렇지 않으면 그 주부는 그런 가정을 이루지 못하는 가족에게 때때로 분노와 원한을 갖게 될 것이기 때문이다.

그 대신 이렇게 마음먹을 수 있다. "나는 하나님이 바라시는 아내와 어머니가 되겠다." 얼마나 좋은 목표인가! 이 목표가 불가능하거나 불확실한가? 아니다. 이 목표는 하나님이 그 주부에게 원하시는 목표이기 때문에 불가능하지 않다. 누가 이 주부의 목표를 방해할 수 있는가? 자기 자신 말고는 아무도 방해할 사람이 없다. 이 주부가 하나님의 목표와 협력하는 한, 그는 분명 성공할 것이다.

"그러나 남편에게 중년의 위기가 찾아오거나 아이들이 반항하면 어떻게 되죠?"라고 이 주부는 반론할 수 있다. 이런 문제는 이 주부의 목표에 장애가 되지 않는다. 만일 가정에 어려움이 생긴다면, 이 어려움이 주부를 더 강하게 만들 것이다. 남편이 그 어느 때보다도 신앙적인 아내를 필요로 할 때, 자녀들이 그 어느 때보다도 신앙적인 어머니를 필요로 할 때는 바로 그들에게 문제가 있을 때다. 가정의 문제는 이 주부가 자신의 목표를 이룰 수 있는 기회가 된다.

교인들을 그리스도께로 인도하는 데서 자신의 가치를 찾으려는 목사는 도시에서 청년 목회를 가장 잘하거나 전도 관련 재정을 교회 재정의 50퍼센트까지 증대시켰을지라도 실패할 수 있다. 이 목표 자체는 매우 좋으나, 사람이나 상황에 방해받을 수 있기 때문이다. 차라리 이 목사는 "나는 하나님이 원하시는 목회자가 될 것이다"라는 목표를 세우는 것이 좋다. 그런 목표는 아무도 방해할 수 없기 때문이다.

거룩한 목표와 인격 성숙

지금까지 나눈 내용을 통해 우리 삶에서 하나님의 기본적인 목표는 인격 성숙이라는 것이 분명해졌다. 곧 하나님이 원하시는 사람이 되는 것이다. 그것이 하나님의 목표이기 때문에, 당신 스스로 포기하지 않는다면 그 목표는 방해받을 수 없다. 그러나 그 과정을 방해할 수 있는 혼란이나 전환, 실망, 고난, 유혹, 자극 등은 분명히 있다. 날마다 당신은 세상과 육신, 마귀와 투쟁한다. 그것들은 당신이 하나님의 사람이 되려는 것을 방해한다.

그러나 사도 바울은 우리가 직면한 고난이 영적 성숙의 토대가 된다고 말한다. "다만 이뿐 아니라 우리가 환난 중에도 즐거워하나니 이는 환난은 인내를, 인내는 연단을, 연단은 소망을 이루는 줄 앎이로다. 소망이 우리를 부끄럽게 하지 아니함은 우리에게 주신 성령으로 말미암아 하나님의 사랑이 우리 마음에 부은 바 됨이니"(롬 5:3-5). 야고보도 비슷하게 격려한다. "내 형제들아 너희가 여러 가지 시험을 당하거든 온전히 기쁘게 여기라. 이는 너희 믿음의 시련이 인내를 만들어 내는 줄 너희가 앎이라. 인내를 온전히 이루라. 이는 너희로 온전하고 구비하여 조금도 부족함이 없게 하려 함이라"(약 1:2-4).

당신은 환난을 피하는 것을 그리스도인의 목표로 생각했을지도 모른다. 그러나 하나님의 목표는 당신이 그리스도 안에서 성숙하는 것, 곧 하나님이 원하시는 모습이 되는 것이다. 그리고 그 길에서 환난은 징검다리가 된다. 그것이 바로 사도 바울이 환난 속에서 기뻐한다고 한 이유다. 왜 그런가? 환난을 참는 것은 하나님이 원하시는 인격으로 다듬어져 가는 과정이기 때문이다.

한 그리스도인 여성이 내게 자신이 당하고 있는 '환난'을 나누려고 찾아왔다고 가정해 보자. 남편과 별거한 이 여성의 목표는 남편을 다시 돌아오게 하는 것이다. 그것은 거룩한 목표일까? 그렇지 않다. 이 여성의 남편이 그 목표를 방해할 수 있기 때문이다. 그 목표는 남편의 마음에 따라 이루어질 수도 있고 이루어지지 않을 수도 있는 거룩한 소원이다.

이 상황에서 여성에게는 어떤 소망이 필요하다. 만일 내가 "부인, 염려하지 마세요. 남편을 돌아오게 할 수 있습니다"라고 말한다면, 나는 이 부인에게 불가능할지도 모르는 목표를 갖게 하고 그로 인해 상처 입게 할 수도 있다. 남편이 돌아오도록 여러 가지 교묘한 꾀를 낸다면, 오히려 남편은 이 여성에게서 아주 달아날 수도 있다. 나는 그 대신 이렇게 말할 수 있다. "부인이 이런 위기(인내)를 통하여 하나님이 원하시는 모습(연단)을 갖추도록 제가 돕고 싶습니다. 만일 이전에는 부인이 될 수 있는 최고의 아내가 되지 못했다면, 이번 기회에 영적으로 성숙할 수 있으면 좋겠습니다. 부인은 이 위기를 통해서 남편이 돌아오든지 돌아오지 않든지 더 좋은 사람이 될 수 있습니다."

인간관계에 있어서 인내와 인격의 성숙은 문제를 해결한다. 그 과정을 통하여 당신은 더 훌륭한 사람으로 변화될 뿐 아니라 배우자나 친구, 직장 동료를 얻을 수 있다. 당신은 다른 사람과 맺은 관계에서 하나님이 원하시는 사람이 되려고 애쓰느라 다른 사람이나 환경을 변화시키려고 힘쓸 여유가 없었다.

"그러나 남편이 전적으로 잘못한 거라면 어떻게 되죠?"라고 반문할지도 모른다. 그래도 당신은 그를 조정할 수 없다. 자신을 변화시키려고 노력함으로써 당신이 조정할 수 있는 것을 조정할 뿐이다. 당신의 변화는 다른 사람이 변화하고, 파괴된 관계를 회복하는 데 관건이 될 수 있다.

우리 삶에 일어나는 시련과 고난이 주는 최대의 교훈은 우리의 잘못된 목표를 보여 주는 것일지도 모른다. 우리의 성품을 다듬으시

7장. 믿는 것 이상으로 살 수 없다

려는 하나님의 목표 대신 우리의 소원이 변한 불확실하고 불가능한 목표에 의지한다면, 고난의 시간을 통해 교훈을 얻을 것이다.

"우리 부부는 희망이 없다"라고 말하는 사람들은 문제를 '해결하기 위해' 배우자를 바꾼다. 그러나 첫 번째 결혼이 절망적이었다면, 두 번째 결혼도 실패할 확률이 높다는 것을 알아야 한다. 어떤 사람은 자기 직업이 가망이 없다고 생각한다. 그래서 바꾼 새로운 직업도 첫 번째 직업과 마찬가지로 문제투성이임을 발견한다. 사람들은 어려운 상황에 부딪쳤을 때 즉각적으로 문제를 해결하려는 경향이 있다. 그러나 하나님의 계획은 문제가 있는 바로 그곳에서 당신이 성장하는 것이다. 하나님의 사람으로 성장하기 위하여 환난 속에서 인내를 배우는 것보다 확실한 길이 있을까? 나는 그 길을 찾아보았다. 그러나 솔직히 말하자면 쉬운 길을 모색하던 때가 내 생애 가운데 가장 어둡고 어려운 시험 시간이었다. 물론 우리는 때때로 산꼭대기를 경험해야 한다. 그러나 성장을 위한 비옥한 땅은 늘 환난의 골짜기 아래에 있지, 산꼭대기에 있지 않다. 사도 바울은 "교훈의 목적은 사랑"(딤전 1:5)이라고 말한다. 만일 당신이 그것을 목표로 한다면 사랑, (우울 대신) 기쁨, (불안 대신) 화평, (분노 대신) 인내와 같은 성령의 열매를 맺을 것이다.

8장

믿음의 삶을 위한 하나님의 지침

몇 년 전 어떤 교회에서 어머니날 다음 주말에 열리는 수련회에 나를 강사로 초청한 적이 있다. 그런데 수련회 한 달 전, 그 교회 목사가 수련회 장소가 이중으로 예약되어 있어서 할 수 없이 수련회를 일주일 앞당기게 되었는데 어머니날을 포함한 그 주 금, 토, 주일에 올 수 있느냐고 물었다.

나는 어머니날은 가족과 함께 보내기로 계획했기 때문에 어떤 일도 할 수 없었다. 그러나 옆에서 통화 내용을 듣고 있던 아내가 그 수련회에 가라고 권유했다. 나는 아내를 위한 특별한 날에 가고 싶지 않다고 말했다. 그러나 아내가 강경하게 권했기 때문에 결국 수련회에 참석했다.

수련회 기간 중 쉬는 시간에 나는 그 건물 안에 있는 작은 선물 가게에 들어가서 어머니날을 함께 보내지 못하는 가족을 위해 내가 할 수 있는 일을 찾아보았다. 그 선물 가게 안에 있는 선물 중 머핀 가루(옥수수 가루 따위를 넣어서 살짝 굽도록 된 가루_ 옮긴이)와 사과 젤리가 들어 있는 아주 귀여운 작은 바구니가 있었다. 나는 월요일 아침 일찍 일어나 머핀과 함께 달걀과 소시지를 준비하여 아내와 딸, 아들을 위해 맛있는 아침 식사를 대접하기로 했다.

그래서 월요일 아침 나는 새벽같이 일어나 경건 시간을 마친 뒤, 식사 준비를 시작했다. 노래를 흥얼대며 즐겁게 머핀 가루를 휘젓고 있을 때 칼이 졸린 눈으로 부엌에 들어왔다. 칼은 콘플레이크 상자와 빈 그릇을 들고 식탁으로 갔다.

"칼, 잠깐만 기다리렴. 오늘 아침에는 콘플레이크를 먹지 않을 거야. 모두 식탁에 둘러앉아 머핀으로 아주 훌륭한 식사를 할 거란다!"

"아빠, 난 머핀 안 먹을 거예요." 콘플레이크 상자를 열면서 칼은 중얼거렸다.

"기다리라니까." 나는 내 계획을 방해하는 칼에게 짜증 났다. "오늘 아침에는 머핀으로 아주 훌륭한 아침 식사를 해야 한다고!"

"아빠, 나는 머핀을 좋아하지 않아요." 칼은 대답을 되풀이하며 빈 그릇에 콘플레이크를 채우기 시작했다.

나는 이성을 잃고 흥분해서 "오늘 아침 우리는 식탁에 모두 함께 둘러앉아 머핀으로 아주 훌륭한 아침 식사를 할 거야!" 하고 소리 질렀다. 끝내 칼은 콘플레이크 상자를 덮고 선반에 던져 버린 후 쿵쾅거리며 자기 방으로 들어가 버렸다. 내 훌륭한 계획, 좋은 목적과 근사한 아침은 갑자기 깨져 버렸다. 그 후 몇 분 동안 나는 내 감정 폭발에 대하여 칼에게 사과해야 했다.

이처럼 당신도 목표가 장애물에 부딪쳐 고통당한 적이 있으리라. 당신은 하나님을 위해서, 교회와 가족, 친구를 위해서 무언가를 하려는 훌륭한 계획을 세웠을 것이다. 그런데 그 계획은 당신이 제어할 수 없는 사건 때문에 무산될 수 있다. 예기치 못한 자동차 접촉사고로 제시간에 출근하지 못한다. 특별한 저녁 식사를 준비했는데 남편이 늦는다. 당신은 아들이 의사가 되길 원하는데 아이는 록 그룹의 리드 기타리스트가 되겠다고 한다. 당신은 임원 회의에서 마음대로 하지 못한다.

이처럼 개인적인 계획이 이루어지는 것에서 자신의 가치를 찾으려 한다면, 당신의 삶은 하나의 긴 외줄타기 인생처럼 불안해질 것이다. 이 줄에서 내려오는 유일한 방법은 하나님 말씀의 진리를 따라 믿음으로 사는 것이다.

올바른 지침이 올바른 길로 이끈다

당신을 영적 어둠 가운데 가두거나 감정적인 파탄에 빠뜨리기 위해 마귀가 다음으로 목표 삼는 일은 당신의 믿음 체계에 혼란을 일으키는 것이다. 당신이 하나님의 자녀가 되었을 때, 마귀는 영원히 당신을 잃은 것이다. 만일 마귀가 당신의 마음을 혼란스럽게 할 수 있거나 믿음을 약화시킬 수 있다면, 마귀는 하나님을 향한 당신의 열심을 중단시킬 수 있으며 영적 성장을 저해할 수 있다.

하나님은 우리가 성공하고, 성취감을 느끼며, 만족한 삶을 살기 원하신다는 것을 이미 살펴보았다. 그러나 성공, 중요성, 성취, 만족, 행복, 즐거움, 안정, 평화에 관한 당신의 믿음은 성경 말씀에 근거해야 한다. 이 장에서 나는 이 믿음의 영역을 하나님 말씀의 기초 위에서 하나하나 다시 살펴보려고 한다. 이 여덟 가지 설명을 앞 장에 나온 "자신의 가치 평가"의 여덟 가지 진술과 비교해 보라. 이 설명은 그리스도인으로서 당신이 성경에서 말하는 원위치로 돌아가도록 도와줄 것이다.

1. 성공. 핵심 개념_ 목표

몇 년 전 매티라는 젊은 여성이 나와 상담하기 위해 동부 해안에서 로스앤젤레스까지 찾아왔다. 매티는 그리스도인이지만, 삶은 엉망이었다. 그는 계속 마귀 소리를 들었으며, 여러 문제로 고통받고 있었다. 매티는 요한삼서 1장 2절 후반부인 "네가 범사에 잘되고 강건하기를 내가 간구하노라"라는 말씀을 하나님이 자기에게 개인적으로 주신 약속으로 믿었다. "만일 하나님이 내게 번영과 성공, 건강을 약속하셨다면, 왜 내 생애는 모두 꼬이기만 합니까?"라고 그는 불평했다.

"그 구절에는 말씀이 더 있습니다. 2절 전체를 읽어 보세요." 내가 말했다.

"네 영혼이 잘됨같이." 그가 읽었다.

나는 그 부분을 가리키며 날카롭게 질문했다. "당신의 영혼은 어떻습니까?" 그러자 매티는 자기 이야기를 털어 놓았다. 매티는 부정한 관계를 갖다가 세 번이나 유산했고, 지금도 유부남과 동거하고

내가 누구인지 이제 알았습니다

158

있었다. 그러나 그는 잘못 해석한 약속에 절망적으로 매달렸고 그 결과 잘못된 삶을 살고 있었다. 이 여인은 인생의 목표에 대해 잘못된 신념을 가지고 있었기 때문에 성공적인 삶을 살 수 없었다.

성공은 목표와 직결된다. 만일 당신이 성공에 대한 자신감이 부족하다면, 인생의 목표를 이루는 데 어려움을 느낄 것이다. 또는 자신감을 갖고 열심히 노력하는데도 목표를 이루지 못한다면, 잘못된 목표를 위해 애쓰고 있기 때문이다.

우리를 향한 하나님의 목표가 베드로후서 1장 3-10절에 잘 요약되어 있다.

> 그의 신기한 능력으로 생명과 경건에 속한 모든 것을 우리에게 주셨으니 이는 자기의 영광과 덕으로써 우리를 부르신 이를 앎으로 말미암음이라. 이로써 그 보배롭고 지극히 큰 약속을 우리에게 주사 이 약속으로 말미암아 너희가 정욕 때문에 세상에서 썩어질 것을 피하여 신성한 성품에 참여하는 자가 되게 하려 하셨느니라. 그러므로 너희가 더욱 힘써 너희 믿음에 덕을, 덕에 지식을, 지식에 절제를, 절제에 인내를, 인내에 경건을, 경건에 형제 우애를, 형제 우애에 사랑을 더하라. 이런 것이 너희에게 있어 흡족한즉 너희로 우리 주 예수 그리스도를 알기에 게으르지 않고 열매 없는 자가 되지 않게 하려니와 이런 것이 없는 자는 맹인이라. 멀리 보지 못하고 그의 옛 죄가 깨끗하게 된 것을 잊었느니라. 그러므로 형제들아 더욱 힘써 너희 부르심과 택하심을 굳게 하라. 너희가 이것을 행한즉 언제든지 실족하지 아니하리라.

하나님의 목표는 당신의 신분을 확인하는 데서 시작된다는 사실에 유의하라. 하나님은 당신에게 '생명과 경건'을 주셨다. 즉 칭의는 이루어졌으며, 성화도 이미 시작되었다. 당신은 이미 신의 성품에 참여하였다. 죄의 타락에서 벗어난 사람이다. 모두 지나간 일이다.

이제 당신이 할 일은 하나님의 성품(덕, 지식, 절제, 인내, 경건, 형제우애, 사랑)을 부지런히 배워서 실천하는 것이다. 하나님의 목표에 초점을 맞추면 결국 성공한다. 이것이 하나님의 관점에서 본 성공이다. 훈련을 통하여 생활 속에 이런 성품을 길들일 때, 당신은 실족하지 않으며 열매 맺는다고 사도 베드로는 약속하고 있다. 그것이 바로 성공이다!

이 성품 속에는 재능이나 지식, 또는 모든 그리스도인에게 동일하게 주어지지는 않는 은사가 언급되어 있지 않다는 사실을 주목하라. 당신의 가치는 재능이나 지식, 은사에 따라 결정되는 것이 아니다. 그리스도 안에서의 신분과 당신의 성품을 잘 계발해 나가는 것에서 당신의 가치가 나타난다. 이 두 가지는 모든 그리스도인에게 똑같이 해당된다. 성품의 변화를 원하시는 하나님의 목표를 이루어 드리기 위해 노력하지 않는 사람은 매티처럼 가슴 아픈 실패를 경험할 것이다. 그런 사람은 그리스도 안에서의 신분과 목적을 잊어버린 사람이다.

이스라엘 백성을 약속의 땅으로 인도하는 여호수아를 통해 우리는 인생의 성공에 대한 또 다른 관점을 볼 수 있다. "오직 강하고 극히 담대하여 나의 종 모세가 네게 명령한 그 율법을 다 지켜 행하고 우로나 좌로나 치우치지 말라. 그리하면 어디로 가든지 형통하리니

이 율법책을 네 입에서 떠나지 말게 하며 주야로 그것을 묵상하여 그 안에 기록된 대로 다 지켜 행하라. 그리하면 네 길이 평탄하게 될 것이며 네가 형통하리라"(수 1:7, 8).

여호수아는 다른 사람이나 환경을 의지했기 때문에 성공했는가? 절대 그렇지 않다. 전적으로 하나님에게 순종했기 때문이다. 여호수아는 하나님의 말씀을 믿었고, 하나님이 그에게 명령하신 일을 준행했기 때문에 성공할 수 있었다. 그의 성공이 너무 쉬워 보이는가? 그러나 하나님은 여호수아에게 여리고 정복을 명령하신 후 아주 비전투적인 방법을 제시하여 즉시 여호수아를 시험하셨다. 칠일 동안 여리고성을 돌고 나서 나팔 부는 것은 여호수아 시대에는 터무니없는 군사 전략이다. 그러나 여호수아는 하나님의 방법이 어리석어 보였어도 명령대로 순종하였다. 여호수아 6장에 기록된 대로 여호수아는 여리고성을 돌았기 때문이 아니라 하나님에게 순종했기 때문에 성공할 수 있었다. 당신은 그 순종의 본을 따라야 한다. 당신 인생을 위한 하나님의 목표를 받아들이고 순종하라. 그러면 성공을 향해 달려가게 될 것이다.

2. 중요성. 핵심 개념_ 시간

중요성은 시간의 문제다. 시간이 지나면서 잊히는 것은 중요하지 않은 것이다. 그러나 영원히 기억되는 것은 매우 중요한 것이다. 사도 바울은 고린도 교회 교인들에게 "만일 누구든지 그 위에 세운 공적이 그대로 있으면 상을 받고"(고전 3:14)라고 하였다. 그는 디모데에게 "경건에 이르도록 네 자신을 연단하라. …… 경건은 범사에 유익

8장. 믿음의 삶을 위한 하나님의 지침

하니 금생과 내생에 약속이 있느니라"(딤전 4:7, 8)고 말했다. 만일 당신이 중요한 존재가 되고 싶다면 중요한 일에 힘쓰라. 곧 영원히 남을 일에 말이다.

브라이언은 조그마한 교회의 목사로 신학생 때 내 강의를 듣던 학생이었다. 그는 30대 중반으로 가정도 이루었는데, 어느 날 암에 걸렸다는 사실을 알았다. 의사는 그가 앞으로 2년 정도밖에 더 살지 못할 것이라고 진단했다.

어느 날 브라이언이 나를 만나러 왔다. 그는 내게 이렇게 말했다. "10년 전 어떤 사람이 교회에서 사역하는 저에 대해 예언했습니다.

그는 제가 하나님을 위하여 큰일을 할 것이라고 말했죠. 그런데 저는 단지 수백 명의 사람을 그리스도께로 인도했을 뿐, 큰일을 하지는 못했습니다. 교수님은 그 예언이 이루어질 수 있도록 하나님이 내 병을 치유해 주시리라고 생각하십니까?"

나는 놀라서 입을 다물 수가 없었다. "자네는 수백 명을 그리스도께로 인도하고도 큰일을 하지 않았다고 생각하는가? 큰 교회의 이름 있는 목사들 중에도 그렇게 하지 못한 사람이 있을 걸세. 게다가 나는 한 사람도 그리스도께로 인도하지 못한 유명한 신학자들을 알고 있네. 몇 백 명의 사람이 자네 때문에 그리스도인이 되었다면, 그리고 그들이 다른 사람들을 그리스도께로 인도한다면, 그게 큰 일이 아니고 뭐겠나." (브라이언은 수백 명의 사람을 그리스도께로 인도한 큰일을 마치고 지금 주님과 함께 있다.)

내가 존경하는 목사 가운데 한 사람은 빌리 그레이엄 목사다. 그는 어느 모로 보나 대단한 인물이며, 언제나 복음 전도의 소명을 가장 귀하게 생각하는 사람이다. 몇 년 전, 한 호텔 로비에서 빌리 그레이엄 목사를 우연히 만나게 되었다. 한 번도 그를 만난 적이 없는 나는 그 기회를 놓칠 수 없었다. 나는 그에게 다가가 "목사님, 저는 보잘것없는 목사지만 목사님을 뵙고 싶었습니다"라고 말했다.

그는 따뜻하게 내 인사에 답례하면서 이렇게 말했다. "보잘것없는 목사는 한 명도 없습니다."

그의 말이 옳다. '보잘것없는 목사'나 '보잘것없는 하나님의 자녀'는 없다. 우리는 영원히 남을 보화를 모으는 중요한 일을 하고 있다. 그리스도를 위하여 우리가 하는 일과 하는 말은 그것이 이 세상에서 중요하게 보이든 그렇지 않든 영원히 존재할 것이다.

3. 성취. 핵심 개념_ 역할

사도 베드로는 이렇게 말했다. "각각 은사를 받은 대로 하나님의 여러 가지 은혜를 맡은 선한 청지기같이 서로 봉사하라"(벧전 4:10). 자신의 은사와 능력을 발견하고, 그것을 통해 다른 사람을 세워 주며 하나님을 영화롭게 하는 것은 인생에서 이룰 수 있는 가장 큰 성취다.

내가 목회의 길에 들어서기 전 우주 항공국 엔지니어로 있었을 때, 하나님은 이 중요한 원리를 깨닫게 해주셨다. 나는 하나님이 내가 이곳에서 하나님의 대사가 되기 원하신다는 것을 깨닫고, 사무실 옆에 있는 볼링장에서 아침 성경 공부를 시작했다. 성경 공부를 알리는 광고문을 우리 사무실에 붙인 지 한 시간도 안 되어 한 유대인이 그 광고문을 떼어 내게로 가져와서는 "여기에 예수를 데려올 수는 없소!" 하고 반대했다.

8장. 믿음의 삶을 위한 하나님의 지침

"하지만 나도 어찌 할 수 없어요. 어디든 나와 동행하시는 예수님은 이곳에도 함께 오십니다." 내가 대답했다. 그러나 그 유대인은 내 말에 아무런 감동도 받지 못했다.

성경 공부가 시작되었다. 그 모임을 통하여 그리스도를 발견한 한 남자는 열렬한 전도자가 되었다. 내가 신학교에 가기 위해 그곳을 떠날 때 이 사람이 성경 공부를 맡게 되었다.

몇 개월 뒤 성경 공부반 친구들을 방문하러 갔을 때였다. 그때 성경 공부 인도자가 "그 유대인 친구 기억나세요?"라고 물었다.

"물론이죠. 기억합니다." 나는 끈질기게 성경 공부를 반대하던 그 유대인의 모습을 떠올리면서 대답했다.

"그 친구가 몹시 아파서 거의 죽게 되었거든요. 그래서 내가 매일 저녁 병원으로 찾아가 그를 위해서 기도했어요. 그리고 마침내 이 친구가 예수님을 믿게 되었어요." 그가 말했다.

나는 내가 영적 할아버지가 되었다는 사실을 깨닫고 한없이 기뻤다. 그 성취감은 내게 용기를 주었다. 이 모든 일이 내가 직장에서 "전도자의 일을 하며 네 직무를 다하라"(딤후 4:5)는 하나님의 명령을 수행하기 위하여 시작한 아주 작은 성경 공부 때문에 일어난 것이다.

하나님은 우리 각자에게 적합한 사역 장소를 주신다. 우리가 자신의 사역 장소를 정확히 깨달을 때 큰 성취감을 가질 수 있다. 그것은 당신이 아니고는 아무도 할 수 없는 당신만의 역할을 발견하는 것이며, 그 뒤 그 역할 속에서 하나님이 원하시는 사람으로 자라 가는 것이다. 예를 들면, 이 지구 위에 사는 60억 인구 가운데 당신은 가정에서 남편, 아버지, 아내, 어머니, 부모, 자식이라는 특별한 역할을 감당하고 있다. 하나님은 당신이 그 환경 속에서 가족을 섬김으로 하나님을 섬기도록 특별히 계획하셨다.

더 나아가 당신은 현재의 이웃에게도 유일한 이웃이다. 어디에서 일하든지 당신은 그리스도의 대사 역할을 하고 있다. 그곳이 당신의 선교지이며, 당신은 추수를 위하여 하나님이 그곳에 보내신 일꾼이다. 하나님이 당신에게 그곳을 허락하셨다는 것을 받아들이고 최선을 다하여 그리스도의 대사로서 역할을 감당할 때, 삶의 성취감을 누릴 수 있다. 그런데 안타깝게도 많은 사람이 세상에서 무언가를 이루는 데에 집중하느라 하나님이 주신 소명은 잊고 있다. 이 세상에서 그리스도의 대사가 됨으로써 하나님 나라에서 누리는 성취감을 찾도록 하라(고후 5:20).

4. 만족. 핵심 개념_ 질(質)

삶, 인간 관계, 일, 상품이 질적으로 향상될 때 우리는 만족을 느낀다. "나는 선한 싸움을 싸우고 나의 달려갈 길을 마치고 믿음을 지켰으니"(딤후 4:7)라는 사도 바울의 말처럼, 하나님이 바울을 부르시어 그를 통하여 이루시고자 하는 뜻을 이루어 드린 데서 오는 만족을 우리도 누려야 한다.

당신이 어떤 사람이나 어떤 일에 불만을 느끼는 때는 언제인가? 일반적으로 인간 관계나 일, 상품이 질적으로 떨어질 때다. 나는 종종 사람들에게 언제 불만을 느끼는지 물어 보는데, 거의 예외 없이 그들은 인간 관계, 일, 상품이 질적으로 떨어질 때라고 대답한다.

만족은 질적인 문제이지 양적인 문제가 아니다. 당신은 몇 가지 일을 잘하는 데서 만족을 얻지, 많은 일을 벌여 놓고 급하게 해치우는 데서 만족을 얻지는 않을 것이다. 우리는 자신의 책임량을 넓히는 것이 아니라, 맡은 일을 완벽하고 철저하게 수행할 때 만족을 얻는다.

인간 관계에 있어서도 마찬가지다. 만일 당신이 인간 관계에서 만족을 얻지 못한다면, 아마 깊이 있는 관계를 이루지 못했기 때문일 것이다. 솔로몬은 "많은 친구를 얻는 자는 해를 당하게 되거니와 어떤 친구는 형제보다 친밀하니라"(잠 18:24)고 말했다. 많은 사람을 아는 것은 좋아 보인다. 그러나 적은 수일지라도 서로 깊은 친교를 나눌 수 있는 친구가 필요하다.

바로 주께서 우리에게 그 본을 보여 주셨다. 예수님은 많은 사람을 가르치시고 사역을 위하여 70인을 준비시키셨지만, 대부분은 열두 제자를 훈련하는 데 시간을 보내셨다. 열두 제자 중에서도 세 사람, 즉 베드로, 요한, 야고보를 택하여 변화산에 함께 오르시고, 감람산과 겟세마네에도 동행하셨다. 그리고 십자가 위에서 고난당하실 때, 가장 가까운 친구인 요한에게 어머니를 부탁하셨다. 그것이 바로 친밀한 관계다. 우리 모두 이런 깊이 있는 관계에서 오는 만족이 필요하다.

5. 행복. 핵심 개념_자족하는 마음

세상 사람들은 자기가 원하는 것을 소유하는 것이 행복이라고 생각한다. 광고는 우리에게 고급 자동차와 비싼 향수, 품질 좋은 물건, 기존 것보다 편리하고 능률적인 것이 필요하다고 말한다. 이런 광고와 선전물을 대하면, 최신 상품과 더 좋은 것에 마음이 끌리게 된다.

그러나 하나님이 생각하시는 행복은 간단한 잠언 내용에 요약되어 있다. "가진 것을 만족해하는 사람이 행복하다." 소유하지 않은 것에 전전긍긍한다면, 당신은 행복하지 못할 것이다. 그러나 이미 소유하고 있는 것에 감사할 때, 행복을 느낄 것이다. 사도 바울은 디모데에게 "그러나 자족하는 마음이 있으면 경건은 큰 이익이 되느니라. 우리가 세상에 아무것도 가지고 온 것이 없으매 또한 아무것도 가지고 가지 못하리니 우리가 먹을 것과 입을 것이 있은즉 족한 줄로 알 것이니라"(딤전 6:6-8)라고 말했다.

실제로 당신은 영원히 행복하게 살 수 있는, 모든 것을 이미 소유했다. 당신은 그리스도를 소유했다. 그리고 영생을 가졌다. 모든 필요를 다 채워 주겠다고 약속하신 하나님 아버지가 계시다. 이런 우리에게 성경이 계속해서 감사하라고 하는 것은 조금도 놀라운 일이 아니다(살전 5:18). 만일 당신이 참으로 행복하기를 원한다면, 이미 소유한 것에 감사하고 소유하지 못한 것에 탐욕을 부리지 말라.

6. 즐거움. 핵심 개념_ 자발성

당신은 그리스도인으로서 얼마나 즐거움을 누리고 있는가? 어떤 사람은 디즈니랜드로 놀러가는 것이 즐겁다고 생각한다. 그렇다. 디즈니랜드에는 재미있는 것이 많다. 그러나 나는 그곳에 다녀올 때마다 늘 많은 돈을 쓰고 매우 지쳐서 돌아온다.

즐거움은 자발적인 것이다. 당신이 정말 즐거웠던 기억은 잠깐이든지 큰 행사든지 자발성 때문이었으리라. 그러나 때때로 우리는 참 즐거움이 아닌 것을 계획하느라 시간을 보내기도 한다. 나는 자발적으로 집에서 아이들과 함께한 베개 던지기 놀이로도 즐거운 시간을 많이 가졌다.

자발적인 즐거움을 누리려면 방해물을 제거해야 한다. 그리스도인의 즐거움을 가장 방해하는 것은 겉치레다. 우리는 다른 사람과 비교해서 자신이 부족한 사람이길 바라지 않으며, 다른 사람에게 과소평가받기를 원치 않는다. 그래서 우리는 자발성을 억제하고 예의를 갖추려고 한다. 그것은 사람을 즐겁게 하는 일인데, 사도 바울은 누구든지 사람을 기쁘게 하는 자는 그리스도의 종이 아니라고 말했다(갈 1:10).

나는 하나님 앞에서 뛰놀던 다윗 왕의 천진난만한 즐거움을 참으로 좋아한다. 그는 여호와의 궤가 예루살렘으로 돌아올 때 몹시 기뻐서 뛰며 춤추었다. 다윗 왕은 하나님 앞에서 누리는 즐거움을 알았다. 그러나 그런 것을 싫어하는 다윗의 아내 미갈은 다윗의 행위가 왕답지 않다고 생각했으며, 그 생각을 다윗에게 분명하게 전달했다. 그러나 다윗은 미갈에게 "이는 여호와 앞에서 한 것이니라. 그가 네 아버지와 그의 온 집을 버리시고 나를 택하사 나를 여호와의 백성 이스라엘의 주권자로 삼으셨으니 내가 여호와 앞에서 뛰놀리라"(삼하 6:21)고 말했다. 그 결과 하나님이 심판하신 사람은 다윗 왕이 아니라 미갈이었다(삼하 6:23). 당신은 사람을 기쁘게 하는 것보다 하나님을 기쁘시게 해드릴 때 더 큰 즐거움을 누릴 것이다.

7. 안정(안심). 핵심 개념_ 영원과 관계됨

삶의 안정을 얻으려면 일시적인 것이 아닌 영원한 것을 의지해야 한다. 그리스도인은 종종 불안해한다. 자신의 힘으로는 조절할 수 없는 일시적인 것을 의지하기 때문이다. 예를 들면, 어떤 사람은 우리의 모든 필요를 채워 주신다는 하나님의 약속을 믿는 대신, 돈을 믿는다. 돈을 가장 확실하게 보관할 수 있는 곳이 어디인가? 은행인가? 그런 기관들도 안전하지 않다는 것을 우리는 많이 보아 왔다.

안정은 영원과 관계된 것에서만 온다. 예수님은 우리가 영생을 가졌고, 그분의 손에서 우리를 빼앗을 자가 아무도 없다고 말씀하셨다(요 10:27-29). 사도 바울은 아무것도 그리스도 안에 있는 하나님의 사랑에서 우리를 끊을 수 없다고 했으며(롬 8:35-39), 우리는 그리스도 안에서 성령으로 인 치심을 받은 자라고(엡 1:13, 14) 했다. 그 이상 어떻게 더 안심할 수 있겠는가? 일시적인 것이나 일시적인 관계를 신뢰할 때에는 늘 안심하지 못하게 되는데, 그런 것들은 사라지기 때문이다. 하나님 자신처럼 영원한 것과 영원한 관계를 확고하게 붙들 때라야 가장 안정할 수 있다.

8. 평화. 핵심 개념_ 내적 갈등을 해결하는 것

누구나 세상의 평화, 사람들을 향한 호의를 원한다. 그러나 아무도 이러한 평화를 보장할 수 없는데, 그 이유는 아무도 다른 사람이나 상황을 마음대로 조정할 수 없기 때문이다. 많은 나라가 평화 조약에 서명하고도 위협적인 기세로 그 조약을 깨뜨린다. 한 집단의 평화는 다른 집단의 평화에 위협될 수도 있어서 서로 머리를 박고 싸

8장. 믿음의 삶을 위한 하나님의 지침

울 수도 있다. 부부는 '만일 아내(남편)가 좀 더 잘한다면' 가정에 평화가 올 것이라고 서로에게 책임을 떠넘긴다.

평화를 체험하는 열쇠는 그것이 기본적으로 내적인 문제임을 이해하는 것이다. 당신은 이미 하나님과의 평화를 소유하였다(롬 5:1). 그 평화를 얻으려고 노력하지 않아도 된다. 거듭날 때 이미 받았기 때문이다. 이제 하나님에 대한 반역은 끝났고, 당신의 내적 세계는 하나님과 영원히 평화를 유지하고 있다.

광풍같이 격노하는 세상 속에서 우리는 날마다 하나님의 평화를 삶에 적용해야 한다(요 14:27). 당신은 삶에서 많은 방해를 받는다. 당신 자신이 환경이나 어떤 관계를 조정할 수 없기 때문이다. 그러나 자신의 생각, 감정과 같은 내면세계는 조정할 수 있는데, 하나님의 평화가 날마다 삶에서 마음을 다스리도록 할 수 있기 때문이다. 당신 주위에 광풍이 있을 수도 있다. 그러나 하나님은 어떤 폭풍우보다도 위대하시다. 내 책상 위에 놓인 조그마한 장식에는 이렇게 쓰여 있다. "하나님과 함께하여 해결할 수 없는 문제는 오늘 나에게 일어나지 않을 것이다." 우리는 경배, 기도, 말씀 묵상 가운데 하나님의 평화를 누리게 된다(골 3:15, 16; 빌 4:6, 7).

이 여덟 가지 지침을 놓고 대화하다 보면 사람들은 흔히 "네, 맞습니다. 그러나 나는 아직 ……"이라고 말한다. 그들은 자신들이 진리라고 인정하는 대로 살겠는가 아니면 믿는 대로 살겠는가? 언제나 믿는 대로 살아간다. 우리가 믿는 것이 우리 행위를 결정한다. 그것은 골프하는 사람들이 "공을 똑바로 보내려면 골프채 잡는 법을 바꿔야 한다"고 말하는 것과 같다. 그러나 실제로 자신의 자세를 고치기 전까지는 그가 말한 것을 믿고 있는 것이 아니다. 행동은 그 사람이 믿고 있는 것을 나타낸다.

믿음의 삶을 이 여덟 가지 안에 있는 믿음 체계와 비교할 때, 왜 당신의 행동이 표적에서 멀리 떨어져 있는지 깨달았는가? 믿음의 삶을 정도(正道)로 되돌리기 위하여 당신의 믿음 체계를 바꿀 준비가 되었는가?

9장

마음의 전쟁에서 승리하다

몇 년 전, 탈봇 신학교 학생의 아내인 셸리가 "영적 싸움"이라는 내 강의를 청강한 적이 있다. 반 학기쯤 지난 어느 날, 셸리가 복도에서 내게 다가와 "교수님, 교수님은 제 삶에 무슨 일이 일어나고 있는지 전혀 모르시죠?" 하고 짤막하게 물었다. 셸리가 말한 대로 나는 아무것도 몰랐다. 나는 그가 계속 강의를 들으면서 학교에서 배운 진리를 생활에 적용하도록 격려했다.

그 학기가 끝났을 때 셸리는 내게 이런 편지를 전해 주었다.

친애하는 교수님,

교수님의 강의를 통하여 제 삶을 바꾸신 하나님에게 감사드립니다. 지난 2년 동안 제 마음은 끊임없는 영적 싸움에 휘말려 왔습니다. 저는 그리스도 안의 신분과 권위에 대해 전혀 몰랐고, 사탄이 저를 속이러고 했다는 것도 몰랐습니다. 그래서 두려움에 시달렸습니다. 제 마음은 적개심과 분노로 가득 찼습니다. 죄책감에 사로잡혔으며 무엇이 잘못되었는지 알 수가 없었습니다. 교수님 강의를 듣기 전까지 제가 얼마나 단단히 묶여 있는지 알지 못했습니다.

저는 마귀가 그리스도인에게 영향을 끼칠 수 없다고 배웠습니다. 그래서 교수님이 마귀에게 괴롭힘당하는 사람들에 대하여 말씀하셨을 때 충격받았습니다. 저 자신이 그랬기 때문입니다! 제 생애 처음으로 사탄이 그리스도인을 공격한다는 것을 확인할 수 있었고 그 사탄을 대적할 수 있었습니다. 이제는 더 이상 두려움에 사로잡히지 않습니다. 마음도 평온해졌습니다. 제게 이런 일이 일어나다니, 얼마나 흥분되는지요!

요즘은 성경을 읽으면서, 왜 예전에는 이런 것을 알지 못했을까 하고 자문합니다. 교수님도 아시다시피 저는 속고 있었습니다.

다시 한 번 깊은 감사를 드립니다.

셸리는 오래전부터 그리스도인이었다. 그러나 대적 마귀가 믿음의 삶을 방해했다. 마귀의 속임수에 괴롭힘당한 것이다. 하나님의 자녀인 것은 사실이지만, 본의 아니게 거짓말쟁이의 희생자가 되었다. 셸리는 그리스도 안에서 자신의 신분을 알지 못했고 "지식이 없으므로 망하[게]"(호 4:6) 된 것이다.

영적으로 무지한 셸리는 사탄의 공격을 받으며 살아가는 수많은 그리스도인을 대표한다. 그들은 마음속에서 일어나는 영적 전투를 인식하지 못한다. 영적 싸움을 하는 그리스도인이 그 싸움의 본질과, 마음을 새롭게 함으로 변화될 수 있다는 사실을 안다면, 자유를 경험하게 될 것이다.

하나님의 방법 대 인간의 방법

믿음은 하나님의 방법이고, 이성은 인간의 방법이다. 그러나 믿음과 합리적인 사고 능력은 때때로 상충한다. 이 말은 믿음이 비합리적이라는 뜻도, 당신의 책임을 무시하라는 이야기도 아니다. 그 반대로 하나님은 우리에게 생각하고 선택하라고 요구하신다. 하나님은 이성적인 분이며, 우리의 이성을 통하여 역사하시는 분이다. 문제는 우리의 사고 능력에 제한이 있다는 데 있다. 하나님은 이렇게 말씀하셨다. "하늘이 땅보다 높음같이 내 길은 너희의 길보다 높으며 내 생각은 너희의 생각보다 높음이니라"(사 55:9). 인간의 제한된 이성으로는 하나님의 생각을 깨달아 알 수 없으며, 따라서 우리는 하나님의 계시에 의존해야 한다.

그러므로 우리는 하나님의 방법, 즉 믿음을 따라서 살 수 있다. 이런 삶을 '계획 1'이라고 하자. 또 우리는 제한된 이성에 의지하여 우리 방법대로 살 수 있다. 이것을 '계획 2'라고 하자. 계획 2는 이성적 사고에 기초한 것으로, "나는 그것이 하나님의 길이라고 생각하지 않는다", 또는 "나는 그것을 믿지 않는다"고 생각하며 우리 방법으로 일을 처리한다. 솔로몬은 "네 명철(계획 2)을 의지하지 말라", "너는 범사에 그(하나님, 계획 1)를 인정하라"라고 말했다(잠 3:5, 6).

| 그림 9-1 |

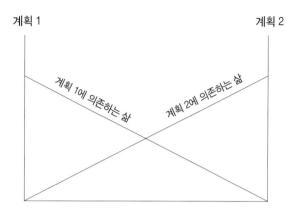

당신의 삶에서 계획 1이 지닌 힘은 하나님의 방법이 항상 옳다는 개인적인 확신과 하나님에게 순종하려는 태도에 달렸다. 그리고 계획 2가 지닌 힘은 하나님 말씀에 위배되는 생각에 당신이 어느 정도로 시간과 힘을 쏟느냐에 달렸다. 당신은 하나님의 방법이 최선이라는 것을 확실히 알고 있으며, 100퍼센트 믿음으로 살기로 결심한다. 그러나 당신이 하나님의 말씀과 반대되는 생각과 방법을 기뻐하는 순간, 당신은 계획 1이 실패할 경우에 도피할 수 있는 계획 2를 세운다. 그때 당신은 그림 9-1에서 보는 것처럼, 두 가지 계획 가운데 갈등하게 된다.

예를 들면, 결혼에 대한 하나님의 계획은 일부일처주의로 일생 동안 부부로 함께 사는 것이다. 그러나 어떤 그리스도인 부인이 "이 결혼 생활이 원만할지 잘 모르겠어. 깨어질 경우를 대비해서, 장래의 안전을 위해 직업을 가져야겠어"라고 생각한다고 가정해 보라.

그 순간 이 부인은 부분적으로 계획 2에 관여하는 것이며, 결혼 생활을 위해 전심전력하려는 계획 1에서 빗나가는 것이다. 이 부인이 계획 2를 생각할수록, 계획 2를 위한 기회가 더 많아진다.

나는 결혼 생활에 대해 절대 계획 2를 세우지 않는다. 나는 아내에게 헌신되어 있다. 이 헌신에 위배되는 어떠한 생각도 하지 않을 것이다.

그런 생각은 100퍼센트 헌신을 요구하시는 하나님의 계획에 위배되기 때문에 위험하다.

당신이 자신의 계획에 몰두하여 더 많은 시간과 힘을 쏟을수록, 하나님의 계획을 추구하는 일에 쏟는 시간과 힘은 줄어든다. 당신은 하나님의 계획을 인정하는 것과 자신의 지혜를 의지하는 것 사이에서 왔다 갔다 하는 곡예를 시작한다. 야고보는 이런 사람을 두 마음을 품어 "모든 일에 정함이 없는 자"(약 1:8)라고 불렀다. 당신이 하나님의 계획과 당신의 계획 사이에서 계속 머뭇거린다면, 그만큼 영적 성장이 더뎌지며 날마다 삶이 환멸과 실망, 좌절로 얼룩지고 말 것이다.

당신은 계획 2가 어디에서 온다고 생각하는가? 두 가지 중요한 요소가 있다.

먼저 계속해서 인간적인 생각과 계획을 낳는 육신이다. 육신은 당신이 그리스도인이 되기 전, 하나님을 의지하지 않고 살던 생활 방식에 길들여져 있다. 그때의 생활 속에는 계획 1이 없었다. 당신은 하나님과 분리되어 있었으며, 하나님의 길에 무지했고, 자신의 능력으로 성공하여 살아가려고 했다.

그러나 거듭났을 때, 하나님은 당신에게 새로운 성품을 주시고 새로운 사람이 되게 하셨다. 그러나 예전 성품은 그대로 남아 있다. 당신은 옛날에 세운 계획 2의 습관과 육신적인 사고방식에 새로운 믿음을 심어 넣게 된 것이다. 그래서 하나님을 의지하고 살겠다는 새로운 자아의 소원이, 하나님을 떠나 옛 육신의 방식으로 살겠다는 옛 사람과 부딪치는 것이다.

둘째로 에덴동산 이후 하나님이 창조하신 인간들 가운데서 계획 1을 반대하는 인격체가 있다. 사탄과 그의 졸개인 귀신들은 당신 마음에 사탄의 생각을 흩뿌려서 믿음을 파괴하기 위해 끊임없이 활동한다. 이 마귀는 당신의 마음속에 부정적인 생각과 세상적인 사고방식을 철저히 심어 회의를 품게 하여 믿음의 길이 아닌 세상적인 행동을 하도록 유도한다.

마음의 전쟁은 본질적으로 믿음을 갖고 살아 계신 하나님의 방법으로 살려는 계획 1과, 세상의 욕심을 따라서, 또 육신과 마귀를 좇아 살려는 인간의 방법인 계획 2 사이의 투쟁이다. 당신은 자신이 영적인 삶과 육신적인 삶 속에 끼어 구제할 수 없는 희생자라고 느낄지 모른다. 그러나 그렇지 않다. 사실상 당신은 계획 1과 계획 2 사이에서 일어나는 모든 전쟁에서 승리할 수 있다.

요새가 전투의 중요한 표적이다

이 전쟁의 성격은 고린도후서 10장 3-5절에 분명하게 나타나 있다.

"우리가 육신으로 행하나 육신에 따라 싸우지 아니하노니 우리의 싸우는 무기는 육신에 속한 것이 아니요 오직 어떤 견고한 진도 무너뜨리는 하나님의 능력이라. 모든 이론을 무너뜨리며 하나님 아는 것을 대적하여 높아진 것을 다 무너뜨리고 모든 생각을 사로잡아 그리스도에게 복종하게 하니."

마음의 전쟁에 대하여 가장 먼저 알아야 할 것은 이 전쟁이 당신의 재능이나 능력에 기초한 인간 수준의 싸움이 아니라는 사실이다. 육신이나 마귀는 당신의 힘으로 제압할 수 없다. 영적 싸움에서 승리하려면 하나님의 능력을 병기로 삼아야 한다.

우리가 파멸시켜야 할 표적은 마음속에 있는 '견고한 진'이다. 현대인의성경에는 "마귀의 요새"라고 되어 있다. 우리 마음속에 계속 되풀이하여 새겨졌든, 한 번의 결정적인 경험을 통하여 새겨졌든 요새란 우리 뇌 속에 깊이 새겨진 부정적인 사고방식을 말한다. 이 부정적인 요새가 어떻게 당신 마음속에 새겨졌는가? 일반적으로 비신앙적인 요새는 우리를 하나님의 계획에서 멀어지게 하는 여러 가지 미묘한 것에서 시작하여 결국 우리를 인간적인 계획 2의 수렁에 몰아넣고 만다.

환경적인 자극

당신은 하나님과 교제하면서 하나님의 목적을 이루어 드리도록 창조되었다. 그러나 당신은 하나님을 대적하는 세상에서 영적으로 죽은 상태로 태어났다(엡 2:1, 2). 그리스도께로 나아오기 전에 당신은 환경에 지배되었다. 날마다 당신은 환경에 영향받고, 이런 환경에 적응하도록 강요받아 왔다.

이 세상에서 받는 자극은 단순하면서도 설득력 있다. 개인적인 사건이나 상황, 장소, 다른 사람과의 만남 가운데서 당신은 자극받는다. 또한 책이나 텔레비전, 음악을 통하여, 교통사고나 가족의 죽음과 같은 인생의 무수한 사건에 영향받는다. 하나님의 방법이든 아니든 당신은 이런 사건에 잘 적응하는 법을 배웠으며, 그 방법으로 갈등을 해결한다.

가족, 친구, 동료, 이웃, 교사, 직업처럼 오랫동안 영향 끼쳐 온 사람이나 상황은 이 세상에서 받는 자극 중 비중이 큰 것이다. 만일 당신이 하나님을 모르는 비기독교적인 배경에서 자랐다면, 당신은 하나님과 분리된 채 세상에서 살아남아 문제에 대처하고 성공해야 하는 무신론적 생활 철학을 갖게 되었을 것이다.

그리스도인이 되었을 때 당신의 죄는 용서받았다. 그러나 예전 사고방식과 행동 양식은 그대로 남아 있어서, 그리스도인으로서 살아가는 삶에 영향 끼친다. 실제로 당신은 거듭난 그리스도인이지만, 하나님을 의지하지 않고 살던 때의 옛 습관대로 살 수도 있다. 그래서 사도 바울은 우리 마음을 새롭게 함으로 변화받으로고 권고했다 (롬 12:2).

유혹

당신은 날마다 하나님의 방법 대신 당신의 방법을 따르라는 유혹을 받는다. 본질적으로 유혹은 하나님을 의지하지 않고, 그리스도 안에서가 아니라 이 세상과 육신, 마귀 안에서 필요를 채우도록 권하는 것이다. 그것은 치열한 전쟁이다. 그리고 사탄은 당신이 그리스도를 의지하지 않게 하려면 어떻게 해야 하는지 알고 있다. 당신의 행위를 여러 번 관찰한 사탄은 당신의 약점이 무엇인지 잘 알고 있어서 그 약점을 공격한다. 사탄은 당신이 유혹당하기 쉬운 가장 약한 부분을 공격 목표로 삼는다.

우유부단의 결과와 선택

그리스도 안에서가 아니라 세상적인 방법으로 필요를 채우도록 유혹받는 순간, 당신은 선택의 갈림길에 서게 된다. 만일 "모든 생각을 사로잡아 그리스도에게 복종하게"(고후 10:5) 하는 결정을 즉시 내리지 않는다면, 그 결정에 있어 우유부단하게 될 것이다. 그리고 세상적인 방법을 마음속에 오래 간직한다면, 감정적인 부분이 자극되어 유혹에 넘어갈 확률이 높아진다.

어떤 유혹이 왔을 때 그것을 즉각적으로 물리치지 않고 자꾸 생각해서 끝내 심각한 결과를 초래하는 모습을 보여 주는 익살스러운 만화가 있다. 여기서 주인공 캐시는 식사 조절 때문에 고민에 빠져 있다. 각 단계마다 유혹에 넘어가는 생각을 주의 깊게 살펴보라. 결국 캐시는 질주하는 화물 열차처럼 급속도로 목표에서 멀어져 가게 된다.

1단계_ 나는 운전하겠지만, 식품점 근처에는 가지 않겠다.

2단계_ 나는 식품점 근처에 가겠지만, 식품점에 들어가지는 않겠다.

3단계_ 나는 식품점에 들어가겠지만, 사탕이 놓여 있는 쪽으로는 가지 않겠다.

4단계_ 나는 사탕을 쳐다보겠지만, 집지는 않겠다.

5단계_ 나는 사탕을 집겠지만, 사지는 않겠다.

6단계_ 나는 사탕을 사겠지만, 열지는 않겠다.

7단계_ 나는 사탕을 열겠지만, 냄새를 맡지는 않겠다.

8단계_ 나는 냄새를 맡겠지만, 맛보지는 않겠다.

9단계_ 나는 사탕을 맛보겠지만, 먹지는 않겠다.

10단계_ 먹자, 먹자, 먹자, 먹자! 냠냠!

성경은 하나님이 우리에게 모든 유혹에서 피할 길을 주셨다고 말한다(고전 10:13). 그러나 위 경우처럼, 피할 길은 1단계, 곧 출발점에서 시작되어야 한다. 실제로 운전하기로 결정한 순간, 캐시는 이미 전쟁에서 패배한 것이다. 그 유혹을 첫 단계에서 물리치지 않으면, 유혹에 넘어갈 위험이 매우 크다. 이와 마찬가지로, 의지적으로 하나님의 방법을 선택하지 않는 그리스도인이 그 방향에서 돌아서는 경우는 아주 드물다.

예를 들면, 한 남자가 도색 잡지를 보고 강렬한 성욕에 사로잡혔다. 그는 이렇게 말할 수 있다. "나와 죄의 관계는 이미 끝났어. 나는 이제 이런 죄를 지으면 안 돼. 이 더러운 생각을 사로잡아 그리스도에게 복종시켜야 해. 이제 이런 더러운 그림은 안 볼 것이고, 이런 생각은 하지도 않을 거야." 그는 즉시 잡지를 버리고 유혹을 떨쳐 버린다.

그러나 만일 그가 첫 단계에서 머뭇거리면서, 그 그림을 보고 그것에 대해 상상한다면, 이 남자는 더 이상 그만두기 힘든 감정적 반응을 일으키게 될 것이다. 첫 단계에서 유혹을 물리치지 않는다면, 그는 결국 유혹에 넘어갈 것이다.

행위와 습관, 요새

일단 유혹 앞에서 인간의 방법으로 이끄는 감정적인 반응 쪽으로 방아쇠가 당겨졌다면, 그에 따라 행동하고 그런 습관에 사로잡힐 것이다. 당신은 그런 행위에 분노하면서 자신에게 책임이 없다고 말할지도 모른다. 그러나 유혹이 처음 찾아왔을 때 마음의 문턱에서 물리치지 못했다면, 당신은 그 첫 단계를 실패한 책임을 져야 한다.

인간 행위를 연구하는 사람들에 따르면 사람이 특정한 행위를 6주간 계속하면 습관이 된다. 또 그 습관을 오랫동안 계속하면 요새가 되고, 이렇게 생각이나 반응의 요새가 마음속 깊이 구축되어 버리면 그 양식에 반대되는 선택을 할 수 없다.

환경적인 자극과 마찬가지로, 마음의 요새는 짧은 만남이나 만연된 분위기 속에서 구축될 수 있다. 예를 들면, 사이렌을 들을 때마다 깊은 우울증에 빠지는 여인이 있다. 이 여인은 20년 전, 사이렌이 멀리서 들리고 있을 때 성폭행당한 것이다. 성폭행당한 뒤 오랜 시간이 흘렀지만, 사이렌은 여인에게 무서운 기억을 떠올리게 했다. 이 여인은 그 갈등을 해결하지 않고, 그 감정적인 상처를 더 깊게 하고 자신이 깨뜨릴 수 없는 생각 속에 가두어 둠으로써 마음속에서 그 비극을 재연해 온 것이다. 그것이 바로 요새다.

또 다른 요새는 익숙해진 사고방식과 행동 양식에서 만들어진다.

예를 들어, 알코올 의존자 아버지를 둔 18세, 13세, 9세 된 세 형제가 있다고 하자. 술 취한 아버지가 매일 저녁 아이들을 폭행할 때, 아버지를 대항할 수 있을 만큼 성장한 큰아들은 아버지 앞에 버티고 서서, "내게 손만 대 보세요. 가만 안 있을 거예요!"라고 말한다.

힘으로 대항할 수 없는 둘째 아들은 전형적인 기회주의자가 되어 아버지를 진정시키려고 한다. 둘째 아들은 아버지에게 "아버지 괜찮으세요? 뭐 필요한 거 없으세요? 누구를 불러 드릴까요?" 하고 말한다.

막내아들은 놀라서 아버지를 무서워만 한다. 그래서 아버지가 집에 올 때, 막내아들은 잽싸게 달아나 옷장 속이나 침대 밑으로 숨는다. 그는 아버지 시야에서 벗어나 부딪치지 않으려 한다.

술주정뱅이 아버지에게 계속해서 방어적으로 반응하며 자라난 세 아들은 각자 고유한 행동 양식을 형성한다. 세월이 흐른 후 이 세 젊은이가 대치 상황에 직면했을 때 어떻게 반응하리라고 생각하는가? 큰아들은 싸울 것이고, 둘째 아들은 화해를 시도할 것이며, 막내아들은 달아날 것이다. 그것이 바로 이 세 아들이 대치 상황에서 터득한 행동 양식이다. 그들의 가슴 깊이 새겨진 사고방식과 행동 양식이 마음속에 요새를 이룬 것이다.

또 다른 요새는 적대 행위다. 하나님의 방법인 계획 1은 원수를 사랑하고, 그를 위하여 기도하며, 사랑으로 왼뺨을 내밀라는 성품과 지식으로 나아가게 한다. 만일 당신이 위협을 느끼는 상황에서 호전적이고 논쟁적으로 반응할 수밖에 없다면, 그런 상황에 그런 방식으로 대처하도록 배웠기 때문이다. 계획 2의 반응이 요새로서 당신 속에 구축되었기 때문이다.

열등감이라는 요새도 있다. 하나님이 세우신 계획 1은 당신이 하나님의 자녀이며, 그 누구에게도 열등감을 가질 이유가 없는 성도라고 말한다. 만일 당신이 열등감 때문에 사람들에게 계속 위축된다면, 그것은 세상과 육신, 마귀가 마음속에 부정적인 생각을 새겨 주었기 때문이며, 계획 2가 오랫동안 당신 마음을 사로잡았기 때문이다.

속임수도 하나의 요새다. 당신은 삶에서 다른 사람이나 환경을 조정해야 한다고 생각하는가? 당신의 문제를 하나님에게 맡기고 아무것도 염려하지 않을 수는 없는가? 당신이 그리스도인이 되기 전에 다른 사람이나 환경을 조정하던 방식이 이제는 당신을 지배한다. 그것이 바로 당신의 요새다.

동성연애도 요새다. 하나님은 우리를 남자와 여자로 창조하셨다. 하나님의 눈앞에 동성연애란 있을 수 없다. 그런데 동성연애 행위가 엄연히 존재한다. 이것은 부모나 성(性)에 대한 과거의 부정적인 경험에서 유래한다. 그런 경험 때문에 사람들은 자신의 성적 적합성(sexual adequacy)을 의심하고, 성 정체성(sexual identity)에 대한 거짓을 믿게 된다.

거식증과 탐식도 요새다. 몸무게가 45킬로그램인 여인이 거울 앞에 서 있는 자신을 보며 뚱뚱하다고 생각한다. 이보다 더한 속임수가 있는가? 이 여인은 자신에 대한 부정적인 사고방식의 희생자다. 이 부정적인 생각이 신체적 활동과 적당한 음식 섭취를 지배한다.

부정적으로 생각하고 행동하게 하는 것도 마음속에 있는 요새다. 자기 힘으로 제어할 수 없는 부정적인 생각이나 행위는 요새에서 나온다. 현재의 사고방식이나 행동 양식은 의식적이든 무의식적이든 과거 어느 시기에 형성된 것이다. 하나님의 갑주를 착용하기만 한다면 이런 문제를 해결할 수 있다고 생각하지 말라. 이런 요새들은 이미 당신 안에 깊이 새겨져 강화되었다.

마음의 전쟁에서 승리하기 위한 전략

마음속의 요새들이 습득된 것이라면, 마음을 새롭게 함으로 그것을 없앨 수 있다. 습득된 것은 습득되기 이전 상태로 돌려놓을 수 있다. 이것이 바로 신약 성경에서 말하는 새롭게 하는 것이다. 하나님 말씀을 선포하거나 성경 공부와 개인적인 영적 훈련을 통하여 당신은 더 이상 이 세상을 좇지 않고 마음을 새롭게 함으로 변화받을 수 있다(롬 12:2).

만일 당신의 과거가 영적으로 감정적으로 당신을 황폐하게 한다면, 상담과 치료를 통해 도움받을 수 있다. 어떤 요새는 "하나님 아는 것을 대적"(고후 10:5)하는 데서 비롯되었기 때문에, 하나님을 사랑의 아버지로 바로 알고, 하나님이 받으신 자녀로서 자신의 영적 신분을 확인하는 것에서 출발해야 한다.

마음의 요새에서 나오는 것 말고도 다른 많은 요인이 당신의 마음속에서 작용하고 있다. 당신은 세상과 육체에만 대항하는 것이 아니다. 하나님의 계획과 반대되는 생각을 마음속에 집어넣는 마귀와도 대항하고 있다.

사도 바울이 고린도후서에서 "생각"(노에마, νόημα)이라는 말을 사탄의 활동과 어떻게 연관시켜 사용하는지 살펴보라. 우리는 이미 고린도후서 10장 5절을 살펴보았다. "모든 **생각**을 사로잡아 그리스도에게 복종하게 하니." 왜 이런 생각을 사로잡아야 하는가? 그런 생각이 원수의 생각이기 때문이다.

고린도후서 3장 14절과 4장 3, 4절에서 사도 바울은 우리가 믿지 않을 때에 영적으로 강퍅하고 눈이 멀었던 것은 사탄 때문이라고 말한다. "그러나 그들의 **마음**(노에마)이 완고하여 ······ 이 세상의 신이 믿지 아니하는 자들의 **마음**(노에마)을 혼미하게 하여." 고린도후서 11장 3절과 2장 10, 11절에서 바울은 사탄이 믿는 사람들을 파멸하고 분리하기 위해 적극적으로 음모를 꾸미고 있다고 설명한다. "뱀이 그 간계로 하와를 미혹한 것같이 너희 **마음**(노에마)이 그리스도를 향하는 진실함과 깨끗함에서 떠나 부패할까 두려워하노라. ······ 우리는 그 **계책**(노에마)을 알지 못하는 바가 아니로라."

사탄의 전략은 그의 생각을 당신 마음속에 심어 놓고, 그것이 마치 당신 안에서 생겨난 생각인 양 믿게 만드는 것이다. 다윗 왕에게도 그런 일이 있었다. 사탄이 일어나 이스라엘을 대적하고 "다윗을 충동하여 이스라엘을 계수하게"(대상 21:1) 하였다. 하나님은 이것을 금하셨지만, 다윗은 사탄의 생각을 따라 행동하였다. 어느 날 사탄이 다윗에게 가서 "나는 네가 이스라엘의 수(數)를 세기를 원한다"고 말했겠는가? 아니다. 그랬다면 경건한 다윗은 사탄에게 복종하지 않았을 것이다. 그러나 만일 사탄이 다윗의 마음속에 가만히 들어가 다윗도 모르는 사이에 그렇게 하도록 유도하였다면 어떠하겠는가?

만일 "내 군대가 얼마나 많은지 알고 싶은데 한번 세어 보아야지" 하는 생각이 다윗에게 들었다면 어떠하겠는가?

만일 사탄이 당신 마음속에 어떤 생각을 불어넣을 수 있다면(사탄은 그렇게 할 수 있다), 마치 그 생각이 당신 자신의 생각인 것처럼 믿게 만드는 전략을 쓸 것이다. 만일 그 생각이 사탄의 궤계였다는 것을 알았다면, 당신은 대적했을 것이다. 그렇지 않은가? 그러나 당신 자신의 생각인 것 같을 때에는 더 잘 받아들일 것이다. 그것이 바로 사탄이 쓰는 가장 기본적인 속임수다.

예수님을 배반하는 것은 사탄의 생각이지만, 나는 그 사실을 유다 자신이 알고 있었다고 생각하지는 않는다(요 13:2). 사탄의 전략에 넘어간 유다는 자신의 행동이 예수님이 이스라엘을 로마에서 구원하도록 재촉하는 방법이라고 생각하였을지 모른다. 아나니아와 삽비라도 헌금 중 일부를 감추면서 그 헌금이 전부인 것처럼 속이는 것은 마귀의 속임수가 아니라 자신들의 생각인 것처럼 여겼을 것이다. 만일 그것이 사탄의 은밀한 속임수임을 알았다면, 그들은 헌금을 다 바쳤을 것이다(행 5:1-3).

탈봇 신학교의 한 학생이 티나라는 여인을 상담해 달라며 내게 데려왔다. 티나는 정상적이지 않은 가정 환경에서 자란 것 때문에 정서적으로 큰 어려움을 겪고 있었다. 어린 시절과 십 대 때에는 무서운 제사 행위를 많이 보았으며, 계속해서 아버지와 오빠, 오빠의 친구들에게 성폭행당했다. 그는 사탄을 경배하는 예식에서 자신의 애완견을 희생 제물로 바쳐 불태우는 모습을 지켜보아야 했다.

티나는 고통스러운 상황을 피하기 위해 심리학과에 입학했다. 그는 석사 과정을 마치고 박사 과정에 들어가려고 했다. 그러나 개인적인 삶은 여전히 엉망이었다.

나는 마음 문을 열고 예수 그리스도를 받아들인다면 예수님이 그를 자유롭게 하실 수 있다고 말했다. "그리스도께 마음을 열겠습니까?" 나는 마지막으로 물었다.

티나는 고개를 저으며 "나중에 할게요"라고 대답했다.

그러나 나는 티나의 마음속에 무슨 일이 일어나고 있는지 궁금했다. "누군가가 '만일 그렇게 하면 너는 죽을 것이다'라고 말하고 있지요?"

티나는 놀라서 하얗게 질린 얼굴로 "그렇다"고 대답했다.

"당신은 거짓말을 듣고 있는 거예요. 사탄은 거짓말쟁이입니다." 나는 하나님의 말씀을 더 전해 주었고, 10분 후 티나는 그리스도께 마음을 열었다.

사탄이 당신을 속일 수 있다면, 당신 삶을 조종할 수도 있을 것이다. 만일 당신이 자신의 생각을 사로잡아 그리스도께 복종시키지 못한다면, 그리고 사탄의 거짓말을 믿는다면, 사탄은 당신을 조종할 것이다.

거짓말을 드러내라, 그러면 싸움에서 승리한다

사탄의 능력은 거짓말에 있다. 예수님은 "[마귀]는 …… 진리가 그 속에 없으므로 진리에 서지 못하고 거짓을 말할 때마다 제 것으로 말하나니 이는 그가 거짓말쟁이요 거짓의 아비가 되었음이라"(요 8:44)라고 말씀하셨다. 당신이 모든 생각을 사로잡아 그리스도께 복종하고 사탄의 거짓말을 물리친다면 사탄은 당신에게 어떤 힘도 발휘할 수 없다.

오늘날 얼마나 많은 그리스도인이 사탄의 속임수에 넘어가고 있는지 모른다. 나는 목회 상담을 할 때마다 거의 매번 이런 사탄의 속임수를 본다. 내가 상담한 많은 그리스도인이 마음속에서 분명한 소리를 들었지만, 다른 사람이 자신을 정신적인 문제가 있는 사람으로 생각할까 봐 그 말을 하지 못했다. 그들은 자신의 헌신에 부정적인 영향을 끼치는 생각 때문에 괴로워했다. 이런 정신적인 괴로움이 마음속에서 일어나는 영적 싸움이라는 사실을 깨닫는 사람은 거의 없었다. 사도 바울이 "성령이 밝히 말씀하시기를 후일에 어떤 사람들이 믿음에서 떠나 미혹하는 영과 귀신의 가르침을 따르리라"(딤전 4:1)고 경고하는데도 말이다.

사탄의 기본적인 무기가 거짓말이므로, 당신의 방패는 진실이어야 한다. 사탄에게는 힘이 아닌 진리로 대항해야 한다. 당신이 사탄의 거짓말을 하나님의 진리로 드러낼 때, 사탄의 세력은 파멸된다. 그것이 바로 예수님이 "진리를 알지니 진리가 너희를 자유롭게 하리라"(요 8:32)라고 말씀하신 이유다. 또한 예수님이 "내가 비옵는 것은 그들을 세상에서 데려가시기를 위함이 아니요 다만 악에 빠지지 않게 보전하시기를 위함이니이다. …… 그들을 진리로 거룩하게 하옵소서. 아버지의 말씀은 진리니이다"(요 17:15-17)라고 말씀하신 이유다. 그리고 사도 바울이 "그런즉 서서 진리로 너희 허리띠를 띠고 의의 호심경을 붙이고"(엡 6:14)라고 권고한 이유이기도 하다. 아침 해가 떠오르면 밤의 어둠이 밀려나는 것처럼, 사탄의 거짓말은 진리 앞에서 위력을 잃는다.

영적 싸움에서 당신이 할 일은 무엇인가?

첫째, 마음을 새롭게 함으로 변화받아야 한다(롬 12:2). 어떻게 마음을 새롭게 할 수 있는가? 하나님 말씀을 마음에 가득 채워야 한다. 마음의 전쟁에서 이기기 위하여 당신은 "그리스도의 평강이 너희 마음을 주장하게"(골 3:15) 해야 하고, "그리스도의 말씀이 너희 속에 풍성히 거하여[야]"(골 3:16) 한다. 하나님의 진리가 마음속에 가득 차 있으면, 사탄의 거짓말을 분별할 수 있으며 그것을 물리칠 수 있다.

둘째, 베드로는 합당한 삶을 살 수 있도록 마음을 준비하라고 말한다(벧전 1:13). 무익한 환상을 쫓아 버리라. 아무것도 하지 않으면서 무엇을 하고 있다고 착각하는 것은 위험하다. 그렇게 되면 당신은 현실에서 멀리 떨어져 있게 될 것이다. 그러나 만일 당신이 자기 스스로 진리에 순종하고 있다고 생각한다면, 열매 맺는 생활에 큰 동기 부여가 될 수 있다.

셋째, 모든 생각을 사로잡아 그리스도께 복종해야 한다(고후 10:5). 첫 단계에서 당신의 생각을 그리스도께 복종하는 훈련을 하라. 모든 생각을 하나님의 진리에 비추어 평가하고, 사탄에게 기회를 주지 말라.

넷째, 하나님에게 돌아서라. 하나님에 대한 헌신이 세상과 육신, 마귀에게서 오는 생각으로 계속 공격받을 때, 기도하며 하나님에게로 돌아서라(빌 4:6). 그렇게 함으로써 당신은 하나님을 인정하게 되고, 생각이 하나님의 진리로 향하게 될 것이다. 또 "모든 지각에 뛰어난 하나님의 평강이 그리스도 예수 안에서 너희 마음(노에마)과 생각을 지키시[어]"(빌 4:7) 분리된 마음이 해결될 것이다.

하나님의 진리로 마음의 요새가 무너질 때 그리스도인에게 어떠한 일이 일어나는지를 보여 주는 놀라운 실례가 있다.

지니는 이십 대 중반의 아름답고 유능한 여성이다. 그는 13년 동안 교회에서 적극적으로 활동하였다. 전문적인 찬양단에서 찬양하고 작곡하며 예배를 인도하고 제자 훈련반을 맡아 이끌었다.

최근 지니가 내 세미나에 참석했다. 자리에 앉아 나를 향해 미소 짓는 그가 11년 동안 음식과 공포의 요새에 매여 있었다는 사실을 나는 알지 못했다. 혼자 집에 있을 때면 음식과 외모, 자기 가치에 대한 사탄의 거짓말 때문에 지니는 몇 시간씩 괴로움에 시달려야 했다. 그는 너무 무서워서 남편이 집에 없을 때에는 집에 모든 불을 켜 놓고 소파에서 잠을 잤다. 여러 번 상담받기도 했지만 효과가 없었다. 자주 구역질이 나기도 했는데, 그동안 그는 그 원인이 어렸을 때 겪은 무서운 경험 때문이라고 믿었다.

세미나에서 나는 요새를 파괴하는 것에 대해 설명하다가 "내가 만나 본 사람들 가운데 음식을 절제하지 못하는 사람마다 사탄의 거짓말로 인한 요새를 가지고 있었습니다"라고 말하면서 지니를 쳐다보았다. 결코 의도적인 행동이 아니었다.

다음 날 지니가 내게 말했다. "목사님은 그 설명이 내 생애에 얼마나 큰 영향을 끼쳤는지 모르실 거예요. 나는 오랫동안 나 자신과 싸워 왔는데, 갑자기 원수는 나 자신이 아니라 사탄이라는 것을 발견했거든요. 그것은 지금까지 들은 최고의 진리였습니다. 마치 11년 동안 앞을 보지 못하다가 갑자기 보게 된 것처럼 말이죠. 나는 집에 돌아가면서 내내 울었습니다. 어제 저녁 옛 생각이 다시 나를 엄습했을 때 하나님의 말씀으로 그 거짓말을 물리쳤습니다. 그리고 몇 년 만에 처음으로 구역질하지 않고 잠들 수 있었어요."

두 주 뒤에 지니는 다음과 같은 편지를 보내왔다.

친애하는 앤더슨 박사님,

세미나에서 박사님이 가르쳐 주신 진리를 통하여 하나님이 얼마나 놀라운 역사를 이루셨는지 다 말씀드릴 수가 없습니다. 저와 하나님의 관계는 많이 달라졌습니다. 이제 원수의 정체를 알았고, 그리스도 안에서 그 원수를 이겼으며, 우리 능력과 은혜로우신 구주를 참으로 깨닫게 되었습니다. 눈물 없이는 예수님에 대한 찬송을 들을 수가 없으며, 기쁨의 눈물을 흘리지 않고는 예배 시간에 찬송을 인도할 수가 없을 정도입니다. 진리가 그리스도와 동행하는 제 삶을 자유롭게 했습니다.

전에는 그렇게 읽기 힘들던 성경이 이제는 장마다 기쁨으로 넘칩니다. 지금은 남편이 집에 없어도 두려워하지 않고 잠들 수 있습니다. 부엌에 음식이 많이 쌓여 있어도 마음에 평화가 넘칩니다. 유혹이 오거나 거짓말이 생각나도, 재빠르게 진리로 대적합니다.

생애 처음으로 하나님과 올바른 관계를 맺게 되었습니다. 이 관계는 설교의 순간적인 감동도, 다른 그리스도인의 삶을 흉내 내려는 시도도 아닙니다. 그것은 바로 제 것입니다. 이제 성령이 얼마나 능력 있는 분인지 깨닫기 시작했으며, 기도 없이는 내가 참으로 쓸모없는 존재라는 것을 알게 되었습니다.

하나님의 능력과 진리를 선물해 주신 박사님에게 깊은 감사를 드립니다.

이렇게 그리스도 안에서 자유를 찾은 것이 단지 지니만의 경험이겠는가? 그렇지 않다. 마음의 전쟁에서 승리하는 것은 그리스도 안에 있는 모든 사람에게 주어진 확실한 유산이다.

10장

올바른 인식에서
올바른 감정이 나온다

내가 데이지를 만난 건 신학교를 갓 졸업하고 큰 교회의 대학부를 맡아 사역하고 있을 때였다. 26세인 데이지는 대학 졸업자로 교사 자격증을 갖고 있었지만, 60년대 히피족처럼 보였다. 맨발에 넝마가 다 된 치마를 입었고, 낡고 닳은 성경을 가지고 다녔다.

데이지는 내가 사역하는 교회의 여성 성경 공부반에 참석했다. 그는 많은 문제 때문에 여러 번 성경 공부반 인도자와 상담했다. 그러나 그 인도자는 데이지가 지난 5년간 세 번이나 편집증적 정신 분열증 환자로 병원에 입원한 것을 알고는 자신이 상담하기에 부적절하다고 생각했다. 그래서 그는 내게 데이지를 상담해 줄 수 있는지 물었다. 그 분야에 대한 전문적인 훈련은 받지 않았지만, 나는 그렇게 하겠다고 대답했다.

데이지는 지난 몇 년 동안 겪은 일을 자세히 기억하지 못했다. 나는 그에게 몇 가지 간단한 심리학적인 테스트를 했는데 그는 제대로 대답하지 못했다. 약속 시간이 끝나갈 무렵, 나는 데이지를 어떻게 도와주어야 할지 전혀 실마리를 잡을 수 없어서 혼란스러웠다.

"다시 만나면 좋겠습니다. 그때까지 이 교회의 권위에 복종하기를 바랍니다." 내가 말했다.

이 말을 하자마자 데이지는 벌떡 일어나 문 쪽으로 걸어 나가면서 코웃음 치며 말했다. "이만 여기서 나가야겠어요."

본능적으로 나는 데이지를 불렀다. "예수님이 당신의 구주인가요?" 그는 문 쪽에서 휙 돌아서더니 이를 악물면서 고함을 질렀다. "내 주인이 누구인지 예수에게 물어 보시죠!" 그러고는 쏜살같이 뛰어나갔다. 나는 복도까지 따라가 예수님이 자신의 구주냐고 계속 물었다. 데이지는 같은 말만 되풀이하였다. 마침내 나는 그를 붙잡고 다시 물었다. "예수님이 당신의 구주입니까?"

나를 쳐다보는 순간, 데이지의 얼굴은 완전히 변해 있었다. "예, 그렇습니다." 그는 단념한 듯 한숨을 내쉬었다.

"내 방으로 돌아가 이 부분에 대해 이야기를 나눌 수 있을까요?" 나는 무엇을 말할지 확신도 없으면서 이렇게 물었다.

"그러죠." 데이지가 대답하였다.

내 방으로 다시 돌아왔을 때, 나는 "당신이 마음의 전쟁을 하고 있다는 사실을 알고 있습니까?"라고 물었다. 데이지는 고개를 끄덕였다. "전에 누구와 그것에 대해 이야기해 본 적이 있습니까?"

"이야기를 해도 아무도 이 문제에 관심을 보이지 않아요. 사람들은 내 마음속에서 무슨 일이 일어나고 있는지 모르거나 아니면 내 문제에 관여하기를 꺼려하지요." 데이지는 진지하게 말했다.

"그렇다면 이제부터 그 문제에 대해 대화하고 함께 풀어 봅시다."
나는 그에게 용기를 주었다. "이 문제를 나와 의논해 보겠어요?" 데
이지는 동의했다.

우리는 일주일에 한 번씩 만나기로 했다. 나는 데이지의 문제가
도덕적인 문제이거나 마술과 관련된 문제일 거라고 추측했다. 먼저
도덕적인 부분에 대해 물어보았으나 문제를 발견하지 못했다. 그래
서 데이지가 마술적인 것에 관여했는지 물어보았다. 그는 그런 주제
에 대한 책을 읽어 본 적도 없었다. 나는 데이지가 겪는 심각한 영적
갈등의 원인을 발견할 수 없어서 난감하고 답답했다.

그러던 어느 날, 우리는 데이지의 가족에 대해 이야기하고 있었
다. 그는 유명한 소아과 의사인 아버지가 어머니와 이혼하고 간호사
와 도망한 이야기를 들려주었다. 데이지의 어머니와 가족은 공공연
히 분노와 증오감을 나타냈다. 그러나 그는 가정에서 유일한 그리스
도인으로서 좋은 본이 되어야 한다고 생각했다. 그는 사랑스럽고 이
해심 많은 딸이 되기로 결심했다. 그래서 가슴이 갈가리 찢어지는
것 같은 아픔을 느끼면서도 조용히 참았다.

"아버지에 대해 이야기해 볼까요?" 나는 제안했다.

"아버지 이야기는 하지 않을 거예요. 만일 목사님이 우리 아버지
에 대해 말한다면 나는 여기서 나갈 거예요." 데이지는 단호했다.
"잠깐만요, 데이지. 만일 여기서 아버지에 대해 이야기할 수 없다면,
어디에서 이야기할 수 있겠어요? 자신의 감정적인 문제를 이곳에서
해결할 수 없다면, 어디에서 그 문제를 해결하려고 합니까?"

나는 문제투성이인 데이지의 인생에 도움이 될 만한 성경 구절 두 개를 발견했다. 첫 번째 구절은 "분을 내어도 죄를 짓지 말며 해가 지도록 분을 품지 말고 마귀에게 틈을 주지 말라"는 에베소서 4장 26, 27절이었다. 데이지는 아버지에 대한 분노를 고백한 적이 없을 뿐 아니라 그것을 억제함으로써 마귀에게 '틈'(NIV 성경에서는 '발판'[foothold]라고 표현하였다)을 제공한 것이다.

두 번째 구절은 "너희 염려를 다 주께 맡기라. 이는 그가 너희를 돌보심이라. 근신하라. 깨어라. 너희 대적 마귀가 우는 사자같이 두루 다니며 삼킬 자를 찾나니"라는 베드로전서 5장 7, 8절이었다. 데이지는 아버지에 대한 염려를 하나님에게 맡기는 대신 덮어 둠으로써 영적인 사람이 되려고 했다. 자신의 내적 갈등을 하나님에게 맡기지 않음으로써 마귀의 희생물이 된 것이다.

데이지는 아버지에 대해 해결되지 않은 감정을 직시하기 시작했고, 문제의 핵심인 용서에 다가서게 되었다. 몇 개월 뒤, 정신과 의사들이 포기했던 이 젊은 여성은 놀랄 만한 진전을 보였고, 우리 교회 유년부 사역에 참여할 정도로 좋아졌다.

감정은 인식의 결과다

감정은 마음을 새롭게 하는 과정에서 중요한 역할을 한다. 일반적으로 감정은 인식의 결과다. 만일 잘못된 인식을 갖고 있거나 마음이 새롭게 되지 않았다면, 또한 하나님과 그 말씀을 바르게 알고 있지 않다면, 감정적인 부분에서 그것이 드러날 것이다. 그리고 만일 자신의 감정을 바르게 인식하지 못한다면, 데이지처럼 점점 사탄의 표적이 될 수도 있다.

인식과 감정의 관계를 가장 잘 나타낸 실례가 예레미야애가 3장에 나온다. 하나님이 자신을 대적하셔서 육체적인 고통을 당하게 되었다고 생각하여 절망한 예레미야의 고백을 주목하라. "여호와의 분노의 매로 말미암아 고난당한 자는 나로다. 나를 이끌어 어둠 안에서 걸어가게 하시고 빛 안에서 걸어가지 못하게 하셨으며 종일토록 손을 들어 자주자주 나를 치시는도다. 나의 살과 가죽을 쇠하게 하시며 나의 뼈들을 꺾으셨고 고통과 수고를 쌓아 나를 에우셨으며 나를 어둠 속에 살게 하시기를 죽은 지 오랜 자 같게 하셨도다"(애 3:1-6).

올가미와 두려움에 대해 그가 어떻게 느꼈는지 살펴보자. "나를 둘러싸서 나가지 못하게 하시고 내 사슬을 무겁게 하셨으며 내가 부르짖어 도움을 구하나 내 기도를 물리치시며 다듬은 돌을 쌓아 내 길들을 막으사 내 길들을 굽게 하셨도다. 그는 내게 대하여 엎드려 기다리는 곰과 은밀한 곳에 있는 사자 같으사 나의 길들로 치우치게 하시며 내 몸을 찢으시며 나를 적막하게 하셨도다. …… 스스로 이르기를 나의 힘과 여호와께 대한 내 소망이 끊어졌다 하였도다"(애 3:7-11, 18).

만일 당신이 하나님에게 소망을 두었다면, 그리고 이 말씀이 하나님을 정확하게 묘사한 것이라면, 당신 또한 예레미야처럼 느꼈을 것이다. 예레미야의 문제는 무엇인가? 하나님을 잘못 인식하고 있다는 것이다. 그러므로 예레미야가 고뇌하는 것은 하나님 때문이 아니다. 하나님은 예레미야를 어둠 속에 걷게 하시지 않았다. 하나님은 사람들을 찢어 씹으려고 기다리는 잔인한 짐승 같은 분이 아니다. 그러나 예레미야는 올바로 생각하지 않았고, 그의 환경을 올바로 인식하지도, 올바로 해석하지도 못했기 때문에 올바로 느끼지 못했고 올바로 반응하지도 못했다.

그런데 놀랍게도 예레미야는 다른 곡조로 노래하기 시작한다. "내 고초와 재난 곧 쑥과 담즙을 기억하소서. 내 마음이 그것을 기억하고 내가 낙심이 되오나 이것을 내가 내 마음에 담아 두었더니 그것이 오히려 나의 소망이 되었사옴은 여호와의 인자와 긍휼이 무궁하시므로 우리가 진멸되지 아니함이니이다. 이것들이 아침마다 새로우니 주의 성실하심이 크시도소이다. 내 심령에 이르기를 여호와는 나의 기업이시니 그러므로 내가 그를 바라리라"(애 3:19-24).

얼마나 놀라운 변화인가! 하나님이 변하셨는가? 아니면 예레미야의 환경이 변했는가? 아니다. 하나님에 대한 예레미야의 인식이 바뀌었고, 그에 따라 그의 감정이 변화된 것이다.

환경이 당신을 변화시키는 것이 아니라, 당신이 환경을 어떻게 인식하느냐에 따라 당신이 변화된다. 삶에 일어나는 사건에 따라 당신의 신분이 달라지지는 않는다. 당신의 신분은 하나님 안에서 결정되었다. 당신이 삶에서 일어나는 사건을 어떻게 해석하느냐에 따라 인생의 위기를 잘 다룰 수 있다. 우리는 "그 사람이 나를 몹시 화나게 했어요!" 또는 "그 여자가 나타나기 전까지 나는 아무런 문제가 없었어요!"라고 말하고 싶어 한다. 그것은 "나는 내 감정이나 의지를 조절하지 못합니다"라고 말하는 것과 같다. 사실 우리는 감정을 거의 제어하지 못한다. 그러나 우리는 생각을 조절할 수 있으며, 그 생각이 감정과 반응을 조절한다. 그렇기 때문에 하나님을 아는 지식과 그분의 말씀을 마음에 담아 두는 것이 중요하다.

만일 당신이 믿는 것이 진리에 속하지 않았다면, 당신이 느끼는 감정 역시 진실이 아니다. 누군가에게 그가 느끼는 대로 느껴서는 안 된다고 말하는 것은 은근한 거부를 나타낸다. 그들은 자신의 감정에 대해 할 수 있는 일이 거의 없다. 진짜 문제는 그들이 상황을 잘못 인식하고 있는 것인데, 그 잘못된 인식이 그런 감정을 갖게 한다.

예를 들면, 집을 소유하고 싶은 당신의 꿈이 당신의 경제적인 능력을 심사하여 대출해 줄 금융 기관에 달려 있다고 가정해 보자. 모든 친구가 당신이 그 심사에서 통과되길 기도하고 있다. 그러나 어느 날 저녁 집에 돌아와 보니, 당신이 자금을 대출받기에는 자격이 부족하다는 전화 메시지가 남겨져 있다. 그 순간 당신은 어떤 느낌이 들겠는가? 절망적일 것이다!

이제 아내에게 집에 대한 꿈은 물거품되었다는 소식을 전해야 한다. 그때 전화가 걸려온다. 이전 전화가 잘못되었다는 것이다. 자금을 대출받을 수 있게 된 것이다. 자, 이제 어떤 느낌이 들겠는가? 하늘을 날 것만 같을 것이다! 당신이 처음에 믿은 것은 진실이 아니었다. 그러므로 당신의 감정도 진실에 대한 반응이 아니다.

당신이 대출받을 자격이 있다는 것을 미리 안 부동산업자가 당신이 두 번째 전화를 받기 전에, 당신을 축하해 주기 위하여 들렀다고 가정해 보자. 그는 당신이 기쁨에 넘쳐 있을 거라고 기대했을 것이다. 그런데 당연히 기뻐해야 할 당신이 절망에 빠져 있다. 그가 진실을 말해 줄 때까지 "왜 침울하십니까? 기뻐하셔야죠"라고 말하는 부동산업자의 격려는 당신에게 무의미하다.

성경은 당신이 진리를 알고, 그것을 믿으며, 그 진리에 따라 살고, 진리에 순종하여 합당한 감정을 가지라고 명한다. 그것이 바로 창세기 4장 5-7절에서 하나님이 가인에게 말씀하시는 바다. 진리 대신 자신의 감정을 따를 때, 당신은 어떻게 행동하겠는가? 감정만큼 일관성 없이 행동할 것이다. 그러나 진리를 믿고 그에 따라 행동할 때, 당신의 감정 역시 진리 안에 있을 것이다. 예수님은 "너희가 이것을 알고 행하면 복이 있으리라"(요 13:17)고 말씀하셨다. 아는 것과 행하는 것이 우선이다.

그러나 감정을 뒷전으로 제쳐 놓을 수는 없다. 감정은 날마다 겪는 경험에서 중요한 역할을 한다.

감정이 주는 경고를 무시하지 말라

젊었을 때 운동을 하다가 무릎을 다친 적이 있다. 그래서 신경을 건드려야 하는 수술을 했는데 몇 개월 동안 그 부위에 감각이 없었다. 때로 나는 소파에 앉아 텔레비전을 보다가 무심결에 감각이 없는 무릎 위에 뜨거운 커피 잔을 올려놓기도 했다. 나는 무슨 냄새가 날 때까지 아무것도 느끼지 못했다. 피부가 익어 가고 있었던 것이다! 그 결과 한동안 내 무릎에는 아주 조그마한 둥근 컵 자국이 있었다. 그러나 피부가 화상 입을 동안 나는 아무것도 느끼지 못했다.

감정은 혼을 위하여, 육체의 느낌은 몸을 위하여 있는 것이다. 정상적인 마음을 가진 사람이라면 누구나 고통을 즐거워하지 않는다. 그러나 만일 당신이 고통을 느끼지 못한다면, 큰 상처를 입거나 질병에 걸릴 위험이 있다. 또 분노나 슬픔, 기쁨을 느끼지 못한다면, 당신은 큰 문제에 빠질 것이다. 감정은 내면에서 일어나는 일을 알려 주는 하나님의 신호등이다. 감정 자체는 좋은 것도 나쁜 것도 아니다. 그것은 다만 인성(人性)의 일부로서, 도덕과는 무관하다. 육체적인 고통을 느낄 때 조치를 취하듯이, 우리는 감정적 경고를 어떻게 다루어야 하는지 배워야 한다.

어떤 사람은 감정을 엔진 고장을 알려 주려고 자동차 계기판에 들어오는 빨간불에 비유한다. 빨간불이 켜졌을 때 우리는 여러 방법으로 대처할 수 있다. 첫 번째 방법은 빨간불을 두꺼운 테이프로 덮어 버리는 것이다. 그리고는 "이제 빨간불이 보이지 않는군. 그러니 고장은 생각하지 않아도 돼"라고 말한다. 두 번째 방법은 망치로 빨간 등을 쳐서 깨뜨리는 것이다. 세 번째 방법은 빨간불을 보고 자동차 엔진 뚜껑을 열어 살펴보면서 고장 난 곳을 고치는 것이다.

마찬가지로 자신의 감정에도 세 가지로 반응할 수 있다. 먼저 그 감정을 덮어 버리거나, 무시하거나, 억누를 수 있다. 이 첫 번째 반응을 '억압'(suppression)이라고 한다. 또 깊이 생각하지 않고 다른 사람에게 마음의 문제를 털어놓아 그 문제에서 벗어나려고 할 수도 있다. 이 두 번째 반응을 '무분별한 표현'(indiscriminate expression)이라고 한다. 마지막으로 당신 내면에서 어떤 일이 일어나고 있는지 깊이 살펴볼 수 있다. 이것을 '인정'(acknowledgment)이라고 부른다.

억압

우리 교인 가운데 건축가가 되려는 꿈을 가진 대학생 아들을 둔 사람이 있었다. 그의 아들 더그는 대학교 3학년 때 일종의 신경 쇠약 같은 병을 얻었다. 부모가 더그를 집으로 데려왔지만, 병세는 호전되지 않았다. 부모는 어떻게 해야 할지 몰라 마지막으로 무엇이 잘못되었는지 알아보기 위해 싫다고 하는 아들을 정신 병원에 3주 동안 입원시켰다. 더그는 부모가 자신을 정신 병원에 입원시킨 일을 매우 원망했다.

내가 더그를 만난 것은 그로부터 4년이 지난 뒤였다. 그는 여전히 분노하고 고통스러워했다. 제도공인 더그는 시간제 일을 하고 있었지만, 기본적으로 부모에게 도움받고 있었다. 그는 항상 머릿속에서 어떤 소리를 들었다. 그리고 대부분 밖에서 나무들과 대화하면서 시간을 보냈다. 아무도 그를 도와줄 수 없었다. 결국 그의 부모가 내게 도움을 요청해 왔고, 나는 더그를 만나 보기로 하였다.

석 달 동안 더그를 상담하면서 나는 그가 자신을 용납하고 자신의 감정을 솔직히 털어놓게 하려고 애썼다. 나는 "자네는 부모님을 어떻게 생각하나?" 하고 물었다.

"저는 부모님을 사랑합니다"라고 더그는 대답했다. 그러나 그는 부모를 몹시 싫어했고, 그의 부모도 그 사실을 알고 있었다.

"왜 자네는 부모를 사랑하는가?" 나는 재촉하듯이 물었다. "성경에서 부모를 사랑하라고 했기 때문입니다."

그가 부모를 미워한다는 가능성을 제시할 때마다 그는 부인했다. 마지막으로 나는 "자네는 그리스도인이 증오를 가질 수 있다고 생각하나?"라고 물었다.

"아마 그럴 수 있을 겁니다." 이렇게 그는 그 가능성에 동의하면서도 "그러나 저는 그렇지 않습니다"라며 자신에 대해서는 부인했다. 확실히 내 면밀한 탐색이 부담스러웠는지, 그 후 더그는 나와 이야기하지 않았다.

억압은 어떤 느낌을 의식적으로 부인하는 것이다. 자신의 감정을 의도적으로 억압하려는 사람은 그 감정을 무시하며 해결하려고 하지 않는다. 더그와 데이지를 통해 보았듯이, 억압은 자신의 감정에 대한 건전치 못한 반응이다.

다윗 왕은 하나님과 맺은 관계에서 자신의 감정을 억압했을 때 어떤 결과가 있는지를 다음과 같이 묘사했다. "내가 입을 열지 아니할 때에 종일 신음하므로 내 뼈가 쇠하였도다. …… 이로 말미암아 모든 경건한 자는 주를 만날 기회를 얻어서 주께 기도할지라. 진실로 홍수가 범람할지라도 그에게 미치지 못하리이다"(시 32:3, 6). 다윗은 하나님이 우리가 미치지 못할 곳으로 가신다고 말하지 않았다. 외적인 환경이 하나님보다 크게 부각될 때, 당신은 쉽게 감정에 압도되어 버린다. 억압된 감정이 '범람하는 홍수'처럼 당신 안에 자리 잡을 때, 당신은 하나님에게 돌아가지 않을 것이다. 감정은 조절할 수 있다. 당신이 할 수 있을 때 하나님에게 마음을 여는 것이 중요하다. 너무 오랫동안 자신의 감정을 깊이 감춰 두면, 하나님과의 조화로운 관계를 파괴하고 말 것이기 때문이다.

다윗 왕은 사람들과 맺은 관계에서 자신의 감정을 억압했을 때의 결과에 대해서도 이야기한다. "내가 말하기를 나의 행위를 조심하여 내 혀로 범죄하지 아니하리니 악인이 내 앞에 있을 때에 내가 내 입에 재갈을 먹이리라 하였도다. 내가 잠잠하여 선한 말도 하지 아니하니 나의 근심이 더 심하도다"(시 39:1, 2).

당신의 감정을 감추지 말라. 감정을 억압하는 것은 당신 자신이나 다른 사람, 하나님과 맺은 관계에 좋지 않은 영향을 끼친다.

무분별한 감정 표현

자신의 감정에 잘못 반응하는 또 다른 형태는 분별없이 그 감정을 밖으로 나타내는 것이다. 베드로가 좋은 본보기다. 베드로는 자기 마음속에 있는 감정을 다른 사람들에게 서슴없이 표현했다.

자신의 감정을 무분별하게 표현하는 베드로의 성격은 그를 여러 번 문제에 빠뜨렸다. 그는 "주는 그리스도시요 살아 계신 하나님의 아들이시니이다"(마 16:16)라는 위대한 고백을 했다. 그러나 곧바로 예수님이 하시는 말씀을 부인하며 그런 일이 일어나지 않을 것이라고 하여 예수님에게 "사탄아 내 뒤로 물러가라"(마 16:22, 23)라는 호된 책망을 들었다.

변화산의 의미도 모른 채, 모세와 엘리야, 예수님을 위해 초막 셋을 짓겠다고 제의한 사람도 베드로다. 예수님이 겟세마네에서 잡히시던 밤에 가야바의 종의 귀를 충동적으로 잘라 버린 자도 베드로다. 베드로는 어디든, 죽음의 자리에도 예수님과 동행하겠다고 약속했다. 그런데 불과 몇 시간 후 절대로 예수님을 모른다고 부인했다. 그런 베드로가 후에 신약 교회의 위대한 지도자가 되었다는 사실은 성령의 역사로 변화된 증거다.

감정을 무분별하게 나타내는 것은 자신에게 도움이 될 수는 있으나, 주위 사람들에게는 좋은 일이 못 된다. "그래, 가슴에 쌓인 것을 다 털어놓고 나니 시원한데"라고 생각할지도 모른다. 그러나 그러는 과정에서 당신의 아내나 남편, 자녀는 상처 입을 수 있다. 야고보는 이렇게 경고한다. "내 사랑하는 형제들아 너희가 알지니 사람마다 듣기는 속히 하고 말하기는 더디 하며 성내기도 더디 하라. 사람이 성내는 것이 하나님의 의를 이루지 못함이라"(약 1:19, 20). 만일 당신이 화를 내되 범죄하고 싶지 않다면, 그리스도께서 하신 것처럼 하라. 곧 죄에 대하여 노하는 것이다. 주님이 성전에서 뒤엎으신 것은 책상이었지 돈 바꾸는 자들이 아니었다.

인정_ 솔직한 감정 표현

로스앤젤레스에 사는 대학생인 낸시가 자기 어머니와 겪고 있는 어려운 관계에 대하여 상담받기 위해 나를 찾아왔다. 그러나 결국 우리는 낸시가 어머니와 맺은 관계에서 느끼는 분노와 원한을 표현할 수 없다는 사실에 이르렀다. "나와 같은 방을 쓰는 친구는 때때로 자신의 감정을 잘 나타내어 쌓인 울분을 터뜨리기도 해요. 나도 감정을 터뜨리고 싶을 때가 있어요. 그러나 그리스도인이 그렇게 해도 되는 것인지 잘 모르겠어요"라고 낸시가 말했다.

나는 시편 109편을 펼쳐서 다음 말씀을 읽어 주었다.

내가 찬양하는 하나님이여 잠잠하지 마옵소서. 그들이 악한 입과 거짓된 입을 열어 나를 치며 속이는 혀로 내게 말하며 또 미워하는 말로 나를 두르고 까닭 없이 나를 공격하였음이니이다. 나는 사랑하나 그들은 도리어 나를 대적하니 나는 기도할 뿐이라. 그들이 악으로 나의 선을 갚으며 미워함으로 나의 사랑을 갚았사오니 악인이 그를 다스리게 하시며 사탄이 그의 오른쪽에 서게 하소서. 그가 심판을 받을 때에 죄인이 되어 나오게 하시며 그의 기도가 죄로 변하게 하시며 그의 연수를 짧게 하시며 그의 직분을 타인이 빼앗게 하시며 그의 자녀는 고아가 되고 그의 아내는 과부가 되며 그의 자녀들은 유리하며 구걸하고 그들의 황폐한 집을 떠나 빌어먹게 하소서. 고리대금하는 자가 그의 소유를 다 빼앗게 하시며 그가 수고한 것을 낯선 사람이 탈취하게 하시며 그에게 인애를 베풀 자가 없게 하시며 그의 고아에게 은혜를 베풀 자도 없게 하시며 그의 자손이 끊어지게 하시며 후대에 그들의 이름이 지워지게 하소서(시 109:1-13).

"아니, 세상에? 다윗이 어떻게 원수를 놓고 이런 악한 일들을 기도할 수 있죠? 어떻게 하나님에게 이런 식으로 말할 수 있나요? 이건 정말 적나라한 증오심이네요." 낸시는 너무 놀라 숨을 몰아쉬며 말했다. "이런 기도에 하나님은 놀라지 않으셨습니다. 하나님은 다윗이 무엇을 생각하고 무엇을 느끼는지 다 알고 계십니다. 다윗은 자기 자신이 어떻게 느끼는지 다 아시고 그의 모습 그대로를 받으시는 하나님에게 그의 고통과 분노를 정직하게 나타내고 있는 것입니다." 내가 대답했다.

몇 분 동안 깊이 생각한 뒤 낸시가 물었다. "그럼 나도 그렇게 해도 된다는 뜻인가요?"

"당신은 화날 때 어떻게 하나요?"

"글쎄요, 스트레스가 쌓일 때 저는 차를 타고 밖으로 나가요. 그리고 소리를 지르고, 악을 쓰고, 발로 걷어차곤 하죠. 그런 후에 기숙사에 돌아오면 아주 기분이 좋아요."

나는 낸시에게 그가 느낀 상처나 증오심을 하나님 앞에 쏟아 놓을 수 있다면 같은 방 친구나 어머니에게 그 감정을 파괴적으로 쏟아내는 일은 없을 거라고 격려했다. 또한 다윗이 하나님 앞에서 그의 감정을 솔직하게 털어놓았다는 사실을 상기시켜 주었다. "여호와 나의 하나님이여 나를 도우시며 …… 내가 입으로 여호와께 크게 감사하며"(26, 30절).

다윗 왕과 낸시는 그들의 감정이 건전하다는 것을 깨달았다. 분노가 쌓였을 때 드리는 기도는 그다지 고상하지 않을 것이다. 그러나 하나님 앞에서 그 기도는 참되고 정직하다. 만일 당신이 분노와 우울, 혼란 속에서 기도해야 하는데 하나님이 당신의 감정을 전혀 모를 것이라는 듯이 거룩한 말만 잔뜩 쏟아 놓는다면, 하나님이 기뻐하시겠는가? 바리새인이 살던 시대 이후 하나님이 위선에 대한 생각을 바꾸시지 않는 한 절대로 기뻐하시지 않을 것이다. 바리새인은 속으로는 그렇지 않으면서 겉으로 거룩하게 보이려고 애썼다. 그들은 진실하지 않았다. 그들은 위선자였다. 예수님은 제자들에게 "내가 너희에게 이르노니 너희 의가 서기관과 바리새인보다 더 낫지 못하면 결코 천국에 들어가지 못하리라"(마 5:20)라고 말씀하셨다. 하나님이 보시기에 당신이 진실하지 못하다면, 당신은 바르지 못한 것이다.

몇몇 믿을 만한 친구 앞에서 자신의 감정을 나타내는 것은 자신의 감정을 인정하는 태도다. 아무 앞에서나 자신의 감정을 쏟아 놓아서는 안 된다. 그것은 무분별한 감정 표현으로서, 자신에게 도움이 되기보다는 다른 사람에게 상처 입힐 가능성이 많다. 그것은 잘못된 것이다. 성경은 마음을 터놓고 깊이 사귈 수 있는 친구를 세 사람 정도 두라고 제안하는 듯하다. 전도 여행을 하는 동안 바울은 바나바, 실라, 디모데 이 세 사람을 의지했다. 겟세마네 동산에서 예수님은 그분의 깊은 고뇌를 베드로, 야고보, 요한에게 보이셨다.

심리학자들은 자신의 감정을 솔직하게 나눌 수 있는 친구가 한 명도 없는 사람은 정신적인 건강을 유지할 수가 없다고 말한다. 만일 당신에게 이런 친구가 두세 명 정도 있다면 참으로 복된 사람이다.

솔직한 표현
_ 어떻게 자신의 감정을 나타내며 상대의 감정을 받아들이는가?

목회 초기에, 나는 모든 목사가 두려워하는 한밤중의 전화를 받았다.

"목사님, 우리 아들이 사고를 당했습니다. 병원에서는 가망이 없다고 하는데, 지금 병원으로 오실 수 있나요?"

새벽 한 시가 되어서야 나는 병원에 도착했다. 그리고 그 부모와 함께 병원 대기실에 앉아서, 최악의 경우를 두려워하면서도 좋은 결과가 있길 기도했다. 새벽 네 시경, 의사가 "아들을 잃으셨습니다"라는 슬픈 소식을 전했다.

가족은 슬픔에 빠졌다. 그러나 나는 몹시 피곤하고 감정적으로 지쳐 있어서 아무 위로의 말도 해줄 수 없었다. 그 자리에 앉아 그들과 함께 울 뿐이었다. 아무 말도 할 수 없었다. 맥을 잃고 집으로 돌아온 나는 그 가족이 슬픔 가운데 있는데도 그들을 위로해 주지 못했다고 느꼈다.

그 후 그들은 이사를 갔다. 그러나 약 5년 뒤 그 가족은 나를 만나러 교회를 찾아와 내게 점심을 대접했다. "우리 아들이 죽었을 때 목사님이 해주신 일을 잊지 못할 겁니다"라고 그들은 말했다.

"제가 무엇을 했는데요?" 나는 그때 그들을 위로하지 못한 것을 기억하면서 물었다. "두 분의 고통을 알면서도 저는 아무 위로의 말도 하지 못했는걸요."

"우리에게는 말이 필요하지 않았습니다. 사랑이 필요했습니다. 목사님은 우리를 사랑했기 때문에 우리와 함께 우셨지요."

감정적인 영역에서 우리가 배워야 할 것은 사람들이 그들의 감정을 정직하게 인정할 때 그들에게 어떻게 반응할 것인가다. 나는 욥과 그의 친구들의 대화에서 대단히 도움이 되는 원리를 발견했다. 욥은 "실망한 자의 말은 바람에 날아가느니라"(욥 6:26)고 말한다. 감정적인 순간에는 말이 별로 중요하지 않다는 뜻이다. 다른 사람의 감정적인 표현에 꼭 말로 대답해야 하는 것은 아니다. 감정에는 감정으로 대응하면 된다. 슬픔에 잠긴 마리아와 마르다가 오라비 나사로의 죽음을 전했을 때, 예수님은 우셨다(요 11:35). 사도 바울은 "즐거워하는 자들과 함께 즐거워하고 우는 자들과 함께 울라"(롬 12:15)고 하였다.

더 나아가 어떤 사람이 감정을 정직하게 표현할 때 그의 말을 너무 심각하게 받아들이지 말라. 예를 들어, 갓난아이를 잃은 부모는 "왜 하나님이 이렇게 하신 거죠?"라며 노한 음성으로 물을 수 있다. 그러나 그 질문에 대답하지 말라. 당신은 그 질문에 대한 답을 모르기 때문이다. 그리고 그 질문은 그들의 감정적인 반응이지, 지적인 질문이 아니기 때문이다. 그것은 단지 그들의 격렬한 고통을 나타내는 것이다. 대신 그들의 감정에 공감하면서 관심을 표명하라. 그러나 말로 대답하지는 말라. 우는 자들과 함께 울라. 우는 자들을 가르치려고 하지 말라.

말이 감정을 인정하는 데 초점을 두어서는 안 될지라도, 자신의 감정을 잘 표현함으로써 사람들과 친근한 관계를 유지할 수 있다. 다음 경우를 보자. 한 남편이 직장에서 힘든 하루를 보내고 집에 전화해서 "여보, 오늘은 참 힘든 하루였소. 6시까지 집에 갈 수 있는데 7시에 또 회의가 있소. 집에 가는 대로 저녁을 먹을 수 있도록 준비해 주겠소?"라고 부탁했다. 아내도 그러겠다고 대답했다.

집에 들어선 남편은 몸도 지쳐 있고 감정적으로도 심한 부담감에 눌려 있었다. 그런데 아내는 약속한 저녁 식사를 준비해 두지 못했다. "소리를 질러대야 알아듣겠소! 전화까지 해서 6시에 식사를 하게 해달라고 했잖소!"라고 남편은 분노를 폭발하였다.

이 상황에서 감정 폭발을 불러일으킨 주범은 아내인가? 절대로 그렇지 않다. 힘든 하루를 보낸 남편이 피곤하고 배고프고 스트레스를 받아 예민해진 것이다. 아내의 잘못이 아니다. 남편은 다른 방법으로 그 힘든 상황을 잘 피해 갈 수 있었다. 속에서 일어나는 노여움

10장. 올바른 인식에서 올바른 감정이 나온다

을 쉽게 없애 버릴 수 있었다. 그런데 남편은 아내에게 소리 지르고, 감정을 폭발한 것이다.

자신의 감정을 솔직하게 표현하되, 사랑을 담아 표현하라. 부탁한 대로 저녁 식사가 준비되지 않았을 때는 이렇게 말할 수 있다. "여보, 나는 몸과 마음이 견딜 수 없을 만큼 지쳐 있어." 이런 간접적인 솔직성은 두 가지 중요한 문제를 해결해 준다. 첫째, 아내를 비난하지 않음으로써 아내가 화내지 않게 한다. 아내는 남편이 자기에게 화내고 있지 않다는 것을 알 수 있다. 둘째, 아내는 식사 준비를 못한 데 대한 변명을 하지 않아도 되기 때문에 곧 서둘러 식사를 준비할 것이다. 아내는 "20분 내에 식사를 준비할게요. 누워서 조금 쉬세요. 아이들이 떠들지 않도록 하겠어요. 7시 회의 시간에 늦지 않도록 할게요"라고 말할 것이다.

이번에는 아내가 집에서 매우 힘든 하루를 보냈다고 가정해 보자. 그리고 남편이 즐겁게 휘파람을 불면서 집에 돌아와 문 앞에서 저녁이 준비되었느냐고 물었다고 하자. "저녁이 준비되었냐고요? 지금 무슨 말 하는 거예요? 아이들은 오후 내내 내 등에 매달려 있었고⋯⋯." 이것은 솔직한 감정 표현이다. 그러나 아내는 화를 폭발하고 있고, 또 남편을 그렇게 만들고 있다.

그보다는 이렇게 말할 수 있다. "저녁을 준비하려고 했어요. 그런데 오늘 세탁기가 고장 나고, 아이들은 온종일 소란을 떨었어요. 그래서 저는 지금 아주 힘든 상태예요." 이렇게 간접적으로 감정을 표현한다면 남편의 화를 돋우지 않을 뿐 아니라 "자, 그렇다면 우리 모두 외식하러 갑시다"라는 제안을 얻어 낼지도 모른다.

내적 심리 상태가 문제일 때는 정직이 최선책이다. 그러나 사랑 안에서 참된 것을 말해야 한다(엡 4:15).

감정을 인정하고 표현할 때에는 자신의 한계를 알아야 한다. 분노, 긴장, 염려, 억눌림 등으로 감정이 70퍼센트나 80퍼센트쯤 고조되어 있다면, 중요한 문제를 결정하기에 좋지 않은 때다. 그때는 문제를 감정적으로 해결하기 쉽고, 나중에 후회할 수도 있다. 또 누군가가 상처받을 수도 있다. 차라리 자신의 감정적인 한계를 인식하고 "이야기를 계속하면 화가 폭발할 것 같아요. 이 이야기를 나중에 다시 할 수 있을까요?"라고 말하는 것이 좋다.

신체적인 요인도 감정에 영향 끼칠 수 있다는 사실을 기억하라. 만일 배가 고프다면, 감정이 관련되어 있을지 모르는 문제는 식사 후로 미루라. 피곤하다면, 잠을 푹 자라. 여성은 매월 감정에 깊은 영향을 받을 수 있는 시기가 있다. 그러므로 남편은 아내의 생리 주기에 특별한 관심을 기울여야 한다.

마음을 새롭게 하는 것은 자신의 생각과 인식을 관리함으로써 감정을 잘 조절하고, 사람들과 맺은 관계에서 자신의 감정을 인정하고 정직하게 애정을 갖고 표현하는 것이다. 자신의 감정을 적절히 다룰 때 마귀가 당신의 삶에 발판을 마련하지 못할 것이다.

11장

감정적인 상처의 치유

댄과 신디는 선교지로 나갈 준비를 하던 헌신된 부부다. 그런데 이 가정에 비극이 엄습했다. 어느 날 신디가 성폭행을 당한 것이다. 이 부부는 살던 곳을 떠나 멀리 이사했지만 신디는 정상적인 생활을 영위하기 어려울 만큼 깊은 상처를 입었다. 신디는 그 끔찍한 기억과 상처를 떨쳐 버릴 수가 없었다.

이 사건이 있은 지 6개월 후, 댄과 신디는 내가 강의하는 모임에 참석했다. 신디는 눈물 흘리면서 이렇게 말했다. "저는 그때 일을 잊어버릴 수가 없어요. 하나님은 모든 것을 합력하여 선을 이루신다고 했는데, 어떻게 이런 일이 일어나게 하실 수가 있죠? 그 일을 생각할 때마다 눈물 쏟게 됩니다."

"잠깐만요, 신디. 당신은 뭔가 오해하고 있어요. 하나님은 모든 일을 선하게 인도하시는 분입니다. 그러나 나쁜 일을 좋게 만드시

분은 아니에요. 당신에게 일어난 일은 아주 나쁜 일입니다. 당신이 그 위기를 통해 삶을 잘 영위하며 더 성숙한 사람이 되는 것이 하나님의 관점에서 선을 이루는 것입니다."

"그러나 나는 그 일을 떨쳐 버릴 수가 없습니다. 나는 성폭행을 당했어요. 그리고 앞으로도 그 상처는 지워지지 않을 겁니다." 신디는 흐느꼈다.

"그렇지 않아요. 물론 성폭행 사건이 당신에게 일어났습니다. 그러나 그렇다고 해서 당신의 신분이 변한 것은 아니에요. 또 당신이 그 일에 지배당해야 하는 것도 아니고요. 당신은 피해자입니다. 그러나 남은 생애 동안 계속 자신을 성폭행 피해자라고 본다면, 당신은 절대로 그 비극에서 벗어날 수 없을 것입니다. 당신은 하나님의 자녀입니다. 어떤 사건이나 사람도, 그 어떤 일도 그 사실을 바꿀 수 없습니다." 나는 힘주어 말했다.

선한 사람에게 일어나는 나쁜 일

신디처럼 심각하지는 않더라도, 우리 모두 과거의 어떤 일 때문에 입은 감정적인 상처가 있을 것이다. 당신은 신체적, 감정적, 성적으로 부모에게 학대받으며 자랐을지도 모른다. 또 어렸을 때 심한 위협을 받았을지도 모른다. 우정이 깨져서, 사랑하는 사람이 갑작스럽게 죽어서, 이혼 등으로 괴로운 인간관계를 겪으며 고통당했을 수도 있다. 비극적이고 감정적인 과거의 어떤 사건이 영적 성장을 방해하고, 그리스도 안에서 누리는 자유를 침해하는 짐이 되어 당신의 영혼을 가로막는다.

날마다 삶에서 빚어지는 감정과 달리 과거에 생긴 감정적인 짐은 늘 사라지지 않고 남아 있다. 오랜 세월이 지났는데도 당신 속에 깊이 새겨져 있는 과거의 경험은 특정한 주제가 그것을 연상시킬 때면 예민한 반응을 보이게 만든다.

예를 들면, 앞에서 소개한 댄과 신디 이야기를 읽으며 당신은 감정적으로 성폭행이라는 주제에 반응했을 것이다. 만일 당신 자신이나 가까운 친구가 과거에 비슷한 경험을 했다면, 성폭행이라는 말만 들어도 당신은 민감한 반응을 보일 것이다. 그러나 당신이 성폭행 피해자에 대해 읽어 보기만 하고, 그런 쓰라린 경험이 없이 성폭행 피해자를 만나거나 상담한다면, 이 문제에 대한 당신의 감정적인 짐은 아주 적을 것이다. 아마 20-30퍼센트 정도의 느낌일 것이다. 그러나 무감각하지는 않다.

이름처럼 간단한 것도 감정적인 반응에 영향을 끼친다. 예를 들어, 당신을 사랑해 준 인자한 당신의 할아버지와 이름이 같은 사람을 만난다면 당신은 좋은 감정으로 그를 대할 것이다. 그러나 만일 폭군 같은 선생님이나 망나니 같은 친구와 이름이 같은 사람을 만난다면 당신은 그 사람을 좋은 감정으로 대하지 않을 것이다. 만일 당신의 배우자가 첫아이에게 그 이름을 붙이려고 한다면, 당신은 완강히 거부할지도 모른다.

이처럼 사람들의 의식 속에 깊이 잠복해 있는 오래된 감정을 나는 '일차 감정'(primary emotions)이라고 부른다. 일차 감정의 정도는 과거에 겪은 경험에 따라 결정된다. 과거의 경험이 비통할수록 일차 감정은 더 격렬할 것이다. 다음의 사건 과정을 주의 깊게 살펴보라.

과거의 경험

(일차 감정의 정도를 결정한다)

현재의 사건

(일차 감정을 자극한다)

일차 감정

마음속에서 내린 평가

(조절하는 과정)

이차 감정

(사고 과정과 일차 감정의 결과)

　일차 감정은 대부분 당신 속에 잠복해 있는데, 어떤 일이 일차 감정을 자극하기 전까지는 당신 삶에 거의 영향을 끼치지 않는다. 당신이 어떤 이야기를 하고 있는데 옆 사람이 예민하게 반응하며 마음이 상해서 밖으로 나가는 것을 본 적이 있는가? "저 친구 왜 저러지?" 하고 당신은 의아해했을 것이다. 그는 당신이 하는 이야기를 듣다가 과거에 받은 쓰라린 상처가 되살아나 '마음이 몹시 상한'것이다. 어떤 사람은 감정적인 상처를 건드리기만 해도 눈물을 흘린다. 현재 사건이 그가 과거에 입은 상처를 떠올리게 하는 기폭제가 된 것이다.

사람들은 대부분 기폭제가 될 만한 사람이나 사건을 아예 피함으로써 일차 감정을 제어하려고 한다. 그러나 당신은 일차 감정을 불러일으키는 것에서 완전히 피할 수 없다. 텔레비전을 보다가도, 다른 사람과 이야기를 나누다가도 과거의 불행을 떠올릴 수 있다. 당신은 과거의 갈등을 해결하는 방법을 배워야 한다. 그렇지 않으면 감정의 짐이 계속 무거워져서 삶에서 낙오될 것이다. 과거 문제를 해결하지 않는 한, 그것은 계속 현재의 삶을 조정할 것이다.

일차 감정의 해결

과거의 쓰라린 경험이 되살아날 때 당신은 일차 감정을 조절하지 못한다. 당신이 제어할 수 없는 일에 대해서는 죄책감을 가지지 않아도 된다. 그러나 현재 상황을 평가하면서 조절하려고 시도할 수는 있다. 예를 들면, 당신이 빌이라는 사람을 만났다고 가정해 보자. 그는 어렸을 때 당신을 구타하던 사람과 비슷하게 생겼다. 빌은 어린 시절 당신을 때린 사람이 아니지만, 당신의 일차 감정은 50퍼센트쯤 부정적인 반응을 일으킨다. 그러나 얼른 자신에게 빌은 그 사람이 아니라고 인식시킴으로써 고조된 부정적인 반응을 20퍼센트쯤으로 감소시킬 수 있다. 이것이 바로 현재를 조절하는 방법이다. 이 과정의 결과를 나는 '이차 감정'(secondary emotions)이라고 부른다.

당신은 이 과정을 수천 번 거쳤을 뿐 아니라, 다른 사람들도 그렇게 하도록 도왔다. 그 도움을 원치 않고 회피하려는 사람이 있다면, 그를 붙잡고 그렇게 하도록 설득한다. 당신은 그 사람이 그렇게 생각하도록 함으로써 그 삶을 돕는 것이다. 축구 경기를 하다가 화가 난 선수에게 이것이 어떻게 작용하는지 유심히 살펴보라. 한 선수가 분노한 동료 선수를 붙들고 "이봐, 마음을 진정하지 않는다면 페널티 킥을 먹거나 경기를 망칠지도 몰라"라고 말한다. 나중에 그 선수는 문제를 객관적으로 볼 수 있을 것이고, 그렇게 분노한 자신의 어리석음을 느끼게 될 것이다.

일반적으로 임상 치료사들은 이차 감정을 다루는 경향이 있고, 정신 치료사들은 일차 감정을 다루는 경향이 있다. 어떤 그리스도인은 과거는 중요하지 않다고 주장한다. 만일 진리에 대하여 그렇게 말한다면, 나도 동의한다. 그러나 실제 경험에 대해 그런 말을 한다면, 동의하지 않는다. 과거가 중요하지 않다고 말하는 사람들은 대부분 해결하지 못한 과거의 문제를 가지고 있으며, 겉으로 드러나지 못하도록 그 문제를 감추고 있다. 어느 경우든지 그런 갈등에서 자유로워질 수 있다. 과거에 받은 큰 상처를 그리스도 안에서 해결한 사람들은 황폐한 과거가 현재에 큰 영향을 끼칠 수 있다는 것을 알고 있다.

내가 상담한 많은 사람이 커다란 상처를 지니고 있었다. 어떤 사람들은 자신의 경험을 전혀 기억할 수 없을 정도로 학대받았다. 또 어떤 사람들은 그런 기억을 되살리는 것은 무엇이든 계속 피한다. 이들은 모두 감정적으로 극한 상태에 이르러 거기에서 멈춰 버렸다.

11장. 감정적인 상처의 치유

과거의 경험에서 도저히 헤어나지 못하는 그들은 수많은 방어 기제(defense mechanism)를 습득하고 그것을 통하여 생존하며 대처한다. 어떤 사람들은 그런 상처를 부인하며 살아가고, 어떤 사람들은 그 상처를 합리화하거나 음식이나 마약, 성적 쾌락을 통하여 고통에서 벗어나려고 한다. 그러나 이것은 결코 하나님의 방법이 아니다. 하나님은 모든 일을 빛 가운데 행하신다. 이것을 알 때, 당신은 하나님이 당신의 과거 갈등을 적절한 때에 표면으로 드러나게 하셔서 빛 가운데 해결하신다는 것을 믿을 수 있다. 과거의 상처가 깊을 때, 하나님이 과거의 사실을 직면할 정도까지 성숙할 수 있도록 그 사람을 인도하시는 것을 나는 여러 번 보았다. 나는 그들을 사로잡고 있는 과거의 문제를 하나님이 보여 주시기를 많은 사람과 함께 기도했고, 하나님은 그 기도에 응답해 주셨다. 상담하면서 우리는 왜 이런 기도를 드리지 않는가? 나는 '훌륭한 상담자'(Wonderful Counselor)를 제외시켜 놓는 기독교 상담이 그저 놀라울 뿐이다.

나는 개인적으로 마약이나 최면술을 사용하여 사람의 마음을 짓눌러서 억압된 기억을 되살리는 방법에 반대한다. 마음에 대하여 성경은 그리스도인들에게 정신적으로 수동적이 아니라 능동적이 되라고 도전한다. 하나님을 추방한 상태에서 마약이나 최면술로 치유하려는 것은 절대로 벗어날 수 없는 절망의 수렁으로 그 사람을 밀어 넣는 것이다.

나는 억압된 상처에 대한 하나님의 응답을 믿는다. "하나님이여 나를 살피사 내 마음을 아시며 나를 시험하사 내 뜻을 아옵소서. 내게 무슨 악한 행위가 있나 보시고 나를 영원한 길로 인도하소서"(시

139:23, 24). 당신이 보지 못하는, 당신 마음속에 숨겨진 상처를 하나님은 아신다. 하나님에게 당신의 마음을 살펴 달라고 기도할 때, 하나님은 당신 안에 있는 그 어두운 부분을 보여 주실 것이고, 가장 적절한 때에 빛으로 인도하실 것이다.

당신의 신분에 비추어 과거를 보라

그러면 하나님은 어떤 식으로 과거의 경험을 해결하시는가? 먼저, 당신은 과거의 신분이 아니라 현재 신분에 비추어서 과거 경험을 평가할 수 있는 특권이 있다. 일차 감정의 정도는 사건이 발생한 당시에 당신이 어떻게 자신을 인식하고 있었느냐에 따라 정해졌다. 기억하라. 당신 안에 있는 감정은 당신이 그 사건을 어떻게 인식했는지의 결과이지, 사건 그 자체의 결과는 아니다. 당신이 과거 경험의 결과라는 것을 믿지 말라. 그리스도인으로서 당신은 기본적으로 십자가에 달리신 그리스도의 공로가 낳은 결과다. 당신은 그리스도 안에서 새로운 피조물이다. 무서운 과거의 비극을 포함하여 당신의 옛것은 다 지나가고, 여기 새로운 당신이 있다. 세상을 따라 그리스도 없이 살 때 일어난 사건들, 곧 육신의 당신은 그대로 있지만 당신은 그것을 무력하게 할 수 있다.

과거의 상처를 지닌 사람의 감정은 100퍼센트 경직되어 있다. 현재의 어떤 사건이 일차 감정을 자극할 때, 그들은 진실이 아닌 느낌을 믿는다. 예를 들면, 부모에게 언어로 학대받은 사람들은 하나님 아버지의 조건 없는 사랑을 쉽게 믿지 못한다. 일차 감정 때문에 그들은 자신이 부모에게 사랑받을 만한 사람이라는 사실을 의심한다. 그들의 생명이 무엇과도 비교할 수 없는 귀한 것이라는 말을 들을 때도 그들은 자신이 그리스도 안에서 가치 있는 존재라는 사실을 잘 믿지 못한다. 그들은 자신의 느낌을 믿으며, 진리 안으로 나아가지 못한다. 진리를 믿고 믿음으로 행할 때 우리는 자유로워진다.

이제 그리스도 안에 있는 당신은 그리스도 안에서의 신분에 비추어 과거의 사건을 바라볼 수 있다. "이 모든 일이 일어날 때 하나님은 어디에 계셨습니까?"라는 의문으로 괴로워할지도 모른다. 그때 무슨 일이 있었는지에 대하여 마음 쓰지 말라. 지금 이 순간 하나님은 당신을 과거에서 자유롭게 하시기 위해 당신의 삶 가운데 계신다. 그것이 복음이다. 곧 그리스도께서 갇힌 자를 자유케 하려고 오셨다. 그리스도 안에서의 새로운 신분에 비추어 과거 사건들을 이해하는 것이 상한 감정을 치유하는 출발점이다.

내가 아는 한 선교사는 자기 아버지가 동성연애자라는 무서운 비밀을 알고 큰 고뇌에 빠졌다. 나는 그 사실 때문에 그가 그리스도 안에서 얻은 기업이 달라졌느냐고 물어보았다. 그 선교사는 그리스도 안에서 자신의 신분에 아무런 변화도 없다는 것을 깨달았다. 이것을 알고 나서, 그는 감정적으로 상처받지 않으면서 문제에 잘 대처할 수 있었다. 그리고 자신의 참 아버지이신 하나님과 맺은 관계가 변함없다는 사실을 확신했을 때 고통에서 벗어날 수 있었다. 이 선교사는 진리를 올바로 인식했기 때문에 감정적인 영역에서도 자유하게 되었다.

과거에 상처 준 사람들을 용서하라

과거의 상처를 해결하는 두 번째 단계는 당신에게 상처 준 사람들을 용서하는 것이다. 과거에 성폭행을 당한 신디의 감정적인 상처를 치유하는 과정에서 나는 이렇게 말했다. "당신은 당신을 성폭행한 그 남자를 용서해야 합니다." 신디는 육체적으로, 성적으로, 감정적으로 고통당한 많은 그리스도인과 똑같은 반응을 보였다. "내가 어떻게 그 사람을 용서할 수 있나요? 나에게 그렇게 파렴치한 짓을 했는데요."

아마 당신도 똑같이 반응할 것이다. 내게 상처 준 사람을 왜 용서해야 하는가?

첫째, 하나님이 그것을 요구하시기 때문이다. 예수님은 기도의 본을 가르쳐 주시며 이렇게 말씀하셨다. "너희가 사람의 잘못을 용서하면 너희 하늘 아버지께서도 너희 잘못을 용서하시려니와 너희가 사람의 잘못을 용서하지 아니하면 너희 아버지께서도 너희 잘못을 용서하지 아니하시리라"(마 6:14, 15). 하나님이 사랑, 용납, 용서의 바탕 위에서 우리와 관계를 맺으신 것처럼, 우리도 그런 바탕 위에서 다른 사람과 관계를 유지해야 한다(마 18:21-35).

둘째, 사탄의 함정에 빠져들지 않기 위해서다. 나는 상담을 통해, 그리스도인이 다른 사람을 용서하지 않는 것은 그 삶을 사탄에게 내어 주는 출발점이라는 사실을 발견했다. 사도 바울은 서로 용서하라고 촉구한다. "이는 우리로 사탄에게 속지 않게 하려 함이라"(고후 2:11). 용서하지 않는 것은 우리 삶에 사탄을 공개적으로 초청하는 것이다.

셋째, 용서는 모든 성도의 마땅한 자세이기 때문이다. 사도 바울은 "너희는 모든 악독과 노함과 분 냄과 떠드는 것과 비방하는 것을 모든 악의와 함께 버리고 서로 친절하게 하며 불쌍히 여기며 서로 용서하기를 하나님이 그리스도 안에서 너희를 용서하심과 같이 하라"(엡 4:31, 32)고 말했다.

무엇이 용서인가?

용서는 잊어버리는 것이 아니다. 상처를 잊는 것으로 용서하려는 사람들은 대부분 용서하는 데 실패하고 만다. 우리는 하나님이 우리 죄를 잊어버리셨다고 자주 말한다(히 10:17). 그러나 전지(全知)하신 하나님은 어떤 것도 잊지 않으신다. 오히려 우리가 하나님에게 고백하여 용서받은 죄에 대해, 하나님은 우리를 대적하는 데 그 죄를 사용하지 않기로 결정하심으로써 그분 자신이 죄에서 분리되셨다(시 103:12). 당신은 잊지 않고도 용서할 수 있다.

용서는 당신이 죄에 관대해야 한다는 뜻이 아니다. 내 세미나에 참석한 이사벨은, 자신의 주의를 끌기 위하여 계속적으로 자신을 속이는 어머니를 용서하기로 결심했다고 내게 말했다. 그러나 이사벨은 울먹이면서 "다음 주에 어머니를 만나면 어떻게 해야 하지요? 어머니는 달라진 게 없잖아요. 늘 하시던 대로 가족들 사이에서 소란 피우고 다니실 게 틀림없어요. 내 생활이 파괴되어도 어머니를 그대로 두어야 하나요?"라고 물었다.

누군가를 용서한다는 것은 그의 계속적인 죄를 용납해야 한다는 뜻이 아니다. 나는 어머니를 사랑으로 대해야 하지만 동시에 단호하게 대해야 하며, 만일 어머니가 가족들에게 또다시 속임수를 쓴다면 더 이상 용서하지 않겠다고 분명히 말씀드리라고 말했다. 다른 사람의 지나간 죄는 용서해야 하지만, 미래의 죄에는 확고해야 한다.

용서는 과거에 받은 상처에 대해 복수나 앙갚음하지 않는 것이다. "그러면 그들을 자유롭게 내버려두라는 말입니까?"라며 항의할 수도 있다. 그렇다. 하나님이 그들을 그대로 내버려두시지 않으리라는 것을 믿고 그대로 두라. 당신은 자신이 아주 올바른 재판관이라고 느낄지 모른다. 그러나 당신은 공정한 재판관이 아니다. 하나님만이 모든 일을 공정하게 판단하실 수 있는 재판관이다(롬 12:19). 당신이 할 일은 용서의 자비를 베풀고 공의로 심판하시는 하나님에게 모든 것을 맡기는 것이다.

용서는 다른 사람이 지은 죄의 결과를 받아들이기로 결심한다는 뜻이다. 실제로 당신은 용서하든지 용서하지 않든지 가해자가 지은 죄의 결과를 받아들여야 한다. 예를 들어, 교인 가운데 한 사람이 당신을 찾아와 "나는 당신에 대한 나쁜 소문을 퍼뜨렸어요. 나를 용서해 주시겠습니까?"라고 말했다. 엎질러진 물을 다시 주워 담을 수 없듯이, 당신은 그 소문을 다시 모아 담을 수 없다. 그 소문에 어떻게 반응하든지 간에 당신은 그 사람이 퍼뜨린 소문을 받아들여야 한다. 당신은 이 사람을 용서하지 않고 불타는 증오 가운데 살 수도 있고, 이 사람을 용서하고 사랑과 평화 가운데 살 수도 있다. 물론 후자가 하나님의 방법이다.

11장. 감정적인 상처의 치유

용서의 열두 단계

"그 사람이 너무 큰 상처를 주었기 때문에 용서할 수 없어요"라고 말할지도 모른다. 그렇다. 고통은 실제다. 자신이 입은 깊은 상처와 분노를 잊어버리고 다른 사람을 용서할 수 있는 사람은 아무도 없다. 그러나 그 사람을 용서할 때까지 당신은 계속 상처받을 것이다. 당신이 그 과거에서 헤어나지 못하기 때문이다. 용서만이 고통을 멈출 수 있다.

과거에 당신에게 상처 입힌 사람을 용서하는 열두 단계를 소개한다. 이 단계를 잘 밟아 갈 때 과거에서 해방되어 참다운 생활을 할 수 있게 될 것이다.

1. 당신에게 상처 준 사람들의 이름을 종이에 적으라. 어떤 상처였는지도 기록하라(거절, 사랑의 결핍, 불의, 불공평, 신체적 학대, 폭언, 성적 학대, 감정적 학대, 배반, 무시 등).
내 상담실에서 이 목록을 작성한 사람들 가운데 95퍼센트가 1번과 2번에 자기 아버지와 어머니를 기록했다. 대부분 처음 네 사람 가운데 세 사람이 가까운 친척이었다. 이 목록에서 가장 드물게 나타난 것은 하나님과 자기 자신이었다. 하나님은 용서받을 필요가 없으시다. 그러나 우리는 종종 우리의 슬픔과 분노가 하나님 때문이라고 잘못 생각한다. 우리는 이런 잘못된 인식과 감정에서 빠져나와야 한다. 그리고 하나님이 오래전에 용서하셨는데도 자신의 약함과 죄에 대하여 느끼는 죄책감에서 자신을 풀어 주어야 한다.

2. 자신의 상처와 증오를 직시하라. 당신에게 상처 준 사람과 그 행위에 대하여 당신이 지닌 감정을 기록하라. 자신의 감정을 인식하는 것은 죄가 아니다. 당신이 믿든지 믿지 않든지, 하나님은 당신의 감정을 정확히 알고 계신다. 만일 당신이 그 감정을 묻어 버린다면, 용서할 가능성은 사라져 버릴 것이다. 당신은 마음으로 용서해야 한다.

3. 십자가의 의미를 깨달으라. 법적으로 도덕적으로 용서를 정당하게 만든 것은 예수님의 십자가다. 예수님은 당신의 죄와 당신에게 상처 입힌 사람들의 죄를 포함하여 세상 모든 죄를 지고 "단번에"(히 10:10) 죽으셨다. 당신은 마음속으로 "그건 불공평해. 정의가 어디 있어?" 하고 외칠지 모른다. 정의는 십자가 안에 있다.

4. 서로 짐을 지기로 결정하라(갈 6:1, 2). 이 말은 당신을 대적한 사람들의 죄에 대한 정보를 이용하여 장차 당신이 보복하지 않겠다는 뜻이다(눅 6:27-34; 잠 17:9). 참된 용서는 우리를 용서하신 그리스도처럼 대속적인 것이다.

5. 용서하기로 결단하라. 용서는 다른 사람을 그대로 내버려 두고 자신이 과거에서 해방되고자 하는 의지적 결단이며 의식적 선택이다. 당신은 용서하기로 결정하고 싶지 않을 것이다. 그러나 이것은 의지적 결단이다. 하나님이 용서하라고 명령하셨으므로, 당신은 용서하기로 선택할 수 있다. 그 사람이 정말 잘못되어 교회의 징계나 법적 절차를 밟을 수도 있다. 그러나 그것이 당신의 일차적 관심사

가 되어서는 안 된다. 당신의 책임은 그들을 그대로 두는 것이다. 지금 결심하라. 용서의 마음은 적절한 때에 따라올 것이다.

6. 목록을 하나님에게 드리고 다음과 같이 기도하라. "하나님 아버지, 저는 누구의 이러이러한 죄를 용서합니다." 만일 당신이 이 사람에 대하여 자주 고통스러운 감정을 느낀다면, 함께 기도할 수 있는 신뢰할 만한 친구들이나 상담자를 찾아가는 것도 좋다(약 5:16).

7. 그 목록을 찢어 버리라. 당신은 이제 자유다. 당신에게 상처 입힌 사람에게 용서한다고 이야기하지 말라. 이 용서는 오로지 당신과 하나님 사이의 일이다! 당신이 용서해야 할 사람이 이미 죽어 버렸을 수도 있다.

8. 그 사람을 용서하기로 결심했다고 해서 그에게 큰 변화가 일어나리라고 기대하지 말라. 그 대신 그들을 위해서 기도하라(마 5:44). 그러면 그들 역시 용서의 자유를 발견할지 모른다(갈 5:1, 13, 14).

9. 당신이 용서한 사람들을 이해하라. 그들 역시 희생자다.

10. 당신 안에 일어날 용서의 긍정적인 결과를 기대하라. 때가 되면 당신은 상처나 분노, 앙갚음하려는 마음 없이도 상처 준 사람들을 생각할 수 있다. 당신은 부정적인 반응 없이 그들을 대할 수 있을 것이다.

11. 당신이 상처받은 결과로 얻은 영적 성장과 교훈에 대하여, 상처 입힌 사람들을 용서하여 얻은 모든 유익에 대하여 하나님에게 감사하라(롬 8:28, 29).

12. 상처받은 일부 책임이 당신에게 있다는 사실을 인정하라. 당신의 잘못을 하나님과 상대방에게 고백하라(요일 1:9). 그리고 당신을 원망할 만한 사람이 있다면 먼저 그 사람을 찾아가라(마 5:23-26).

두 번째 안수

내가 목회하면서 느낀 가장 큰 어려움은 캘빈이라는 당회원과 계속된 씨름과 용서의 문제였다. 캘빈과의 관계에서 계속 고전하고 있던 나는 그에게 일주일에 한 번씩 개인적으로 만날 수 있는지 물어보았다. 나는 다만 하나의 목표, 즉 캘빈과 좋은 관계를 세우고 싶었기 때문이다.

캘빈과 만난 지 약 넉 달 뒤, 나는 당회를 열어 내가 여행단을 인솔하여 이스라엘 성지 순례를 할 수 있느냐고 물었다. 그 자리에서 캘빈은 손을 들고 총알같이 쏘아댔다. "나는 반대합니다. 여행단 인솔자로서 목사님은 경비를 안 내실 것이고, 그것은 목사님에게 보너스를 주는 것과 같기 때문입니다." 내 비용은 직접 부담할 것이며 휴가를 이용하여 가겠다고 설득하고 나서야 그들은 동의했다.

그와 빚은 갈등 때문에 마음에 부담이 있었지만, 이스라엘 성지 순례는 나에게 영적으로 귀한 경험이 되었다. 나는 예루살렘에서 보낸 자유 시간 가운데 하루를 내어 한 교회를 찾아가 몇 시간 동안 캘빈에 대한 하나님의 마음을 부어 달라고 기도하였다. 그리고 예수님이 세상 죄를 지고 십자가에 못 박히시기 전에 앉아서 땀을 핏방울처럼 흘리셨다는 바위를 바라보았다. 예수님이 세상의 모든 죄를 지실 수 있었다면, 나는 한 사람의 죄를 질 수 있을 것이라는 결론을 내렸다.

그런데 여행에서 돌아온 2주 뒤부터 캘빈의 공격 대상이 청년부 목사로 바뀌었다. 나를 향한 반대는 견딜 수 있었지만, 그가 청년부 목사를 대적하기 시작하자 도저히 참을 수 없었다. 그래서 나는 교회를 사임하기로 결정했다.

그런데 교인들 앞에서 사직서를 읽기 2주 전, 나는 몹시 앓았다. 열이 오르고 등이 아프면서 목소리마저 완전히 잠겼다. 그 즈음 복음서를 읽기 시작한 나는 예수님이 맹인을 치유하신 마가복음 8장 22-26절에 이르렀다. 예수님이 첫 번째 안수하시고 나자 맹인이 "사람들이 …… 나무 같은 것들이 걸어가는 것을 보나이다"(24절)라고 한 말에 주목했다. 갑자기 캘빈이 그 나무와 같다는 사실을 깨달았다. 큰 나무, 곧 만날 때마다 가지가 나를 할퀴는 나무, 내 길을 방해하는 장애물로 캘빈을 바라보았다.

그때 예수님이 맹인을 다시 안수하셨고, 그는 사람을 나무가 아닌 사람으로 보게 되었다. "주님, 제게 두 번째 안수가 필요합니다. 제가 하나님의 목표에서 벗어나지 않고 하나님이 원하시는 목사가 되게 하시려고 그를 제 곁에 두신 것을 깨달았습니다." 그 순간 나는 그를 완전히 용서하기로 작정했다.

다음 주일 나는 교회에 갔다. 사표를 내러 간 것이 아니라 설교를 하러 간 것이다. 목은 여전히 잠긴 상태여서 거의 말을 할 수가 없었다. 그러나 나는 쉰 목소리로, 마가복음을 통해 우리가 하나님과 다른 사람들의 도움이 필요한 상황에서도 독립하려는 성향이 있다는 말씀을 전했다. 나는 나 자신의 독립적인 성향과, 사람들을 내 목표의 장애물이 아닌 온전한 사람으로 볼 수 있도록 주님이 나를 안수해 주시기를 원한다고 교인들에게 고백했다.

설교가 끝난 뒤, 누구든지 주님에게 두 번째 안수를 받고 싶은 사람은 강단 앞으로 나오라고 초청했다. 우리는 찬송을 불렀고 사람들이 몰려나왔다. 순식간에 강단과 통로는 교인들로 가득 찼다. 우리는 모든 문을 열었다. 잔디밭은 기도하려는 사람들로 넘쳤다. 마침내 몇몇 사람을 제외하고는 모든 교인이 앞으로 나왔다. 그것이 바로 부흥이었다.

그 몇몇 사람 가운데 누가 있었겠는가! 캘빈은 전혀 변화되지 않았다. 그러나 내가 변화되었다. 나는 잘못된 것에 대해서는 여전히 확고했다. 죄에 관용할 수는 없기 때문이다. 그러나 나는 더 이상 괴로워하거나 슬퍼하지 않았다. 그리고 캘빈에 대한 내 마음을 고쳐 주시고, 나를 그분이 원하시는 목사로 만들어 주신 하나님에게 뜨거운 감사를 드렸다.

12장

대인 관계에서 거절당할 때

루비는 40년 동안 살아오면서 그 누구보다 거절을 많이 당해 왔다. 그는 태어나기도 전에 미혼모인 어머니에게 버림받았다. 6개월쯤 루비의 어머니가 낙태하려 했으나 기적적으로 살아남은 것이다. 그 후 어머니는 루비의 아버지에게 루비를 맡겼는데, 아버지는 또 루비를 할머니에게 맡겼다. 루비의 할머니는 기괴한 혼합 종교와 마술에 빠져 있었다. 그래서 그는 강령술과 같은 기괴하고 섬뜩한 분위기 속에서 자랐다.

루비는 14세 때 할머니 집에서 빠져나오기 위해 결혼했다. 21세가 되었을 때는 아이를 다섯이나 두었는데, 남편은 자녀들에게 루비가 좋지 않은 엄마라는 인상을 심어 주었다. 마침내 남편과 아이들마저도 루비를 버렸다. 완전히 버림받았다고 느낀 그는 여러 번 자살을 기도했으나 실패했다. 그런 상황 속에서 루비는 그리스도를 영접했다. 그러나 루비를 아는 사람들은 그가 또 자살을 기도할까 봐 두려워하였다. "자살하지 마세요. 견뎌 내세요. 삶이 차츰 나아질 거예요"라는 말로 사람들은 루비를 격려했다. 그러나 루비의 내면에서는 계속 사탄이 비웃는 소리가 들리고 무시무시한 어둠의 영이 온 집안을 메웠다.

루비가 다니는 교회에서 인도하는 일주일간의 수양회에 갔을 때 그는 바로 그런 상태였다. 수요일 저녁, 나는 용서에 대해 말하면서 교인들에게 자신이 용서해야 할 사람들의 이름을 적어 보라고 하였다. 그때 루비는 계속 기침을 하다가 방을 나갔다. 사실은 내가 말하는 예수님 안에서의 자유를 체험하지 못하도록 사탄이 광란적으로 그를 데리고 나간 것이다.

다음 날 오후, 나는 목사님과 함께 개인적으로 루비를 만났다. 그를 상담하고 기도하기 위해서였다. 우리가 용서에 대하여 말하기 시작하자, 루비는 오랫동안 자신에게 상처 주고 자신을 거절한 사람의 이름을 적은 종이를 넉 장이나 내밀었다! 사탄이 그의 삶에서 그렇게 기승을 부렸다는 것은 놀라운 일이 아니다. 사실상 모든 사람이 루비에게서 등을 돌렸다.

우리는 루비가 용서의 열두 단계를 밟도록 인도하였고, 그는 완전히 자유로워져서 사무실을 떠났다. 루비는 처음으로 하나님이 그를 사랑하며 절대로 그를 거절하지 않으신다는 것을 깨달았다. 그는 흥분과 감격에 젖어 집으로 돌아갔다. 마음속에서 들려오는 악마의 목소리와 집안을 감돌던 악마의 존재는 사라졌다.

모든 사람이 루비가 경험한 것과 같은 거절의 고통을 당하는 것은 아니다. 그러나 때때로 우리는 우리가 기쁘게 해주려고 하는 사람들에게 비난받거나 거절당하는 쓴맛을 보기도 한다. 우리는 수용되거나 거절당하거나 둘 중 하나를 택해야 하는 환경에서 태어나고 성장했다.

그리고 누구도 모든 일에 최고가 될 수는 없기 때문에, 우리 모두 부모나 교사, 친구에게 무시당하거나 거절당한다.

더욱이 우리는 죄 가운데 태어났기 때문에, 그리스도 안에서 구원받아 하나님에게 용납받을 때까지는 하나님에게도 거절당하는 것이다(롬 15:7). 우리는 구원받은 후에도 우리가 하나님과 다른 사람에게 무가치한 사람이라는 거짓말을 쉬지 않고 해대는 사탄의 표적이 된다(계 12:10). 이 세상에서 우리는 모두 거절의 고통과 압박을 안고 살아야 한다.

비판받거나 거절당할 때

때로는 거절당했다는 생각이나 느낌이 우리를 괴롭힌다. 만일 우리가 그것을 긍정적으로 다루는 방법을 배우지 않는다면 우리의 영적 성장에 커다란 장애가 될 것이다. 거절당할 때, 불행하게도 우리는 어려서부터 긍정적인 방법으로 해결하는 대신 다음 세 가지 방어 자세 중 하나를 터득해 왔다(그림 12-1을 보라). 그리스도인조차도 가정이나 학교, 사회와 같은 '조직'(system)에서 거절당할 때 방어적으로 대응하는 데 익숙하다.

| 그림 12–1 | 거절에 대한 이해(로마서 15:7)

거절당하고 사랑받지 못한다고 생각하거나 그렇게 느낀다.

⬇

인정받기 위해 중요한 사람들을 기쁘게 하려고 결심한다.

⬇

그래도 거절을 당하면 다음 세 가지 방어 자세 중 하나를 택한다.

⬇ ⬇ ⬇

조직을 바꾸려는 사람*	조직을 따르려는 사람*	조직에 반항하는 사람*
이 사람은 기본적으로 조직을 받아들이고, 남보다 '앞서기' 위해 경쟁하거나 음모를 꾸미는 것을 배워 '중요한 사람'이 된다.	다른 사람들을 만족시키려고 계속해서 노력하나, 끝내는 거절당하고 사랑받지 못한다고 믿기 시작한다.	조직과 싸우며 "나는 당신의 사랑이 필요하지도, 그것을 원하지도 않는다"라고 말하며 사람들이 싫어하는 행동이나 옷차림을 한다.
능력이 점점 약화되기 때문에 끝내 거절당한다.	자신을 거절하는 사람들에게 용납받지 못하기 때문에 더욱 거절당한다.	반항적인 행동 때문에 그들이 거부하는 조직에서 방어하므로 더욱 거절당한다.

감정적인 결과

감정을 표현하는 데 미숙함	무가치하고 열등하다고 느낌	태어나지 않았으면 하는 마음
감정적인 고립	자기 본위	무책임
완벽주의	자기 분석	자기 증오
염려	자책감	비애
스트레스		

하나님에 대한 태도와 반응

하나님의 권위 아래 있기를 싫어하며, 하나님과 거의 교제하지 않음.	육신의 아버지의 행위에 비추어 하나님을 이해하고, 하나님을 쉽게 신뢰하지 못한다.	하나님을 폭군으로 보고 하나님에게 대적한다.

*주_가족이라는 '조직'(system)은 일반적으로 학교나 사회보다 중요한 조직이다.

조직을 바꾸려는 사람

인정사정없는 경쟁이 난무하는 조직을 받아들이고 남보다 앞서기 위해 경쟁하거나 음모를 꾸미는 법을 배움으로써 거절에 대응하는 사람들이 있다. 이들은 무엇을 성취함으로써 다른 사람에게 인정받고 의미를 찾으려는 유력자다. 이들은 모든 상황에서 정상을 차지하려고 하는데, 승리하는 것만이 자신이 인정받는 길이라고 생각하기 때문이다. 그들은 완벽주의, 감정적인 고립, 염려, 스트레스 등의 특징이 있다.

영적인 면에서 조직을 바꿔 보려는 부류에 속하는 사람은 하나님의 권위 아래 있기를 거부하며 하나님과 거의 교제하지 않는다. 이런 사람은 자기 목적을 위하여 사람과 환경을 조종하고 기만한다. 그렇기 때문에 이들은 자신의 삶을 하나님에게 쉽게 맡기지 못한다. 보통 교회에서 어떤 모임을 움직이는 회장을 맡고 있거나 위원회에서 큰 영향을 끼치는 사람 가운데 이런 사람이 많다. 그들은 하나님을 섬기기 위해서가 아니라 조직을 통제하기 위해 그 자리에 헌신한다. 거기에서 자신의 가치를 찾기 때문이다. 이런 사람들은 매우 불안정하다.

슬프게도, 이런 사람이 쓰는 방어 전략은 피할 수 없는 거절을 잠시 미룰 뿐이다. 끝내 가족과 부하, 교회를 조종하려는 그의 능력은 약화되고, 그는 젊고 더 강한 조종자에게 밀려나고 만다. 어떤 사람들은 이 중년기 위기를 잘 견뎌 내어 은퇴하지만, 그들 가운데 많은 이가 은퇴 생활을 즐기지 못한다. 연구 결과에 따르면 이런 부류에 속하는 매우 능력 있던 지도자도 은퇴 후 평균 9개월을 넘기지 못하고 죽었다. 그들은 더 이상 그들의 세계를 조종할 수 없기 때문에 죽은 것이다.

조직을 따르는 사람

"목사님, 저는 실패자입니다." 한 고등학생이 절망적으로 내게 말했다. 이 학생은 인기 선수가 되길 원했지만, 축구 팀에서 제외되었다. 운동선수로서 각광받는 대신 그는 악단에 들어가기로 했다. 그가 생각하기에 운동선수로 각광받는 것과 비교할 때 클라리넷 연주자는 실패자였다.

거절당할 때 많은 사람이 이 학생처럼 그냥 조직을 따르는 반응을 보인다. 그들은 다른 사람을 만족시키려고 계속 노력한다. 그러나 실패했을 때, 그들은 자신이 다른 사람에게 사랑받지 못하고 거절당하고 있다고 믿는다. 조직은 가장 우수하고, 가장 강하며, 가장 아름답고, 가장 능력 있는 사람을 "회원"이라고 말한다. 우리 대부분은 물론 이 범주에 들어가지 않는 사람은 "객"일 뿐이다. 우리는 인간의 가치에 대한 세상의 이러한 잘못된 판단을 받아들인다. 그 결과, 많은 사람이 자신을 무가치하고 열등한 존재로 느끼고, 자책감에 고통당하고 있다.

이 학생 역시 하나님과 맺은 관계에 문제가 있다. 자기 상황에 대하여 하나님을 비난하며, 하나님을 믿기 어렵다고 생각한다. 그는 "하나님은 나를 운동선수 대신 천한 클라리넷 연주자로 만드셨어요"라고 불평한다.

조직의 잘못된 판단을 그대로 따르면서 그는 자기가 더욱더 거절당한다고 느낀다. 거짓말하고 심지어 스스로 자기 자신을 거절한다. 그러므로 그는 성공하거나 용납된다 하더라도 자기 자신에 대하여 이미 믿고 있는 것 때문에 그런 사실을 의심할 것이다.

조직에 반항하는 사람

1960년대 이후, 사회에서 이런 세력이 점점 커지는 것처럼 보인다. 이들은 주로 반란자와 낙오자로서 "나는 당신도, 당신의 사랑도 필요하지 않습니다"라는 말로 거절에 대응한다. 마음 깊은 곳에서는 계속 용납받기를 원하면서도 그런 필요를 인정하지 않으려고 한다. 그들은 대체로 사람들에게 혐오감을 주는 옷차림과 행동을 함으로써 도전이나 반항을 강조한다.

반항은 자기 증오와 비애로 나타난다. 이들은 자신이 세상에 태어나지 않았으면 좋았을 거라고 생각한다. 이들은 무책임하고 규율이 없다. 그리고 하나님을 일종의 폭군, 곧 사회적인 틀 속에 자신을 가두어 두려는 폭군이라고 생각한다. 이들은 다른 사람에게 하듯이 하나님에게도 저항한다.

이들의 반항적인 태도는 다른 사람들을 멀리하려는 경향이 있어서 그들이 거부하는 조직을 사람들이 지지하도록 몰아댄다. 그러므로 그들을 반대하는 사람들에 대한 반항적인 반응은 더욱 거절당한다.

무방어가 방어다

당신에 대한 세상의 비판이나 부정적인 평가에 방어적으로 반응하지 않아도 되는 두 가지 이유가 있다.

첫째, 만일 당신이 잘못했다면 방어하지 말아야 한다. 당신이 한 잘못된 말이나 행동을 비난받았다면, 그리고 그 비난이 타당하다면, 당신의 변명은 기껏해야 사건을 합리화하는 것이거나 심하면 거짓말하는 결과가 된다. 그냥 자기 잘못을 인정하고 자신의 성격이나 행동을 고치려고 하라.

둘째, 만일 당신이 옳다면 방어하지 않아도 된다. 베드로는 "욕을 당하시되 맞대어 욕하지 아니하시고 고난을 당하시되 위협하지 아니하시고 오직 공의로 심판하시는 이에게 부탁하[신]"(벧전 2:23) 그리스도의 발자취를 따르라고 했다. 만일 당신이 옳다면, 자신을 방어하지 않아도 된다. 당신이 누구이며 무엇을 했는지를 아시는 공의로운 재판장, 하나님이 당신을 그 비난에서 건져 주실 것이다.

목회 초기에 나와 함께 교회 청소년 사역에 헌신한 많은 일꾼 가운데 앨리스라는 여성이 있었다. 여학생 반을 맡은 그는 다재다능했지만, 불행하게도 자기가 맡은 부서를 잘 관리하지 못했다. 그래서 앨리스는 아주 힘들어했고, 좌절에 빠진 나머지 그 일을 그만두기로 했다. 일이 잘되지 않았기 때문에, 그는 누군가에게 비난의 화살을 돌려야 했다. 그런데 그 대상이 바로 내가 된 것이다. "목사님을 만나야겠습니다." 어느 날 앨리스가 씩씩대며 내게 말했다. 그래서 우리는 만나기로 약속했다.

자리에 앉자 앨리스는 종이 한 장을 책상 위에 올려놓았다. "목사님, 제가 목사님의 장점과 약점을 다 적어 왔습니다." 종이에는 칸 두 개가 그려져 있었다. 한 칸에는 장점이, 다른 한 칸에는 단점이 적혀 있었다. 장점 칸에는 한 가지만 적혀 있고, 단점 칸은 마지막까지 채우고도 모자라 뒷장까지 계속되었다.

나는 그 비난에 대해 하나하나 변명하고 싶었다. 그러나 성령께서 "입 다물고 있으렴!" 하고 말씀하셨다. 그래서 나는 앨리스가 양쪽 칸을 다 읽을 때까지 조용히 듣고 있었다.

마침내 내가 이렇게 물었다. "그걸 다 적어서 내게 보여 주기까지 큰 용기가 필요했겠어요. 내가 어떻게 하면 좋겠습니까?"

이 질문에 앨리스는 할 말을 잃고 울기 시작했다. "목사님, 목사님이 아니에요. 이건 바로 저 자신에 대한 얘기예요." 앨리스는 흐느껴 울었다. 그 말이 전적으로 옳은 것은 아니었다. 나를 비난하는 목록에는 맞는 말도 있었다. 그러나 만일 내가 나 자신을 방어했다면 그는 내 잘못을 확인시키려고 했을 것이다. 그러나 내가 나를 방어하지 않고 수용하는 태도를 보였기 때문에 앨리스는 자신이 맡은 사역이 실패한 것에 대하여 나와 의논할 준비를 하게 되었다. 2주 뒤, 앨리스는 여학생 반을 그만두었고 지금은 자신의 은사에 맞는 사역을 잘 감당하고 있다. 만일 어떤 사람이 당신의 인격적인 약점을 들추거나 당신이 한 일을 비난할 때 자신을 방어하지 않는다면, 당신은 그 상황을 바꿀 수 있으며 그 사람을 섬길 수 있는 기회를 갖게 된다. 당신은 조직을 바꾸려고 하거나, 조직을 따르거나, 조직에 반항하는 식으로 거절에 반응하지 않아도 된다. 세상의 조직이 당신의 가치를 결정하는 것은 아니기 때문이다. 사도 바울은 "그러므로 너희가 그리스도 예수를 주로 받았으니 그 안에서 행하되 그 안에 뿌리를 박으며 세움을 받아 교훈을 받은 대로 믿음에 굳게 서서 감사함을 넘치게 하라"(골 2:6, 7)라고 권고한다. 당신은 그리스도께 충성하고 있는 것이지 세상에 충성하고 있는 것이 아니다.

바울은 계속 "누가 철학과 헛된 속임수로 너희를 사로잡을까 주의하라. 이것은 사람의 전통과 세상의 초등 학문을 따름이요 그리스도를 따름이 아니니라"(골 2:8)라고 말한다. 세상에 있는 조직은 당신에게 영향을 끼친다. 그러나 당신은 그 조직에 속해 있지 않기 때문에 대응하지 않아도 된다. 당신은 세상 속에 있으나 세상에 속하지 않는다(요 17:14-16). 당신은 그리스도 안에 있다. 만일 당신이 거절에 대하여 방어적으로 대응한다면, 자신의 믿음을 새롭게 세우고 확립하는 일에 관심을 기울이라.

다른 사람을 비판하거나 거절하고 싶을 때

거절에는 두 가지가 있다. 거절당하는 것과 거절하는 것이다. 우리는 당신이 세상의 조직에 거절당했을 때 어떻게 반응하는지를 이야기했다. 이제 다른 사람을 비판하거나 거절하고 싶은 유혹을 받을 때 어떻게 해야 하는지 살펴보기로 하자.

내가 목회할 때 한번은 경찰관이라도 꺼려할 만한 곤란한 전화를 받았다. "목사님, 지금 곧 이리로 와 주셔야겠어요. 그렇지 않으면 우리가 서로를 죽일 것 같아요." 우리 교회 교인인 프레드가 건 전화였다. 수화기 너머로는 그의 아내인 수의 비명이 들렸다.

그 집에 도착한 나는 부부를 탁자에 마주 앉혀 놓고 문제점이 무엇인지 서로 이야기하게 하였다. 나는 탁자 끝에 앉았다. 그들은 한 참 서로를 향해 악을 쓰면서 으르렁거리더니 비난과 욕을 퍼부었다.

결국 내가 끼어들었다. "이제, 그만하세요. 수, 커피 좀 가져오시겠어요? 프레드는 종이 한 장과 연필을 가져오세요. 그리고 두 분 다 각자 성경을 가져오세요." 탁자에 다시 모였을 때 나는 간단한 도표를 그렸고(그림 12-2를 보라), 함께 하나님의 말씀을 보았다.

| 그림 12-2 |

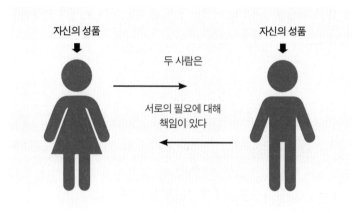

나는 프레드에게 로마서 14장 4절을 읽으라고 했다. "남의 하인을 비판하는 너는 누구냐. 그가 서 있는 것이나 넘어지는 것이 자기 주인에게 있으매 그가 세움을 받으리니 이는 그를 세우시는 권능이 주께 있음이라."

"이 구절은 다른 사람의 성품을 판단하는 것에 대하여 말하고 있습니다. 하나님 앞에서 두 사람은 각자의 성품에 대한 책임이 있습니다"라고 내가 말했다. 두 사람 모두 고개를 끄덕였다.

이번에는 수에게 빌립보서 2장 3절을 읽으라고 했다. "아무 일에든지 다툼이나 허영으로 하지 말고 오직 겸손한 마음으로 각각 자기보다 남을 낫게 여기고."

나는 계속 말했다. "이 구절은 필요에 대하여 말하고 있습니다. 하나님 앞에서 각자는 상대방의 필요를 채워 주어야 할 책임이 있습니다." 두 사람은 다시 내 말에 동의했다.

"두 분이 두 시간 동안 무엇을 하고 있었는지 아세요? 자신의 성품에 대한 책임을 지는 대신 상대방의 성품을 헐뜯고 있었습니다. 상대방의 필요를 돌아보는 대신 이기적으로 자신의 필요에만 빠져 있었습니다. 두 분의 결혼 생활이 원만하지 못한 것은 놀라운 일이 아닙니다. 두 분은 서로의 관계를 위해 하나님의 방법 대신 인간의 방법에 집중했으니까요!" 그날 프레드와 수는 하나님의 말씀에 따라 자신들의 책임을 새롭게 인식하였다.

만일 모든 사람이 자신의 성품에 대한 책임을 지고, 함께 사는 사람의 필요를 채우려고 노력한다면, 우리의 가정과 교회가 어떻게 되겠는가? 모두 천국이 될 것이다. 그러나 우리는 자신의 성품을 함양하고 다른 사람의 필요를 채워 주려고 노력하기보다는 다른 사람의 성품을 비난하고 이기적으로 자신의 필요만을 채우려고 한다. 전자의 경우만이 서로 성숙하도록 도울 것이다.

책임이 중요하다

사람들과 맺은 관계에서 사탄이 사용하는 또 다른 속임수는 우리가 책임보다는 권리 주장에 더 집착하게 만드는 것이다. 한 예로, 아내가 복종해야 한다고 생각하기 때문에 아내를 함부로 대하는 남편을 들 수 있다. 아내는 남편에게 영적 인도를 기대하기 때문에 남편에게 잔소리를 해댄다. 부모는 자녀에게 순종을 요구할 권리가 있다고 생각하기 때문에 자녀를 괴롭힌다. 교인들은 목사나 당회, 다른 교인에게 자신의 권리를 침해당했다고 생각할 때 교회 안에서 말썽을 일으킨다.

하나님의 조직 안에서 우리는 책임을 완수하는 데 집중해야지 권리를 주장하는 데 중점을 두어서는 안 된다. 남편들이여, 당신에게는 아내에게 순종을 요구할 권리가 없다. 대신 아내를 사랑하고 돌보는 남편이 될 책임이 있다. 머리가 된다는 것은 권리를 주장하는 것이 아니라 중대한 책임을 진다는 뜻이다.

마찬가지로 아내들이여, 당신에게는 남편에게 영적 인도를 요구할 권리가 없다. 대신 남편에게 순종하고 그를 도와주는 아내가 될 책임이 있다. 부모들이여, 당신에게는 자녀에게 순종을 요구할 권리가 없다. 그 대신 자녀를 훈련하고 양육하여 하나님의 말씀으로 잘 인도해야 할 책임이 있다. 그리스도의 몸을 이루는 지체가 되고 지역 교회의 교인이 되는 것은 놀라운 특권이지 권리가 아니다. 이 특권은 하나님의 자녀로서 행동하고 사람들을 사랑하는 중대한 책임을 다할 때 누릴 수 있다. 우리가 그리스도 앞에 섰을 때, 주님이 우리에게 모든 특권을 받았느냐고 물으시지는 않을 것이다. 그러나 그분은 책임을 잘 완수했는지 물으실 것이고 그에 따라 상을 주실 것이다.

내가 모든 양심의 표준은 아니다

나는 도덕적으로 훌륭한 가정 환경에서 자랐고, 교회도 다녔다. 그러나 그리스도인은 아니었다. 그 당시 나는 맥주를 매우 좋아했는데, 더운 날 잔디를 깎고 난 뒤 마시는 맥주 맛은 정말 기막혔다. 나는 젊었을 때 그리스도를 영접했는데, 그때 출석하던 교회에서는 술을 금하였다. 나는 술주정뱅이가 아니었으므로, 그것을 무시하고 계속 맥주를 즐겼다.

그로부터 2년 뒤 주님이 내게 맥주 마시는 것에 대한 죄책감을 주셨다. 그것을 계기로 나는 주님에게 순종하기로 결심하고 더 이상 맥주를 마시지 않았다. 한 가지 문제는 막 맥주 네 상자를 샀다는 것이다. 1년 뒤 신학교로 떠날 때 나는 내 이삿짐을 옮겨 준 친구들에게 그 맥주를 나눠 주어 그들이 하나님과 씨름하도록 하였다!

때때로 우리는 성경에서 명백하게 말하지 않는 문제, 곧 "그리스도인은 술을 마시거나 담배를 피워서는 안 된다", "최소한 하루에 30분은 기도하고 성경을 읽어야 한다", "복권을 사는 것은 좋은 일이 아니다"와 같은 문제로 다른 사람의 삶에 우리 자신이 성령이나 양심의 역할을 하려고 할 때가 있다. 성령은 적당한 때에 분명하게 양심의 문제에 대한 확신을 주신다. 그것은 성령께서 감독하시는 성화의 한 과정이다. 우리 스스로 성령의 역할을 대행하려고 할 때 사람들에게 비판받거나 거절당하게 된다. 우리는 단지 사람들을 용납하기만 하면 된다. 성령께서 적절한 때에 그분의 일을 하실 것이다.

권면하되, 판단하지 말라

그리스도인이 행위의 문제로 서로 맞서야 하는 경우가 있을까? 그렇다. 그런 경우가 있다. 하나님은 우리가 성경의 범위를 명백히 벗어난 죄를 짓는 사람들을 상대하여 그들이 돌이키도록 권고하기를 바라신다. 예수님은 "네 형제가 죄를 범하거든 가서 너와 그 사람과만 상대하여 권고하라. 만일 들으면 네가 네 형제를 얻은 것이요 만일 듣지 않거든 한두 사람을 데리고 가서 두세 증인의 입으로 말마다 확증하게 하라"(마 18:15, 16)라고 말씀하신다.

그러나 여기서 구별해야 할 것이 있다. 권면(discipline)은 당신이 목격한 행동에 대한 문제이고(갈 6:1), 판단은 인격에 관한 문제다. 우리는 다른 사람의 죄에 대해서는 맞서야 하지만, 그들의 인격을 판단해서는 안 된다(마 7:1; 롬 14:13). 행위를 권면하는 것은 우리가 할 일이지만, 인격을 판단하는 것은 하나님이 하실 일이다.

예를 들어, 당신의 자녀가 거짓말한 것을 지금 알았다고 가정하자. 그래서 아이에게 "이 거짓말쟁이!"라고 말했다. 그것은 판단이며, 그의 인격에 대한 공격이다. 그러나 만일 "얘야, 너 지금 거짓말을 했구나"라고 말한다면 그것은 권면이다. 드러난 행위에 대한 책임을 아이에게 지우는 것이다.

또 그리스도인 친구가 당신에게 세금을 속인 일을 고백했다고 가정하자. 만일 당신이 그를 도둑으로 몰아세운다면 그의 인격을 판단하는 것이다. 그렇게 해서는 안 된다. 다만 당신이 알고 있는 것에 따라 그를 대해야 한다. 즉 "세금을 속이는 것은 국가의 돈을 도둑질하는 것이므로 잘못된 일이다"라고 말해야 한다.

그러므로 어떤 사람을 권면할 때에는, 자신이 직접 보았거나 개인적으로 들은 사실에 기초해야 한다. 의심이나 떠도는 소문에 근거해서는 안 된다. 만일 당신이 어떤 사람의 행위를 지적했는데 그 사람이 아무런 반응을 보이지 않는다면, 다음에 두세 사람의 증인을 데려가야 한다. 당신의 대면을 증거 하기 위해서가 아니라, 그의 죄를 증거 할 증인을 말이다. 만일 당신이 유일한 증인이라면, 그와 단독으로 만나고 그대로 내버려두라. 그가 당신을 볼 때마다 하나님이 그에게 죄를 떠올리실 것이다. 그래서 결국 그는 바르게 되든지 떠나든지 둘 중 하나를 택할 것이다.

우리가 권면이라고 하는 것은 대부분 인격 모독이다. 우리는 순종하지 않는 아이들에게 "이 바보 녀석", "너는 아무 짝에도 쓸모없는 놈이야!"라고 내뱉는다. 우리는 잘못을 저지른 그리스도인 형제자매들에게 "너는 좋은 그리스도인이 못 돼", "넌 도둑이야", "탐욕스러운 술주정뱅이"라고 말한다. 그런 말은 잘못된 행동을 고치지도, 그 사람을 교육시키지도 못한다. 단지 그의 인격을 모독하고 그 사람이나 그의 행위를 비난하는 것일 뿐이다. 당신의 아이는 거짓말쟁이가 아니다. 그는 하나님의 자녀인데 거짓말한 것뿐이다. 그리스도인 친구는 도둑이 아니다. 그는 하나님의 자녀인데, 남의 물건을 훔친 것뿐이다. 부도덕한 행위를 한 사람은 타락자가 아니다. 그는 순결성이 더럽혀진 하나님의 자녀다. 우리는 다른 사람이 자신의 행위를 책임지도록 할 수는 있지만, 그들의 인격을 모독해서는 안 된다.

남을 판단하지 말고 자신의 필요를 설명하라

만일 당신이 인간관계에서 충족하지 못한 필요가 있다면, 사람들의 비판이나 거절을 무릅쓰고서라도 그 필요를 설명해도 될까? 그렇다. 그럴 수 있다. 그러나 다른 사람의 인격을 공격하지 않으면서 필요를 설명해야 한다. 예를 들어 당신이 어떤 사람에게 사랑받지 못하고 있다면, "당신은 나를 더 이상 사랑하지 않는군요"라고 말하겠는가? 또는 배우자가 당신을 소중히 여기지 않는다고 느낄 때, "당신은 나를 무가치한 존재처럼 느끼게 만들어요"라고 말하겠는가? 또 친구와 거리가 멀어졌다고 느끼면, "너는 내게 편지도 하지 않고 전화도 하지 않았어"라고 말하겠는가? 이런 표현은 자신의 필요를 상대방에게 전달하기는 하지만, 그 과정에서 그 사람을 꾸짖는 것이다. 상대방이 스스로 양심으로 깨달아 알 일을 당신이 지적해 준 것이다. 이렇게 당신의 필요를 그 사람의 문제인 것처럼 몰아댈 때, 결국 상대방은 방어 태세를 취하게 되며 서로의 관계가 파괴될 수도 있다.

자신의 필요를 이런 식으로 표현하면 어떻겠는가? "나는 당신에게 사랑받고 있는 것 같지 않아요", "나는 무가치한 사람, 중요하지 않은 사람인 것처럼 생각돼요", "우리가 정기적으로 대화하지 않을 때 나는 대화가 그리워요." "당신"이라는 말로 상대방을 비난하는 대신, "나" 또는 "우리"라는 말을 사용하여 상대방을 비난하지 않고 자신의 필요를 설명하면 된다. 이렇게 상대방을 판단하지 않는 방법으로 접근할 때, 하나님이 상대방의 양심을 일깨우셔서 잠재적인 갈등을 섬기는 기회로 바꾸실 것이다. 그러면 상대방은 자신을 방어하는 대신 당신의 필요에 민감하게 반응할 것이다.

인간은 누구나 사랑받고 싶어 하고, 용납되며, 소중히 여김을 받고 싶어 한다. 이런 필요가 충족되지 못할 때, 자신의 필요를 가족이나 동료 그리스도인에게 적극적으로 표현하여 필요를 채우는 것은 대단히 중요하다. 모든 유혹은 필요가 충족되지 못할 때 찾아온다. 당신이 당당하게 "나는 당신에게 사랑받지 못하는 것 같아"라고 말하거나 "이제 당신은 나를 사랑하지 않아"라고 상대방을 몰아세울 때, 당신의 필요는 채워지지 않을 것이다. 그때 사탄은 "네 아내는 너를 사랑하지 않아. 그러니 그윽한 사랑의 눈길로 바라보는 여비서를 봐라" 하고 사악한 대안을 제시한다.

하나님이 순결을 보존하면서 필요를 채우도록 마련하신 곳이 바로 믿는 자들의 공동체다. 문제는 많은 사람이 거룩한 체하며 교회 학교에 가고, 교회에 출석하며, 성경 공부에 참석한다는 것이다. 사람들은 다른 사람 앞에서 강한 사람으로 보이려 하기 때문에, 따뜻하고 안전한 그리스도인 공동체 안에서 그들의 필요를 채울 수 있는 기회를 스스로 저버리고 있다. 이것이 하나님이 우리를 교회로 불러 모으신 중요한 이유인데도 말이다. 당신의 정당한 필요를 충족시킬 수 있도록 하나님이 주신 믿는 사람들과의 교제를 거부함으로써 당신은 하나님에게서 독립적으로 행동하고 있으며, 세상과 육신, 마귀에게 자신을 내어 주고 있다.

언젠가 어느 목사가 이렇게 익살스럽게 말한 적이 있다. "만일 사람들을 위한 것만 아니라면 사역은 굉장한 직업일 거야." 아마 비슷하게 이렇게 말할 수 있을 것이다. "만일 사람들을 위한 것만 아니라면 그리스도 안에서 성장하는 것은 아주 쉬울 것이다." 그리스도를 따르는 것은 수직적인 면과 수평적인 면, 즉 하나님에 대한 사랑과 인간에 대한 사랑이 동시에 작용한다는 것을 우리는 잘 알고 있다. 하나님은 사람들과 맺은 관계를 통하여 우리 삶에 역사하신다는 것을 우리는 알아야 한다. 우리가 함께 일하는 사람들과 맺은 관계를 통하여 인내와 친절, 용서, 함께 일하는 정신을 배우지 않는다면 어디서 그것들을 배우겠는가? 우리가 계속해서 자라 가야 할 책임과 다른 사람들을 사랑해야 할 책임을 받아들이지 않는다면 다른 사람들과 맺은 관계에 헌신하는 것은 매우 어려울 것이다. 그러나 당신은 그 책임을 감당할 수 있다. 어떤 것도 당신의 신분을 정해 주지 않는다는 것을 기억하라. 당신과 하나님, 그리고 하나님에 대한 당신의 반응이 당신의 신분을 정한다.

다음 시는 어느 학생이 자기를 표현한 것 같다며 내게 준 것이다. 나는 이 학생의 말이 사실이기를 바란다. 이 시는 때때로 문제가 많은 그리스도인들의 관계에 유익한 시각을 제시할 것이다.

사람들이 비합리적이고, 비논리적이고, 자기중심적일지라도 그들을 사랑하라.

선을 행했는데도 사람들이 이기적이거나 숨은 동기로 당신을 비난할지라도 선을 행하라.

성공하면 악한 친구와 원수를 얻게 될지라도 성공하라.

오늘 행한 선이 내일 잊힌다 할지라도 선을 행하라.

정직하여 공격당한다 할지라도 정직하라.

위대한 생각을 가진 사람이 비열한 마음을 가진 사람에게 죽임을 당한다 할지라도 위대한 생각을 가지라.

패배자를 동정하면서도 힘 있는 사람만을 좇는 사람들이 있을지라도 패배자를 위해 싸우라.

수년 동안 쌓은 것이 하루저녁에 무너질 수 있을지라도 계속 쌓으라.

도움을 베푼 사람에게 오히려 공격당할지라도 사람들을 도와주라.

가장 좋은 것을 준 당신을 세상이 걷어찰지라도 가장 좋은 것을 세상에 주라.[6]

누구라도 다른 그리스도인의 인격이나 행위에서 약점을 발견할 수 있다. 그러나 하나님의 은혜는 충동적인 베드로에게서 예루살렘 교회의 반석이 될 잠재력을 보는 것이다. 또 하나님의 은혜는 박해자 사울에게서 사도 바울을 보는 것이다. 그러므로 당신이 날마다 대하는 사람들 속에서 때때로 성도답지 못한 행동을 발견할지라도 (다른 사람들도 당신에게서 그런 모습을 발견한다), 은혜와 평강이 당신에게 더욱 넘치길(벧후 1:2) 기도한다.

13장

사람들은 관계 속에서 더 성숙한다

해마다 1월이면 나는 캘리포니아의 샌디에이고 가까이에 있는 줄리앙 센터에서 한 달 동안 신학생 24명과 함께 생활하며 성경 공부를 하는 특권을 누린다. 줄리앙 센터를 세운 내 친구 딕 데이는 관계를 통하여 그리스도인을 교육하려는 비전을 가지고 있다. 이곳 프로그램은 12주 동안 몇 그룹으로 모여 생활하면서 성경 공부를 하도록 되어 있는데, 1월에는 신학생을 대상으로 4주간 단기 훈련을 한다. 나는 1월에 하는 훈련에 참가하여 친구와 함께 학생들을 가르친다.

관계 훈련을 소개하기 위하여, 나는 학생들을 세 명씩 모아 조를 짜서 서로 마음을 터놓고 친해지게 하는 일부터 시작한다. 그리고 첫 시간을 끝낼 때는 대개 학생들에게 느낌이 어땠는지 묻는다. 그러면 학생들의 전형적인 대답은 "기쁘다", "수용된다는 느낌이 든다", "마음이 편하다", "기대된다" 등이다. 그중 몇몇은 조금 놀랐다는 반응을 보이기도 한다.

그런데 어느 해인가 대니라는 남자가 "지루하다"고 표현하여 나를 깜짝 놀라게 했다. 대니는 배우러 왔지, 관계를 맺기 위해 온 것이 아니었다. 그는 성경 공부를 원했지, 공동체를 원하지 않았던 것이다. 그는 학생들이 서로 친근감을 갖고 관계를 이루게 하려는 내 시도가 시간 낭비라고 생각했다. 날마다 다른 학생들은 더 친해지는데도 대니는 냉정하게 혼자 있었다.

2주 뒤, 대니의 저항은 마침내 끝이 났다. 그는 서로를 알고 받아들이는 공동체 안에서 사람들이 가장 잘 성숙해진다는 것을 알기 시작하였다. 그리고 동료 학생들에게 마음을 열면서 훈련의 유익을 누리기 시작했다.

줄리앙 센터에서 1개월 과정을 마친 대니는 새로운 비전을 가지고 운영하고 있던 조그마한 사업체로 돌아갔다. 그는 사람들에게 이렇게 말했다. "여러분, 지금까지 우리가 약 1년 동안 함께 지냈지만 나는 여러분이 어떻게 생활하는지, 여러분의 가족이 어떻게 사는지 모릅니다. 여러분 역시 나에 대해 거의 모르고 있습니다. 우리 서로 자신에 대해 알리고, 함께 삶을 나누도록 합시다." 대니는 제자도의 비밀을 알게 된 것이다. "우리가 이같이 너희를 사모하여 하나님의 복음뿐 아니라 우리의 목숨까지도 너희에게 주기를 기뻐함은 너희가 우리의 사랑하는 자 됨이라"(살전 2:8).

관계_ 성숙의 요체

내가 사람들의 영적 성장을 위한 제자 훈련 사역을 하면서 공통적으로 듣는 두 가지 질문이 있다. "어떤 교재를 사용하십니까?"와 "어떤 프로그램을 갖고 있습니까?"라는 것이다. 내 대답은 이렇다. 만일 교재가 기본적으로 성경이 아니라면, 그리고 프로그램이 기본적으로 관계에 중점을 둔 것이 아니라면, 그것은 제자 훈련이 아니다.

제자 훈련에서 중요한 것은 교재가 아니다. 성경을 중심으로 영적 성장에 대해 연구한 자료는 많다. 오늘날 제자 훈련에 있어서 우리가 잃어버린 부분은 개인적인 상호 관계다. 우리는 성숙이 필요한 사람의 손에 책 한 권을 급히 쥐어 주고는, "이 책이 당신에게 그리스도 안에서 자라 가는 방법을 가르쳐 줄 것입니다"라고 말한다. 그러나 우리 자신이 다른 사람에게 친근히 다가가서, "그리스도께서 우리 삶 속에 하신 일을 함께 나누면서, 그리스도 안에서 성장하도록 서로 도웁시다"라고는 좀처럼 말하지 않는다.

제자 훈련은 하나님과 맺은 관계에서 자라 가도록 서로를 도울 수 있는 두 사람 이상의 사람들이 행하는 개인적인 활동이다. 예수님이 제자를 부르시는 원리가 그분의 말씀 속에 잘 나타나 있다. "내게로 오라"(마 11:28), "나를 따라오라"(마 4:19), "이에 열둘을 세우셨으니 이는 자기와 함께 있게 하시고 또 보내사 전도도 하며 귀신을 내쫓는 권능도 가지게 하려 하심이러라"(막 3:14, 15). 예수님과 제자들의 관계는 예수님이 제자들에게 사명을 주시기 전에 먼저 이루어졌다는 사실에 주목하라. 제자 훈련은 행동 이전에 신분이고, 사역

이전에 성숙이며, 경력 이전에 인격이다.

모든 그리스도인은 다른 그리스도인과 맺은 관계에서 제자인 동시에 제자를 만드는 사람이다. 당신은 그리스도 안에 있다는 것이 무엇을 뜻하는지, 성령 안에서 행하는 것과 믿음으로 사는 것이 무엇을 의미하는지 가르치는 교사이면서 배우는 제자라는 두려운 특권과 책임을 지닌다. 당신은 남편과 아버지, 목사와 교회 학교 교사, 제자 훈련 지도자처럼, 다른 사람을 훈련한다는 특별한 책임을 지우는 가정과 교회, 또는 그리스도인 공동체 안에서 중요한 역할을 맡고 있다. 그러나 당신은 제자 훈련은 감당하지만, 다른 사람과 맺은 관계에서 배우고 성장하는 제자로서 살지 않을 수 있다. 반대로 당신은 다른 사람을 훈련하는 '공적'인 책임은 지지 않을지라도, 다른 사람들과 맺은 관계에서 배우는 제자로서 살 수 있다. 당신은 자녀와 친구, 다른 그리스도인이 그리스도 안에서 성장하도록 돌보고, 그들과 맺은 관계를 통하여 그들을 도울 수 있다.

마찬가지로 모든 그리스도인은 다른 그리스도인과 맺은 관계에서 상담자와 내담자 두 가지 처지가 된다. 제자 훈련과 상담은 다르다는 것을 기억하라. 제자 훈련은 미래를 내다보면서 영적 성장을 도모하는 것이고, 상담은 과거를 돌아보면서 문제를 바로잡고 연약한 부분을 보강하는 것이다. 당신은 맡은 역할이나 성숙도 때문에 기독교 상담을 많이 할지도 모른다. 그러나 당신 자신이 다른 그리스도인에게 상담받아야 할 때도 있을 것이다. 아니면 초신자이기 때문에 또는 문제로 가득 찬 과거 때문에 당신은 많은 상담이 필요할 수도 있다. 또한 하나님이 언제 당신 주위에 있는 그리스도인들을 상담할 수 있는 기회를 주시는지 민감하게 살펴야 할 것이다.

이 마지막 장을 통해 당신이 그리스도인 공동체 안에서 제자 훈련이나 상담을 잘 감당할 수 있도록 준비되기를 바란다. 당신이 제자 훈련이나 상담을 '전문적'으로 하는 자든 '평범하게' 그리스도 안에서 다른 사람들이 성숙해지고 자유로워지도록 돕는 자든 상관없이, 다음에 나오는 제자 훈련 계획과 상담에 관한 개념은 실제적인 지침이 될 것이다.

제자 훈련을 위한 계획

골로새서 2장 6-10절에서 바울이 제시한 바에 따르면, 미래를 내다보며 다른 사람을 제자 훈련 하는 데는 세 가지 단계가 있다. 이 단계는 그림 13-1에 나타나 있다.

1단계는 사람들을 돕는 데 필요한 기본적인 사항을 설명한다. 먼저 그리스도 안에서 사람들의 신분(identity)을 확인시켜 주는 것이다. 바울은 "너희도 그 안에서 충만하여졌으니"(골 2:10)라고 표현함으로써 그리스도 안에서 우리 신분이 결정되었다고 선포한다.

2단계는 그리스도 안에서의 영적 성숙(maturity)을 다루는데, 우리가 "세움을 받아"(7절)라고 나타나 있다.

3단계는 그리스도 안에서 매일 행하는(walk) 문제를 설명하는데, 이 그리스도 안에서의 행위는 우리의 신분과 영적 성숙 위에서 이루어진다. 사도 바울은 "그러므로 너희가 그리스도 예수를 주로 받았

| 그림 13-1 | 그리스도 안에서의 훈련_ 갈등과 성장 단계

	1단계	2단계	3단계
	신분(identity) 그리스도 안에서 충만함 (골 2:10)	성숙(maturity) 그리스도 안에서 세워짐 (골 2:7)	행함(walk) 그리스도 안에서 행함 (골 2:6)
영적	갈등_ 구원받지 못했거 나 확신이 부족함 (엡 2:1-3)	갈등_ 육신을 좇아 행함 (갈 5:19-21)	갈등_ 성령의 이끄심에 둔함 (히 5:11-14)
	성장_ 하나님의 자녀 (요일 3:1; 5:11-13)	성장_ 성령을 좇아 행함 (갈 5:22, 23)	성장_ 성령의 인도함을 받음 (롬 8:14)
이성적	갈등_ 총명이 어두워짐 (엡 4:18)	갈등_ 인생의 잘못된 철학을 믿음 (골 2:8)	갈등_ 교만 (고전 8:1)
	성장_ 마음을 새롭게 함 (롬 12:2; 엡 4:23)	성장_ 진리의 말씀을 옳게 분별함 (딤후 2:15)	성장_ 모든 선한 일을 행하기에 온전케 함 (딤후 3:16, 17)
감정적	갈등_ 두려움 (마 10:26-33)	갈등_ 분노(엡 4:31), 염려(벧전 5:7), 의기소침(고후 4:1-18)	갈등_ 낙심과 슬픔 (갈 6:9)
	성장_ 자유 (갈 5:1)	성장_ 희락, 화평, 오래 참음 (갈 5:22)	성장_ 자족함 (빌 4:11)
의지적	갈등_ 복종치 아니함 (딤전 1:9)	갈등_ 절제 부족, 강제적 (고전 3:1-3)	갈등_ 무질서하게 행함 (훈련받지 못함) (살후 3:7, 11)
	성장_ 굴복(순종) (롬 13:1, 2)	성장_ 절제 (갈 5:23)	성장_ 연습(훈련) (딤전 4:7, 8)
관계적	갈등_ 불순종(거절) (엡 2:1-3)	갈등_ 용서하지 않음 (골 3:1-3)	갈등_ 이기적임 (빌 2:1-5; 고전 10:24)
	성장_ 받아줌(용납) (롬 5:8; 15:7)	성장_ 용서 (엡 4:32)	성장_ 형제 사랑 (롬 12:10; 빌 2:1-5)

으니 그 안에서 행하되"(6절)라고 가르친다.

각 단계는 그 전 단계와 서로 연관되어 있다. 그리스도인은 영적 성숙(2단계)을 향해 전진하지 않으면 온전한 행함(3단계)이 있을 수 없으며, 그리스도 안에서 자신의 신분(1단계)을 이해하지 못하면 영적으로 성숙할 수 없다.

그리고 각 단계마다 다섯 가지 적용 영역이 있다는 것도 유의하라. 그것은 영적, 이성적, 감정적, 의지적, 관계적인 영역이다. 각 적용 영역에는 갈등 단계와 성장 단계가 있다. 갈등 단계는 어떻게 죄와 세상, 육신과 마귀가 성도의 훈련 과정을 방해하는지를 확인시켜 준다. 사탄은 우리를 속이고, 혼란에 빠뜨리며, 믿는 사람의 신분과 영적 성숙, 그리스도 안에서의 행위를 완전히 말살시키려고 한다는 것을 기억하라. 갈등 단계는 사탄의 활동을 나타내는 것으로, 반드시 해결되어 성장 단계로 나아가야 한다.

앞의 그림에 나타나 있는 세 가지 단계와 다섯 가지 적용 영역에 각각 분명한 경계선을 그을 수는 없다는 것을 이해하기 바란다. 이 그림은 믿는 사람들이 성장하며(또 서로 성장하도록 도우며), 확신 있고 능력 있는 하나님의 종이 되기 위해 해결해야 하는 특별하고 기본적인 문제를 보여 주기 위하여 만들어졌을 뿐이다.

1단계_ 신분

이 단계에서 겪는 영적 갈등은 (만일 그 사람이 거듭나지 못했다면) 구원받지 못했거나, (만일 그가 거듭났다면) 구원의 확신이 부족하다는 것이다. 그 사람에게 구원의 확신을 주는 것은 당신이 할 일이 아니다. 그 일은 하나님이 하신다(롬 8:16; 요일 5:13). 이 단계에서 당신이 할 일은, 하나님의 자녀로서 그의 영적 신분을 선포한 성경 말씀을 가르쳐 주는 일이다.

이성적인 면에서, 사람들은 하나님에 관한 참된 지식 없이 하나님 나라에 들어온다. 하나님을 믿고 하나님이 원하는 사람이 되기 위해 그들이 알아야 할 것이 있다(호 4:6). 마음이 새롭게 되지 않고 올바른 믿음을 갖지 않는다면, 그들은 기본적인 필요를 잘못된 방법으로, 즉 하나님을 떠나서 채우려고 할 것이다.

이 단계에서 겪는 감정적인 갈등은 두려움이다. 두려움은 해서는 안 될 일을 하게 만들고, 마땅히 해야 할 일을 못하게 한다. 사람이 어떤 사람이나 어떤 것에 대한 두려움에 갇히면 자유로워지지 못한다. 자유는 그리스도 안에서 우리가 받은 기업이다. 사탄은 두려움을 통하여 사람들을 옭아맨다. 그러나 하나님에 대한 두려움이 다른 모든 두려움을 없앤다(잠 1:7). 그리스도 안에서 자유를 발견하는 것이 내 책 「이제 자유입니다」의 주제다.

의지적인 면에서 사람들은 고의적인 반역으로 하나님을 떠나 사는 법을 배웠다. 그들은 일인자가 되기를 추구하거나, 부모나 배우자, 다른 사람이나 조직에 의지하여 살려고 한다. 그런가 하면 사람들은 대부분 다른 사람들을 판단하고 사람들 위에서 권위를 행사하고 싶어 한다. 이 영역에서 영적 성장은 인자한 아버지이신 하나님과 다른 사람에게 순종하는 것을 이해하고 삶에 적용하는 것이다.

관계적인 면에서, 이 세상은 무엇을 성취한 자만이 인정받기 때문에 사람들은 대부분 어려서부터 거절을 체험한다. 그러나 하나님

나라에서는 그분의 조건 없는 사랑과 용납이 기초가 된다(딛 3:5). 그러므로 인간관계에서도 그가 받을 만한 가치가 있기 때문에 주는 것이 아니라(이것은 판단이다), 그가 필요로 하기 때문에 준다(이것은 자비다). 내 친구 딕 데이는 다른 사람을 세우는 일은 책임을 요구하는 권위에서 시작되는 것이 아니라고 지적한다. 그것은 상대방을 인정하고 용납하는 데서 시작된다. 사람들은 자신이 일단 용납되고 인정받으면, 스스로 권위에 복종할 것이다.

그러므로 제자 훈련의 첫 번째 목표는 그리스도 안에서 신분을 확인하는 일이다. 이것은 다음과 같은 사항을 수반한다.

- 개인을 그리스도께로 인도하고 성경적인 구원을 확신하도록 돕는다.
- 그들을 하나님에 관한 참 지식으로 인도하고, 그리스도 안에서의 신분을 가르쳐 주며, 하나님의 방법을 아는 바른 길로 안내한다.
- 사람이나 환경을 두려워하던 것에서 하나님을 두려워하도록 변화시킨다.
- 여전히 하나님을 거역하며 하나님의 권위에 굴복하지 않는 그들의 모습을 볼 수 있도록 도와준다.
- 그들을 용납하고 인정함으로써 거절에 대한 방어 자세를 없애 준다.

2단계_ 성숙

그리스도 안에서 다른 사람을 세우는 것은 성화의 한 과정이다. 이것은 사람들이 육신을 따라 행하는 것과 성령을 따라 행하는 것을 구별하도록 도와주는 것에서 시작한다. 육신을 따라 행할수록 미숙한 단계에 더 오래 머물러 있을 것이다. 그리고 성령을 따라 행할수록 더 빨리 성숙할 것이다. 여기서는 자신의 영적 신분과 행위가 외적인 상황에 따라 결정되는 것이 아님을 이해하고 있어야 한다. 오직 하나님과 하나님에 대한 개인의 반응이 그것을 결정한다.

이성적인 면에서 그리스도인들이 사탄의 거짓말이나 세상 철학에 말려들어간다면, 영적으로 성장할 수 없다(골 2:8). 그 전쟁은 마음의 싸움이다. 우리는 사탄의 전략을 폭로하는 법을 배워야 하며, 모든 생각을 사로잡아 그리스도에게 복종케 해야 한다(고후 10:5). 제자가 되려면 정신적인 훈련이 필요하다. 자신의 생각에 대해 책임지지 않으려는 사람은 훈련받을 수 없다.

감정적인 면에서 느낌은 인식의 결과다. 만일 어떤 사람이 인생의 성공과 중요성, 행복에 대해 그릇된 생각과 믿음을 갖고 있다면, 그는 부정적인 감정의 희생물이 될 것이다. 분노, 염려, 의기소침은 일반적으로 잘못된 신념을 가진 결과다. 정신적, 정서적 건강을 유지하는 데는 하나님에 대한 참 지식이 필수인데, 이것은 곧 하나님의 방법을 잘 받아들이고 하나님의 용서를 확신하는 것이다.

의지적인 면에서 그리스도인은 육신에 따라 충동적으로 행하는 대신 자제력을 통한 영적인 열매를 맺도록 노력해야 한다.

관계적인 면에서 용서는 영적 성숙의 열쇠다. 용서는 가족과 교인을 함께 묶는 접착제다. 사탄은 개인의 영적 성장과 사역을 중지시키는 데 인간의 어떤 약점보다도 용서하지 못하는 마음을 더 자주 이용한다. 다른 사람을 용서하지 못하는 사람은 과거나 사람의 멍에에 매인 자이며, 이런 사람은 그리스도 안에서 자유롭지 못하다.

제자 훈련의 두 번째 목표는 성화에 대한 하나님의 뜻을 받아들이고, 그리스도와 같이 되도록 성장하는 것이다. 여기에는 다음 사항이 포함된다.

- 사람들이 성령과 동행하며 믿음으로 살도록 도와준다.
- 그들이 마음을 훈련하여 진리를 믿도록 안내한다.
- 사람들이 환경 대신 하나님에게 생각을 집중하도록 그들의 감정을 격려한다.
- 사람들이 자제력을 기르도록 돕는다.
- 다른 사람을 용서하고 자신의 잘못에 대한 용서를 구함으로써 개인적인 문제를 해결하도록 돕는다.

3단계_ 행함

많은 그리스도인이 1단계와 2단계가 아닌, 3단계에서 제자 훈련을 시작하려고 한다. 그들은 "내가 어떤 사람이 되어야 하나요?"라고 물어야 할 때에 "내가 그리스도인으로 자라 가려면 무엇을 해야 하나요?"라고 묻는다. 기독교 사역에서 생기는 중대한 오류는 사람들이 그리스도인으로 성숙하기도 전에(1단계와 2단계) 그리스도인으로서 행동하기를 기대하는 것이다(3단계). 그런 기대로 말미암아 그들은 자기 신분에 대한 인지도와 영적 성숙도에 맞지 않는 행동을 요구받는데, 이것은 사실상 불가능한 일이다. 그러나 믿는 사람들이 그리스도 안에서 그들의 신분을 확인하고 성숙해 갈 때, 우리는 그들에게 그리스도를 닮아 가는 삶을 살도록 권면할 수 있다.

영적인 면에서 성숙한 사람이란 선과 악을 분별할 수 있도록 훈련받은 사람이다(히 5:14). 안타깝게도 사람들은 분별에 대해 오해하고 있다. 성경에서 말하는 분별은 마음의 기능일 뿐 아니라 영의 기능이다. 하나님은 그의 영을 통하여 영적으로 성숙한 그리스도인에게 조화의 영을 확인시키시고, 조화하지 않는 영을 경고하신다. 영적 분별력은 영적 전투에 있어서 제1의 방어선이다.

지식이 많아질수록 교만할 수 있기 때문에, 교만은 이성적인 과정에서 늘 위험 요소다. 그러나 믿는 사람은 하나님과 그분의 방법에 대해 충분히 알기 때문에 더 이상 하나님을 필요로 하지 않게 되는 일이 없다. 만일 그리스도인이 자신의 생각을 의지한다면, 그들은 하나님을 알려는 노력을 그만둘 것이다. 하나님의 말씀 앞에 정직한 사람들은 하나님을 알아 갈수록 그분을 더 의지해야 한다는 사실을 인정한다.

감정적인 면에서, 성숙한 그리스도인은 모든 환경에서 자족할 줄 안다(빌 4:11). 이 세상에는 실망스러운 일이 많으며, 많은 그리스도인이 소원을 다 이루지 못한다. 거룩한 목표일수록 이 세상에서 다 이룰 수 없다. 시련 가운데 있는 그리스도인에게는 격려가 필요하다. 격려한다는 것은 사람들이 과업을 계속해 가도록 용기를 북돋아 주는 것이다. 훈련하는 사람은 격려하는 사람이 되어야 한다.

어떤 사람은 그리스도인으로서 성공적인 삶은 의지의 훈련에 달려 있다고 말한다. 훈련받지 못한 사람은 생산적인 삶을 살 수 있는 능력이 없다. 그러나 훈련받은 사람은 성령 충만한 사람으로서, 해결하지 못한 갈등이 없으며 그리스도 안에서 필요를 채우는 사람이다.

관계적인 면에서, 성숙한 그리스도인은 자신이 아닌 다른 사람을 위해 산다. 아마도 영적 성숙에 대한 가장 큰 시험은 "형제를 사랑하여 서로 우애하고"(롬 12:10)라는 말씀일 것이다. 결국 세상은 우리가 참 그리스도인인지 아닌지를 우리의 신학이나 사회적 지위, 학위, 외모, 재산이 아닌 우리의 사랑으로 평가한다.

간단히 언급한 대로, 제자 훈련의 세 번째 목표는 그리스도인이 가정과 직장, 사회에서 성도의 삶을 살도록 돕는 것이다. 성도의 삶은 자신의 은사나 지식을 적절하게 활용하여 다른 사람을 섬기고 세상에서 그리스도의 증인으로 사는 것이다. 이러한 삶은 개인이 그리스도 안에서 자신의 신분을 받아들이고 영적으로 성숙해질 때만 가능하다.

설교는 청중이 이 3단계를 향하여 삶이 변해 가도록 촉구한다. 그러나 대부분의 그리스도인이 1단계에 머물러 있고, 과거에 집착하며, 두려움 때문에 움직이지 못하고, 거절로 인하여 고립되어 있다. 그들은 자신이 그리스도 안에서 누구인지 전혀 모르며, 그리스도인으로서 성공적인 삶에 대해서도 모르고 있다. 성숙하지 못한 그리스도인에게 무엇을 해야 한다고 계속적으로 가르치기보다는, 그리스도께서 이미 해 놓으신 일을 같이 기뻐하고 주님이 원하시는 모습이 되도록 도와주라.

상담에 관한 개념

나는 가끔 내 강의를 듣는 신학교 학생들에게 다른 사람에게 가장 말하기 어려운 개인의 문제를 종이에 적게 한다. 학생들이 한참 고민에 빠졌을 때, 나는 그만하라고 말한다. 학생들은 내가 그들의 문제를 알려고 한 것이 아니라는 사실을 알았을 때 안도의 숨을 내쉰다. 나는 다만 그들이 문제를 드러냄으로 손해 보거나 난처하게 될까 봐 두려워하는 자신의 모습을 발견하게 하고 싶었을 뿐이다.

그다음은 자신이 기록한 문제를 함께 의논할 수 있는 사람과 그의 특성, 장점, 성품 등을 적으라고 한다. 그들이 한참 심사숙고하게 한 후 나는 이렇게 결정적인 질문을 한다. "여러분은 그런 사람이 되도록 노력하겠습니까?"

당신에게도 똑같이 질문하겠다. 다른 사람들이 자신의 문제를 털어놓을 수 있는 사람이 되도록 노력하겠는가? 그것이 바로 상담자의 기본 자질이다. 문제를 가진 사람이 자신의 과거와 현재의 문제를 안심하고 쏟아 놓을 수 있는 사람이 되는 것이다. 기독교 상담가가 되기 위해 반드시 학위가 필요한 것은 아니다. 물론 성경에 기초한 훈련을 받은 전문적인 상담가가 큰 도움을 줄 수 있다. 그러나 기차역 플랫폼에 앉아 있든, 음식점 탁자에 앉아 있든, 당신이 다른 사람에게 동정심과 관심이 있다면 문제를 지닌 사람을 도울 수 있다.

상담은 과거의 갈등을 해결해 줌으로써 현재 생활을 잘해 나가도록 돕는 것이다. 이 갈등은 사탄의 유혹으로 사람들의 마음속에 구축된 요새 때문에 생긴 멍에와 관련되어 있다. 이런 사람들은 자유하지 못하기 때문에 영적으로 성숙할 수 없다. 목사든, 전문 상담자든, 친구든 상관없이, 기독교 상담의 목표는 사람들이 그리스도 안에서 자유하도록 도와주어 그들이 영적으로 성숙하고 삶에서 열매 맺게 하는 것이다.

그리스도 안에서의 자유는 내 책 「이제 자유입니다」의 주제인데, 그 책은 당신 자신과 사역 대상자들에게 매우 유익할 것이다. 지금부터는 공식적인 상담이나 비공식적인 상담을 할 때 도움이 될 실제적인 상담 정보를 제시하고자 한다.

1. 근본적인 문제점을 찾도록 도와주라

시편 1편 1-3절은 성숙한 그리스도인을 열매 맺는 나무에 비유한다 (그림 13-2를 보라). 가지에 열매가 많이 맺힌 것은 땅이 비옥하고 그 속에 뻗어 있는 뿌리가 견실하기 때문이다. 이것을 그리스도인의 모습에 적용해 보면, 그리스도인은 그리스도라는 비옥한 토양에 신분이 심겨져 있으며(1단계), 영적 성숙의 뿌리가 뻗어 있고(2단계), 삶의 열매가 무성하다(3단계).

사람들은 삶이 무언가 잘못되었기 때문에 상담받으려고 한다. 그들의 삶에는 열매가 없다. 겉으로 나타나는 문제는 깊은 뿌리 안에 있는 문제에서 나타나는 증상일 뿐이다. 잎사귀가 마르고 열매 맺지 못하는 것은 뿌리가 잘못되었기 때문이며, 땅 속에서 자양분을 제대로 공급받지 못한다는 증거다.

상담의 첫째 목표는 내담자가 삶에 열매 맺지 못하는 원인을 찾도록 도와주는 것이다. 이렇게 하려면 내담자의 어떤 필요가 충족되

| 그림 13-2 | 골로새서 2:6, 7

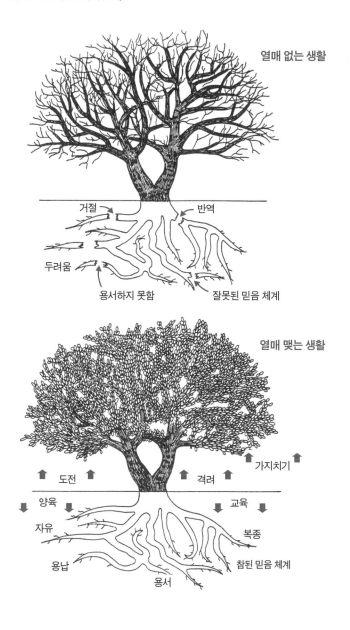

열매 없는 생활

거절 반역

두려움

용서하지 못함 잘못된 믿음 체계

열매 맺는 생활

가지치기

도전 격려

양육 교육

자유 복종

용납 참된 믿음 체계

용서

지 못하고 있는지, 그 필요를 채우기 위하여 그가 어떻게 하고 있는
지를 확인해야 한다.

내담자가 하는 말 속에서 충족되지 못한 필요가 무엇인지 실마리
를 찾게 될 것이다. 예를 들어, 내담자가 "나는 아무 데도 소속되어
있는 것 같지 않아요. 아무도 나를 사랑하지 않아요"라고 말한다면,
그 사람은 다른 사람에게 용납되어야 하고 소속이 필요한 것이다.
만일 "나는 실패자일 뿐이에요. 나는 나쁜 사람이에요"라고 말한다
면, 그는 자신의 신분과 가치를 인정받고 싶어 하는 것이다. "내 인
생은 다 무너져 버렸어요. 나는 절망적이에요"라고 말하는 사람에
게는 안정과 희망이 필요하다. 또 "나는 아무것도 잘할 수가 없어요"
라고 말하는 사람은 자신을 무능력한 사람으로 생각하는 것이다. 만
일 누군가가 "나는 나 자신을 통제할 수가 없어요"라고 말한다면, 그
사람에게는 자유함이 필요하다.

근본적인 문제를 발견하기 위해서는 그림 13-1처럼 다섯 가지 영
역에서 내담자가 자신의 문제를 찾아낼 수 있도록 도와야 한다. 이
문제들을 내담자에게 직접 물어서는 안 된다. 그가 자신의 문제를
모를 수도 있기 때문이다. 그와 대화할 때 당신은 그 문제들을 마음
속에 간직해 두어야 한다.

감정적인 영역에서 내담자는 자신에게 부정적인 감정이 있기 때
문에 당신을 찾아왔을 것이다. 그럴 경우, 감정적인 문제에서 시작
하는 것이 좋다. 다음과 같은 문제를 확인하라. 언제부터 그런 감정
을 갖기 시작했는가? 어떤 사건 이후로 그런 감정을 갖게 되었는가?
그 사건을 어떻게 해석하는가? 어떤 '목표'를 이루지 못했기에 그런

감정을 갖게 되었는가?

이성적인 면에서는 다음 사항을 관찰하라. 하나님에 대하여 무엇을 믿는가? 자기 자신에 대해서 무엇을 믿는가? 인생의 성공에 대해서는? 사람들은 대부분 무엇에 동기를 부여받았는가에 따라 행복과 성공, 중요성을 다르게 느낀다. 자신의 가치 평가(7장)를 통하여 인도한다면, 내담자가 현재 자신의 믿음 체계를 발견하는 데 도움을 줄 것이다.

의지적인 면에서는 다음을 발견하도록 하라. 권위에 어떻게 반응하는가? 어떤 방법으로 하나님을 대하는가? 지역 교회에 소속되어 있는가? "싫다"는 대답을 잘 못하는가? 의지가 약하여 홀로 서지 못하는가? 자신이 인생의 사건들에 지배받는다고 믿고 있는가? 무질서하게 충동적으로 행동하지 않는가?

관계적인 면에서, 하나님과 다른 사람들에게 어떤 기대를 가지고 있는가? 그가 용서해야 할 사람은 누구인가? 누구에게 용서받아야 하는가? 대인 관계에서 어떤 면이 부족한가? 그를 지지해 주는 배경(가족, 친구, 교회)이 있는가?

영적인 면에서, 현재 하나님과의 관계는 어떤가? 어떻게 성령과 동행하는 삶을 살 수 있는지 알고 있는가? 기도와 성경을 묵상하면서 경건의 시간을 갖고 있는가?

2. 자신의 감정에 솔직하도록 권유하라

내담자는 일반적으로 자기에게 일어난 일을 상담자에게 말하고 싶어 한다. 그러나 자신이 겪은 실패나 연루된 사건에 대해서는 말하기 싫어하며, 그것에 대해 자신이 느끼는 감정도 묻어 두려 한다. 그들이 자신의 감정을 솔직히 이야기하도록 도와주지 않는다면, 내적 갈등을 해결하고 과거에서 자유해질 가능성은 극히 희박하다. 당신은 하나님 앞에 의로울 수 없고, 감정적으로 진실할 수가 없다.

그리스도인이 자신의 감정을 솔직하게 말하지 않고 어둠 속에 감추어 둘 때, 어둠의 권세인 사탄에게 발판을 제공하게 된다. 하나님은 모든 일을 빛 가운데 행하신다(요일 1:5-7). 자신의 갈등을 해결하려고 시도하는 가운데 자신의 감정을 정직하게 나타낼 때, 그 사람은 영혼을 하나님의 빛에 드러내는 것이다. 사탄과 그의 마귀들은 바퀴벌레와 같다. 빛이 그들 영역을 비출 때, 그들은 어둠 속으로 도망한다. 만일 과거에서 자유로워지고 현재의 삶에서 자유를 누리고 싶다면, 빛 안에서 걸어야 한다. 우리가 자신의 감정에 솔직할 때 마귀는 도망간다.

3. 진리를 전하라

친구가 상담하기 위해 당신을 찾아왔을 때는, 무언가 잘못된 것이 있어서 그 문제로 어려움을 겪고 있기 때문이다. 하나님을 왜곡하여 알고 있는 그들은 하나님이 자신을 사랑하실 수 없다고 생각한다.

그리스도 안에서 그들의 신분을 가르쳐 주어 잘못된 믿음을 고칠 수 있도록 돕는 것은 얼마나 큰 특권인가? 나는 2장에 소개한 "나는 누구인가?"와 3장에 소개한 "나는 그리스도 안에 있기 때문에" 목록을 내 사무실에 보관하고 있다. 자신을 잘못 인식하고 있는 사람과 대화할 때, 나는 그 목록을 주고 큰 소리로 읽게 한다. 불신이 감격의 눈물로 변하는 것을 보면 참으로 놀라지 않을 수 없다. 왜 그럴까? 우리가 그리스도 안에서 누구인지 그 신분을 사람들에게 알려 줄 때, 하나님의 말씀이 그들의 인생을 괴롭히던 쓴 뿌리와 잘못된 믿음 체계를 무너뜨리기 때문이다. 그리스도 안에서 자신의 신분을 확신할 때에야 비로소 그들은 영적, 이성적, 감정적, 의지적, 관계적 성숙을 저해하는 근원적인 문제를 해결할 수 있다.

4. 반응을 촉구하라

상담자가 할 일은 사랑 안에서 진리를 전하고, 내담자가 그 진리를 받아들이도록 기도하는 것이다. 그러나 당신이 그를 대신해서 선택해 줄 수는 없다. 기독교 상담은 내담자가 지닌 믿음의 반응에 따라 좌우된다. 주님은 치유를 원하는 사람들에게 "네 믿음이 너를 구원하였으니"(막 5:34), "네 믿은 대로 될지어다"(마 8:13)라고 말씀하셨다. 만일 내담자가 개인적으로 반응하지 않는다면, 그들을 도울 수 있는 일은 많지 않다.

우리가 내담자에게 원하는 반응은 마음의 변화인 회개다. 내담자는 하나님과 자기 자신에게 어떤 믿음을 갖고 있어야 하는지에 대한 마음이 바뀌어야 한다. 마음과 믿음이 변화된 후에야 비로소 삶이 변화될 수 있다.

5. 미래를 계획할 수 있도록 도와주라

갈등과 절망 가운데 있는 사람을 영적 성숙과 소망으로 이끄는 가장 좋은 방법은 그 사람이 그를 지지하는 관계를 발전시키도록 도와주는 것이다. 내담자가 기도와 친교에 의지하고, 사랑하는 가족과 교회, 가까운 친구들 속에서 배울 수 있도록 도와주라.

어떤 사람이 미래를 준비할 수 있도록 돕는 또 다른 중요한 방법은 그 사람이 현재의 삶과 미래의 삶을 구별할 수 있게 해주는 것이다. 성화는 즉시 이루어지는 것이 아니다. 하나의 과정이다. 신념이나 행동이 변화하려면 시간이 필요하다. 사람들은 목표와 소원이 서로 다르다는 것을 깨달아야 한다. 그렇지 않으면 사람들은 그들의 권리나 능력에서 벗어나 변화시킬 수 없는 상황이나 사람을 변화시키려고 할 것이다. 다음과 같은 유명한 기도에 나타나 있는 태도로 날마다 그들의 영적 성장을 격려하라.

하나님, 제가 변화시킬 수 없는 일은 평온한 마음으로 받아들이게 하시고, 제가 변화시킬 수 있는 것은 변화시키는 용기를 주소서. 그리고 지혜를 주셔서 그 차이를 알게 하소서.

우리가 우리 된 것은 하나님의 은혜다. 제자 훈련을 하는 자와 제자 훈련을 받는 자로서, 상담자와 내담자로서, 우리가 무엇이나 가질 수 있고 무엇이나 소망할 수 있는 것은 그리스도 안에서 우리 신분 때문이다. 당신 삶과 사역이 하나님에 대한 헌신과, 그리스도께서 길이요 진리요 생명(요 14:6)이라는 확신 위에 이루어지기를 바란다. 그리고 하나님이 우리 모두에게 사람들이 어둠의 권세에서 해방되고 빛 가운데 성숙해 가는 것을 보는 특권을 주시기를 기도한다.

나는 누구인가?

마 5:13   나는 세상의 소금이다.

마 5:14   나는 세상의 빛이다.

요 1:12   나는 하나님의 자녀다.

요 15:1, 5   나는 참 포도나무 가지요, 그리스도의 생명의 통로다.

요 15:15   나는 그리스도의 친구다.

요 15:16   나는 열매를 맺도록 그리스도께서 택하신 사람이다.

롬 6:18   나는 의(義)의 종이다.

롬 6:22   나는 하나님에게 종 된 자다.

롬 8:14, 15; 갈 3:26; 4:6
나는 하나님의 아들이요, 하나님은 내 영적인 아버지시다.

롬 8:17   나는 그리스도와 공동 상속자요, 하나님의 기업을 물려받을 자다.

고전 3:16; 6:19   나는 하나님이 거하시는 성전이다. 그분의 영과 생명이 내 안에 거하신다.

고전 6:17   나는 주님과 연합하여 한 영이 되었다.

고전 12:27; 엡 5:30
나는 그리스도의 몸의 지체다.

고후 5:17   나는 새로운 피조물이다.

고후 5:18, 19   나는 하나님과 화목되었으며 하나님은 내게 화목하게 하는 직책을 주셨다.

갈 3:26, 28   나는 하나님의 아들이며 그리스도 안에서 하나다.

갈 4:6, 7   나는 하나님의 아들이므로 그분의 유업을 이을 자다.

엡 1:1; 고전 1:2; 빌 1:1; 골 1:2

    나는 성도다.

엡 2:10   나는 하나님의 피조물로, 그리스도 안에서 그분의 일을 하도록 거듭났다.

엡 2:19   나는 성도와 동일한 시민이요, 하나님의 권속이다.

엡 3:1; 4:1   나는 그리스도 안에 갇힌 자다.

엡 4:24   나는 의롭고 거룩하다.

빌 3:20; 엡 2:6   나는 하늘의 시민이요, 그리스도와 함께 하늘에 앉아 있는 자다.

골 3:3   나는 그리스도와 함께 하나님 안에 감춰진 자다.

골 3:4   나는 그리스도의 생명을 나타낸다. 그분은 내 생명이기 때문이다.

골 3:12; 살전 1:4   나는 하나님이 택하신 거룩하고 사랑받는 사람이다.

살전 5:5   나는 빛의 아들이다. 어둠의 자식이 아니다.

히 3:1   나는 하늘의 부르심을 받은 거룩한 형제다.

히 3:14   나는 그리스도와 함께 참여한 자이며, 그분의 생명에 참여한 자다.

벧전 2:5   나는 그리스도 안에서 영적인 집을 세우는 데 필요한 산 돌이다

벧전 2:9, 10	나는 택하신 족속이요, 왕 같은 제사장이요, 거룩한 나라요, 하나님의 소유된 백성이다.
벧전 2:11	나는 이 세상에 임시로 살고 있는 나그네이자 행인이다.
벧전 5:8	나는 마귀의 원수다.
요일 3:1, 2	나는 하나님의 자녀로 그리스도께서 재림하실 때 그리스도와 같게 될 것이다.
요일 5:18	나는 하나님에게서 난 자로서 마귀가 나를 만지지 못한다.
출 3:14; 요 8:24, 25, 58	나는 '스스로 있는 자'가 아니며,
고전 15:10	내가 나 된 것은 하나님의 은혜다.

하나님의 은혜로 그리스도 안에 있기 때문에

롬 5:1	나는 완전히 용서받았으며 의롭다 하심을 받았다.
롬 6:1-6	나는 그리스도와 함께 죽었고, 내 삶을 주장하는 죄의 권세에 대해서도 죽었다.
롬 8:1	나는 영원히 정죄받지 않는다.
고전 1:30	나는 하나님의 은혜로 그리스도 안에 있게 되었다.
고전 2:12	나는 하나님이 우리에게 은혜로 주신 것을 알게 하는 성령을 받았다.
고전 2:16	나는 그리스도의 마음을 받았다.
고전 6:19, 20	나는 값 주고 산 바 되었다. 나는 내 것이 아니고, 하나님의 것이다.

고후 1:21; 엡 1:13, 14

나는 그리스도 안에서 하나님이 견고케 하시고 기름 부으셨으며, 기업의 보증이 되는 성령으로 인 치심받았다.

고후 5:14, 15	나는 죽었으므로, 더 이상 나를 위해 살지 않고 그리스도를 위하여 살아간다.
고후 5:21	나는 의롭게 되었다.
갈 2:20	나는 그리스도와 함께 십자가에 못 박혔으므로, 이제는 내가 사는 것이 아니다. 이제부터 내 삶은 그리스도를 위한 삶이다.
엡 1:3	나는 모든 영적 복을 받았다.

엡 1:4	나는 그리스도 안에서 세상이 창조되기 전, 그리스도 앞에서 흠이 없고 거룩하게 택함받았다.
엡 1:5	나는 예정되었다. 하나님의 은혜로 그분의 자녀가 되었다.
엡 1:6-8	나는 구속함받고 용서받았으며, 하나님의 한없는 은혜를 받았다.
엡 2:5	나는 그리스도와 함께 살게 되었다.
엡 2:6	나는 그리스도와 함께 일으킴받아 그와 함께 하늘에 앉게 되었다.
엡 2:18	나는 성령 안에서 하나님에게 나아갈 수 있게 되었다.
엡 3:12	나는 담대함과 자유, 확신을 가지고 하나님에게 나아가게 되었다.
골 1:13	나는 사탄의 권세에서 벗어나 하나님 나라로 옮겨졌다.
골 1:14	나는 구속함받고 모든 죄를 용서받았다. 내 모든 죄는 사라졌다.
골 1:27	그리스도께서 내 안에 계시다.
골 2:7	나는 그리스도 안에 뿌리박으며 세움받았다.
골 2:11	나는 영적인 할례를 받았다. 나는 거듭나지 못한 옛사람을 벗어 버렸다.
골 2:10	나는 그리스도 안에서 충만해졌다.
골 2:12, 13	나는 그리스도와 함께 장사되었고, 그와 함께 일어났으며, 그와 함께 살아났다.
골 3:1-4	나는 그리스도와 함께 죽고, 또 살리심을 받았다. 내 생

13장. 사람들은 관계 속에서 더 성숙한다

명은 그리스도와 함께 하나님 안에 감추어져 있다.

딤후 1:7	나는 능력과 사랑과 근신하는 마음을 받았다.
딤후 1:9; 딛 3:5	나는 구원받았고 하나님의 은혜로 구별되었다.
히 2:11	나는 거룩하게 하시는 자로 인하여 거룩함받았다. 그래서 부끄러움 없이 형제라 불린다.
히 4:16	나는 긍휼하심을 받고 때를 따라 돕는 은혜를 얻기 위하여 은혜의 보좌 앞에 담대히 나아간다.
벧후 1:4	나는 보배롭고 지극히 큰 약속을 받아 하나님의 성품에 참예하는 자가 되었다.

주

1 "당신의 희망을 내게 주소서"라는 시에서 인용. 작자 미상.

2 Maurice Wagner, *The Sensation of Being Somebody* (Grand Rapids, MI: Zondervan Publishing House, 1975), 163쪽.

3 David C. Needham, *Birthright! Christian, Do You Know Who You Are?* (Portland, OR: Multnomah Press, 1981), 73쪽에 있는 그림에서 인용.

4 Anthony A. Hoekema, *Created In God's Image* (Grand Rapids, MI: Eerdmans/Paternoster, 1986), 110쪽.「개혁주의 인간론」, 기독교문서선교회 펴냄.

5 저자, 출처 미상.

6 저자, 출처 미상.

내가 누구인지 이제 알았습니다

초판 발행	1993년 9월 30일
2판 1쇄	2015년 3월 30일
3판 3쇄	2024년 11월 1일
지은이	닐 앤더슨
옮긴이	유화자
발행인	손창남
발행처	(주)죠이북스(등록 2022. 12. 27. 제2022-000070호)
주소	02576 서울시 동대문구 왕산로19바길 33, 1층
전화	(02) 925-0451 (대표 전화)
	(02) 929-3655 (영업팀)
팩스	(02) 923-3016
인쇄소	송현문화
판권소유	ⓒ(주)죠이북스
ISBN	979-11-984942-5-2 04230
	979-11-984942-4-5 04230(세트)